Traces
de l'enfer

L'éditeur remercie infiniment Ida, Marceline, Sarah, Henri, Charles et Victor pour la confiance, l'enthousiasme et l'amitié dont ils ont fait preuve tout au long du projet.

Direction de la publication
Carine Girac-Marinier

Direction éditoriale
Christine Dauphant

Édition
Maëva Journo

Direction artistique
Cynthia Savage

Mise en page
François Crocy

Fabrication
Donia Faiz

© Larousse 2015

ISBN : 978-2-03-590818-6

Traces
de l'enfer

Ida Grinspan
Marceline Loridan-Ivens
Sarah Montard
Henri Borlant
Charles Palant
Victor Pérahia

Préface
Georges Bensoussan

Transcriptions des interviews et rédaction des textes
Jean-Paul Viart

LAROUSSE

TABLE DES MATIÈRES

PRÉFACE de Georges Bensoussan   7

Henri Borlant
Déporté à 15 ans le 20 juillet 1942 par le convoi n° 8   15

Charles Palant
Déporté à 21 ans le 7 octobre 1943 par le convoi n° 60   63

Ida Grinspan
Déportée à 14 ans le 10 février 1944 par le convoi n° 68   109

Marceline Loridan-Ivens
Déportée à 16 ans le 13 avril 1944 par le convoi n° 71   155

Sarah Montard
Déportée à 16 ans le 30 mai 1944 par le convoi n° 75   197

Victor Pérahia
Déporté à 11 ans le 2 mai 1944 par le convoi n° 80   253

ANNEXES   286

PRÉFACE

Que savent-ils les déportés de 1944, ces individus ordinaires qui ignorent les secrets des chancelleries, de ce lieu-dit énigmatique, Pitchipoï, au nom enchanteur et menaçant à la fois ? « Nous ne pensions pas qu'on nous conduisait à la mort » écrit Sarah Montard. Si ce meurtre de masse est *sans précédent*, pourquoi voudrait-on que cet impensé-là ait été conçu ? Les doutes à la vue des femmes enceintes et des vieillards grabataires ne franchissent pas la barrière de la conscience parce que la raison refuse d'entendre sa propre mort. « À aucun moment nous n'imaginions que l'on nous déportait pour être exterminés ! » raconte Henri Borlant.

De l'enfance, on gardait le souvenir récent des hurlements venus de l'Allemagne hitlérienne, et des adultes terrifiés, écoutant la radio, et chuchotant l'air inquiet et grave, sinon angoissé. Certes des réfugiés juifs arrivaient d'Allemagne qui racontaient des horreurs, pour autant « nous n'arrivions pas à y croire vraiment » (Sarah Montard).

D'autant que jusqu'au bout aura fonctionné le piège de la « grande culture allemande », cette « digue contre la barbarie »…

Certes, on pressentait aussi la force de l'antisémitisme français. À l'époque du Front populaire déjà, se multipliaient, ici et là, les « sales juifs » et autres « bouts coupés »… On connaissait aussi la force de l'antijudaïsme catholique et l'on savait que tel curé racontait aux camarades qui fréquentaient le catéchisme que « les Juifs étaient responsables de la mort de Jésus ». Mais quand on vient de Pologne, comme c'est le cas de la majorité de ces rescapés, on relativisait ces impressions mauvaises parce que le souvenir des parents ou des grands-parents rappelait sans cesse l'« antisémitisme viscéral » qui y sévissait (Ida Grinspan). On louait la France, patrie de la « Grande Révolution » et des Droits de l'homme, et les parents se félicitaient de « vivre dans un pays libre à l'abri des violences nazies ». D'y connaître le bonheur de l'intégration par l'école, véritable objet de vénération : « Nous avions un respect incroyable pour nos maîtres et nos maîtresses […] Ils nous libéraient par la culture » écrit Charles Palant. Peu importe la part de mythologie qui entre dans cette foi naïve en une France levée tout entière pour la défense du capitaine Dreyfus. La flamme éteinte, il reste l'émotion d'une identité française, choisie, réelle et rêvée à la fois.

Un jour de juin 1942, toutefois, en zone Nord, ce fut le choc de l'étoile jaune et la stigmatisation dans la rue, livré aux yeux de tous tel un gibier désigné. Et les réactions, de la solidarité à la compassion, de l'insulte à la méchanceté gratuite, « les enfants me montraient du doigt, j'étais un "sale juif", un "youpin"» se souvient Victor Pérahia. Le choc de l'internement à Drancy et le souvenir de « gendarmes français intraitables ». L'évocation des policiers français dont quelques-uns ferment les yeux tandis que la masse des suivistes qui « faisaient leur travail » arrêtent même l'enfant qui n'est pas sur la liste (Sarah Montard). Mais avec ces six rescapés, il faut évoquer aussi ces milliers de Français pris dans l'anonymat des générations passées, qui se montrèrent admirables. L'agriculteur du Cantal, le restaurateur de Lozère, le charpentier des Deux-Sèvres,

M. Poupinot, le maire du village d'Ida Grinspan qui, quand il reçut l'étoile jaune destinée à la fillette, lui déclare : « Aussi longtemps que je serai maire, tu ne la porteras pas ! » La passagère de l'autobus qui vient vous serrer la main en geste de solidarité (Sarah Montard), toutes les « madame Laurenceau » d'Henri Borlant en sa campagne angevine, l'épicier du village qui sera « payé après la guerre » et le secrétaire de mairie et ses fausses cartes.

À l'arrivée sur la planète des morts, la qualité d'être humain est perdue sur le champ. L'humiliation est un *système de pouvoir* destiné à araser l'individu. En dénudant son corps et en ramenant chacun à ses fonctions biologiques. L'humiliation dès la porte du wagon fermée et ce seau exposé à tous les regards, « la première dégradation que nous avons subie » raconte Ida Grinspan. Le déshabillage à l'arrivée à Auschwitz : « ils nous voulaient entièrement nues. Nous avions terriblement honte [...]. Mais pourquoi fallait-il à tout prix être nues ? » se demande-t-elle encore. Pour n'être plus rien à ses propres yeux quand le regard d'autrui vous réduit à cette chose apeurée et souffrante. La dégradation de « faire ses besoins devant tout le monde » (Ida Grinspan), cet élément-clé de la déshumanisation, la saleté (« nous vivions comme des animaux », rapporte Marceline Loridan-Ivens), le tatouage (« nous étions devenues des numéros », écrit Ida Grinspan).

La déshumanisation est programmée jusqu'à la crémation calculée selon des normes techniques : parce que les corps brûlent mieux l'estomac vide, on affame deux jours avant d'exécuter. L'absence de cuillère et de fourchette pour faire laper la soupe : quand Charles Palant reçoit (en cachette) une assiettée d'un reste de pommes de terre, et une fourchette pour les manger, il pleure « la distance entre cette fourchette et ce qu'il [était] devenu »...

Abrutir de travail absurde et épuiser pour tuer le sujet avant d'exterminer les corps. Détruire toute trace d'humanité dans le corps livré au déchaînement sadique. Perdre toute dignité sous la violence des kapos, souvent des Polonais qui « nous rouaient de coups » (Henri Borlant), les milles supplices inventés pour faire durer l'agonie des malheureux comme si la souffrance infligée à autrui annulait le sentiment de leur propre précarité. La faim, permanente et tortu-rante (« on ne pensait qu'à ça » écrit Henri Borlant), la soif et la déshydratation, la terreur des sélections périodiques réservées aux seuls détenus juifs à Birkenau : « nous entendions hurler les femmes qu'ils emportaient dans les camions. Je suis restée tétanisée pendant des heures » se souvient Marceline Loridan-Ivens.

À force de n'être rien, on finit presque par le penser. *Presque* c'est ce mot seul qui compte ici. En 1945, dans les trains de rapa-triement vers la France, les Juifs sont encore les plus mal lotis : « nous trouvions cela normal. Nous étions tellement habituées à ce que les Juifs ne soient rien du tout » rappelle Sarah Montard.

Du cœur de cette déréliction, il reste chez beaucoup (mais pas chez tous) le souvenir de la « solidarité des victimes » sans laquelle, disent-ils, ils ne « seraient pas là ». Sans ces filles qui le matin « nous donnaient du courage et (…) nous souriaient » (Ida Grinspan). « Notre vie dépendait de l'aide qu'on savait donner et qu'on pouvait recevoir » rapporte Charles Palant, « car à Auschwitz, se souvient Henri Borlant, on ne survivait pas si on était seul ».

Plus difficile est de raconter cette part de honte, immense et sous-évaluée qui fait souvent l'objet d'un récit sibyllin comme lorsqu'Ida Grinspan écrit qu'« à Auschwitz, tout le monde ne s'est pas toujours conduit de façon très digne ». Et quand tant d'autres rappellent la solidarité, Victor Pérahia, lui, ne se souvient pas d'avoir vu à Bergen-Belsen « une quelconque solidarité ». En vérité, beaucoup disent le poids du hasard dans leur survie, celui d'une rencontre, être là au bon moment ou absent au mauvais, ou dans la mauvaise file. Parce qu'il y « avait un million de raisons de disparaître » se souvient Charles Palant, chaque jour il fallait avoir de la chance.

En 1945, les libérateurs qui arrivent *par hasard* sur les lieux de la tragédie demeurent sidérés par ces « misérables fantômes errant dans la campagne allemande » (Victor Pérahia). Plus à l'ouest, les Américains sont « horrifiés par ce qu'ils découvraient » à Ohrdruf, où les cadavres pourrissaient sur place, raconte Henri Borlant.

Les jours d'après sont parfois plus difficiles à dire encore. Le retour où, le corps épuisé et la tête vide, reste un flottement indéfinissable dans lequel se mêlent la tristesse et la joie d'être vivant, la mélancolie et un bonheur confus : « Il était midi, j'étais libre, j'étais à Paris mais j'étais seul » écrit Charles Palant. Quant à Henri Borlant, il se précipite rue du Château-des-Rentiers, à Paris, dans le XIII⁰ arrondissement : « Ma mère, à la fenêtre du troisième étage, m'attendait. Elle vit son petit garçon qui revenait de la guerre mais qui rentrait seul. »

Se réhabituer à vivre, à dormir dans un lit, à ne pas avoir peur : « je ne supportais plus les gens. [...] J'étais vivante mais brisée. » écrit Marceline Loridan-Ivens. Très vite, les bonnes volontés cèdent et les oreilles se fatiguent, « nous avons rapidement été oubliés » raconte Charles Palant. L'effet du nombre a joué en faveur des déportés résistants (près de 40 000 sont de retour) au détriment de la poignée de Juifs (environ 2 500) qui sont revenus.

On ne revient pas du monde des morts, on ne revient pas d'Auschwitz, disent-ils à mots couverts ou explicitement, « on n'en sort pas, jamais » assure Marceline Loridan-Ivens. Parce que le plus intime a été brisé, parce que toujours la mémoire charriera le mort laissé en vous par la déportation : « j'ai un camp dans la tête », écrit-elle encore.

« Comment raconter l'innommable » ? s'interroge Victor Pérahia. Quels termes rendraient compte d'une réalité à peine envisageable par des « hommes normaux » ? Pour certains, des décennies durant, il n'y aura pas de mots, et surtout pas à l'endroit de leurs enfants. Des années à refuser d'ouvrir un livre sur le sujet, à refuser de témoigner, emmurés dans le silence. Comment dire la vérité de l'abjection et la vie ramenée à l'animalité biologique ? Comment rapporter avoir été réduit à cela ? Et même si l'on trouvait les mots, les entendraient-ils ? « Ce n'était pas racontable », écrit Henri Borlant. « Aucune réalité n'aurait pu correspondre aux mots que j'aurais employés. D'ailleurs, personne ne me posait de questions. » Pourtant, après la faim, la soif et la peur, raconter aura été l'obsession majeure de ceux qui gardaient une force de vie. « On se disait : "Si tu survis, tu raconteras" » se souvient Henri Borlant. Encore faudrait-il être questionné : « Personne ne voulait, ou ne pouvait entendre ce que j'avais à dire » poursuit-il. Après trente ou quarante ans, la parole libérée, on ne se lasse plus de parler, au contraire, et même si « ce que nous avons vécu demeure intraduisible ». L'oncle de Marceline, lui aussi rentré de Birkenau, avait tenté de raconter mais on l'avait fait taire. À la jeune fille qu'il vient accueillir sur le quai de la gare de Bollène, il dit : « Ne leur raconte rien, ils ne comprennent pas ».

Dignité retrouvée à travers mille petits faits du monde des vivants. Et même dignité retrouvée à Auschwitz ce jour de janvier 1945 quand Mala Zimetbaum avait décidé de sa mort. Ou ce Kippour de septembre 1944 quand Marceline Loridan-Ivens, famélique, avait néanmoins jeûné pour se réapproprier ce jour essentiel de la liturgie juive.

À l'approche du crépuscule, la brisure semble définitive. Bientôt s'estompe la force d'exister qui a porté ces hommes et ces femmes dans les années d'après-guerre. Comme si la face sombre du monde l'avait finalement emporté. Constat inquiet d'Henri Borlant pour qui « la Shoah n'a pas vacciné le monde ». Inquiétude de Marceline Loridan-Ivens qui voit avec angoisse croître l'antisémitisme dans la société française d'aujourd'hui, elle qui pensait en avoir fini avec le cauchemar. Voici qu'il recommence, dit-elle, épouvantée par « l'ignominie dont l'homme est encore capable »…

Ce qui reste dans ces récits marqués par la tristesse devant les vies qui s'éteignent autour de vous, comme autant de témoins de la disparition d'un monde, c'est cette vie brisée qu'on avait cru pouvoir réparer au retour du camp. « Au camp, nous avons été brisées. On le reste quand on revient seule, que nos parents ont disparu » écrit Ida Grinspan, qui ajoute, pour elle comme pour tant d'autres, qu'au-delà de la joie d'être vivante, il y avait, rompu, ce ressort intime de la confiance dans le monde, « quelque chose d'irrémédiablement cassé ». « Ça vous détruit, ça vous brise à jamais », écrit Marceline Loridan-Ivens. Se reconstruire pour user de la formule convenue ? Oui. Jusqu'au jour où seul face à soi-même, on se demande, comme Sarah Montard, si l'on y est parvenu. « De toute façon, on n'en sort pas » affirme Victor

Pérahia. Certes, c'était la libération, raconte Charles Palant, « nous étions libres, heureux de l'être, mais profondément et immensément tristes. Car la liberté à peine acquise, c'est le silence, l'émotion et le chagrin qui se sont emparés de nous ».

Dans le silence du monde qui vient, face à la nuit du temps, écoutez ces voix avant qu'elles s'éteignent, écoutez-les nous dire la force ultime de la conscience sur ce qui l'écrase. Face aux foules inquiètes devant le siècle qui commence, écoutez-les nous rappeler la barbarie imprimée sur leur chair, nous dire leur jeunesse saccagée, nous rappeler ce qui subsiste de la vision d'horreur qui fut la leur. Écoutez-les évoquer les espaces criminels qu'ils ont visités. Ces espaces silencieux et invisibles qui demeurent au milieu de nous, au cœur de jours en apparence apaisés.

Georges Bensoussan

Lfd. Nr.	Name Vorname	Geb.-Datum	Beruf	Staatsangeh.	Wohnung.
19.	Bloch, Georges,Salomon,Strassburg	17.9.1922 in	Landwirt	Franzose	Soulaire et Bourg La Qurerre
2o.	Bomeisl, Henri	16.2.19o1 in Gersthein/Els.	ohne	Elsässer	Distré:
21.	Borlant, Aron	1.4.1888 in Novoe Magolike	Schneider	Franzose	St.Lambert du L:
22.	Borland, Bernard	31.3.1925 in Paris	ohne	Franzose	St. Lamber du L:
23.	Borland, Hirsch	5.6.1927 in Paris	ohne	Franzose	St. Lambert duL:
24.	Bulka, Sala	12.1o.19o6 in Skrzyns	ohne	Polen	Tuffe : Grand rue
25.	Chan, Jean	3.5.1923 in Laengue nis	Mechaniker	Franz.	Denain: Lazare Bernard 16
26.	Cahn, Raymond	12.1o.1924 in Lanegienund	Student		Denain: 16, rue Lazare

Sur cette liste du convoi n° 8 au départ d'Angers, on peut lire à côté du numéro 23 le nom, le prénom, la date de naissance, la profession, la nationalité et l'adresse d'Henri (Hirsch). « Ohne » signifie « sans profession ». Au-dessus, on peut lire les noms de son frère Bernard et de son père Aron qui était tailleur « Schneider ».

HENRI BORLANT

DÉPORTÉ À 15 ANS LE 20 JUILLET 1942 PAR LE CONVOI N° 8

Le ciel est très blanc et l'air un peu froid ce jour-là.
Nous n'attendons pas même un instant sur le seuil,
Henri Borlant, 87 ans, nous a déjà ouvert la porte
d'un appartement baigné de lumière. Il est élégant,
chaleureux, rassurant. Sa voix a beau être calme,
claire, posée, très souvent, elle s'anime, comme si les
souvenirs n'étaient jamais loin, et de temps en temps,
elle tremble.

« Nous étions une famille française »

Je m'appelle Henri Borlant. Je suis né le 5 juin 1927. Avant d'émigrer en France, Aron Borlant, mon père, vivait près d'Odessa, ma mère, Rachel Beznos, à Kichinev, en Russie, où en 1903, un pogrom meurtrier avait saccagé la ville[1]. Mes grands-parents maternels, Sarah Grenitz et Hersch Beznos, ont décidé de quitter la Russie en 1912. Les États-Unis étaient leur rêve, mais ils ont dû s'installer à Paris faute d'argent. À cette époque, l'émigration apparaissait à bien des Juifs comme la seule issue tant il était devenu compliqué de vivre dans un pays où la persécution, l'insécurité et les difficultés économiques étaient le lot de la plupart d'entre eux. Ils avaient alors trois filles, Rachel, ma mère, qui avait 12 ans, Fanny et Pauline. Blanche, leur petite dernière, est née deux ans plus tard. Mes grands-parents sont devenus brocanteurs, les sœurs de Rachel sont allées à l'école, ont appris à lire et à parler français, et ont obtenu leur certificat d'études.

Ma mère s'est mariée à Paris en 1916 à l'âge de 16 ans avec Aron Borlant, qui en avait douze de plus. Mon père disait qu'il avait déserté l'armée du tsar car comme beaucoup de Juifs d'Europe, son rêve, c'était la France, ce pays où la moitié de la population avait pris la défense d'Alfred Dreyfus ! De leur union sont nés dix enfants, Léon en 1917, Denise en 1921, Bernard en 1925. Je suis le quatrième. Après moi, il y eut Roger en 1929, Odette en 1931, Jeannette en 1932 – elle ne vivra que trois ans –, France en 1934, Madeleine en 1936, puis Raymonde, en 1939.

Mon père était tailleur et avait un atelier à Montmartre. Ma mère, elle, s'occupait de nous et aidait mon père pour les finitions et les livraisons. En 1929, pendant la crise, mon père a dû fermer son atelier et devenir tailleur à domicile. J'ai grandi avec mes frères et sœurs dans une cité

---

1. Le massacre de Kichinev le 6 février 1903, le lendemain de la Pâque russe, ouvre en Russie la période des grands pogroms. Les Juifs sont rendus responsables, à tort, de la mort d'un jeune Chrétien. Cinquante Juifs sont tués, six cents blessés, des centaines de maisons saccagées, des magasins pillés et brûlés. La même année, un article du *New York Times* décrit ces massacres, concluant : « La ville est maintenant vidée de ses Juifs. » En 1905, un second pogrom dévaste à nouveau Kichinev.

Rachel et Aron Borlant dans les années 1920.

HBM (habitation à bon marché) au 159 rue du Château-des-Rentiers, dans le XIIIᵉ arrondissement de Paris. Il n'y avait pas beaucoup de Juifs, mais notre situation ne nous semblait pas différente de celle des autres émigrés du quartier, des Italiens ou des Polonais. Nous savions que nos parents étaient d'origine étrangère, mais nous étions une famille française.

D'autant qu'à la maison, il y avait une réelle volonté d'assimilation. La religion n'y tenait pas une grande place, mais nous nous rassemblions quand même chez mes grands-parents le soir de la Pâque juive. Ma grand-mère semblait moins pieuse que mon grand-père, qui ne mangeait que casher. Elle, elle se régalait de tout... J'ai le souvenir d'une femme toujours souriante, qui adorait être entourée de ses petits-enfants. À la maison, on ne parlait que français, mon père avec un accent russe, ma mère avec un accent yiddish. Nous n'avions pas le droit d'user de gros mots, la langue du pays d'accueil devait être respectée ! Mais quand mes parents avaient des secrets à se dire, quand ils ne voulaient pas que nous, les enfants, les comprenions, ils s'exprimaient en russe. Ma mère continuait aussi à parler yiddish avec ses parents. Il y avait des mots qu'elle ne disait que dans ces langues : *zay gezunt* pour « à vos souhaits » en yiddish, *smotri syuda* (« regarde par ici »), en russe, quand l'un de nous faisait quelque chose d'inattendu ou à l'occasion des premiers pas d'un bébé par exemple !

Henri est le deuxième assis au centre. Il est entouré, à gauche, de Roger et, au-dessus à droite, de Bernard, en pull rayé.

Nous ne comprenions que quelques expressions. Pour moi, c'était la culture et la langue dont nous étions issus, d'où nous venions, mais grâce à nos parents et à l'école, l'identité que nous nous contruisions était française. En 1927, mes parents ont été naturalisés, et ce n'est d'ailleurs pas un hasard si une de mes petites sœurs fut prénommée France !

« IL VALAIT MIEUX NE PAS ÊTRE JUIF »

Au mois d'août 1939, alors que la menace de guerre se précisait, la crainte des bombardements a incité les autorités parisiennes à faire évacuer certains quartiers. À la fin de l'été, ma mère, presque à terme de Raymonde, mes frères et sœurs et moi sommes partis pour le Maine-et-Loire, à Saint-Lambert-du-Lattay[2], dans les coteaux du Layon. Mon père et mon frère aîné Bernard sont restés à Paris pour continuer à travailler et nous envoyer de quoi vivre. Léon, appelé pour le service militaire en 1937, ne fut, quant à lui, pas démobilisé et resta sur le front. Moins d'un an plus tard, après la défaite, quand les Allemands ont occupé Paris, mon père et Bernard nous ont rejoints. Léon, prisonnier de guerre, libéré en 1941, passa aussitôt dans la Résistance.

Nous nous sommes donc installés à Saint-Lambert-du-Lattay et avons découvert la vie à la campagne. Malgré la guerre, nous vivions heureux. Nous écoutions Radio Londres et n'avions que peu d'informations. Nous ne nous sentions pas menacés, mangions à notre faim, faisions du vélo avec nos copains, allions à la pêche et élevions même des lapins dans un des jardins que la mairie nous avait attribué. Au village, nous étions très appréciés et je peux dire aujourd'hui que nous étions plutôt bien intégrés.

Sur ces terres très catholiques, nous étions français avant tout et fiers de l'être. Nous n'éprouvions même pas le besoin d'évoquer les

---

2. Le 30 août 1939, 2 600 Parisiens arrivent à la gare d'Angers-Saint-Laud. Il faut donc à la municipalité trouver rapidement dans la ville ou les communes environnantes des structures susceptibles d'accueillir les réfugiés, pour la plupart originaires des XIIIe et XVe arrondissement de Paris.

Henri en tenue d'écolier
dans les années 1930.

origines juives de nos parents. Et puis, à l'école, le prêtre qui faisait la classe disait que les Juifs étaient responsables de la mort de Jésus. Un jour, il a même demandé à mes parents l'autorisation de nous baptiser. Mon père savait que temps que la guerre durerait, il valait mieux ne pas être Juif et a donc accepté la proposition du maître d'école. J'ai été baptisé avec mes frères et sœurs en 1941, sans poser de questions. Par la suite, j'ai fait ma communion solennelle et ma confirmation.

À l'école, j'étais premier en instruction religieuse. Je suis devenu un vrai petit catholique pratiquant et très croyant ! Des vieilles dames m'appelaient « le petit Jésus » parce que j'étais pieux et que je travaillais bien à l'école. À l'époque, je voulais même devenir prêtre, sans doute par admiration pour mon maître[3], avec qui j'ai eu de longues conversations après la guerre… La foi, je l'ai gardée jusqu'à mes 18 ans. Elle m'a accompagné à Auschwitz.

Je me demande souvent ce que je savais à l'époque des arrestations et de la persécution des Juifs. En fait, je ne devais pas être particulièrement inquiet. Nous ignorions tout des déportations et des camps. Nous n'entendions même pas parler de rafle, bien qu'à Paris, il y en

---

3. Après la guerre, le prêtre qui faisait la classe à Henri retrouve son ancien élève. Ils ont entretenu des relations très amicales jusqu'au décès du prêtre.

avait déjà eu[4]. J'ai su beaucoup plus tard que mon père était allé nous déclarer comme Juifs à la préfecture quand la loi l'a ordonné[5]. Peut-être s'était-il dit alors que le baptême nous protègerait…

Mais en 1942, la politique antisémite s'est considérablement durcie[6]. Angers tenait une place centrale dans le dispositif

À Saint-Lambert-du-Lattay la famille Borlant découvre la vie à la campagne.
Roger Borlant, le frère d'Henri, est assis devant sur la charrette.

4. Le 14 mai 1941, 3 710 hommes juifs étrangers sont raflés à Paris lors de la rafle dite du « billet vert » en raison de la couleur de la lettre de convocation au commissariat que ces hommes avaient reçue (voir le témoignage de Sarah Montard p. 208). Du 20 au 25 août 1941, une deuxième rafle de la police parisienne arrête, à leur domicile, 4 232 Juifs des XIᵉ et XIIᵉ arrondissements. Le 12 décembre de la même année, les autorités allemandes, assistées de la police française, arrêtent 743 Juifs, en majorité français. La plupart de ces hommes sont déportés dans les premiers convois vers le camp d'Auschwitz.

5. Le 27 septembre 1940, à la suite de la première ordonnance prescrivant le recensement de Juifs en zone occupée, un fichier des Juifs est établi dans chaque préfecture.

6. Le 20 janvier 1942, la conférence de Wannsee organise la « solution finale » de la question juive. En d'autres termes, elle met au point l'extermination des Juifs d'Europe. Les camps de mise à mort de Belzec, Sobibór et Treblinka sont mis en service dans les mois qui suivent. Le 22 juillet, les Juifs du ghetto de Varsovie commencent à être déportés vers Treblinka.

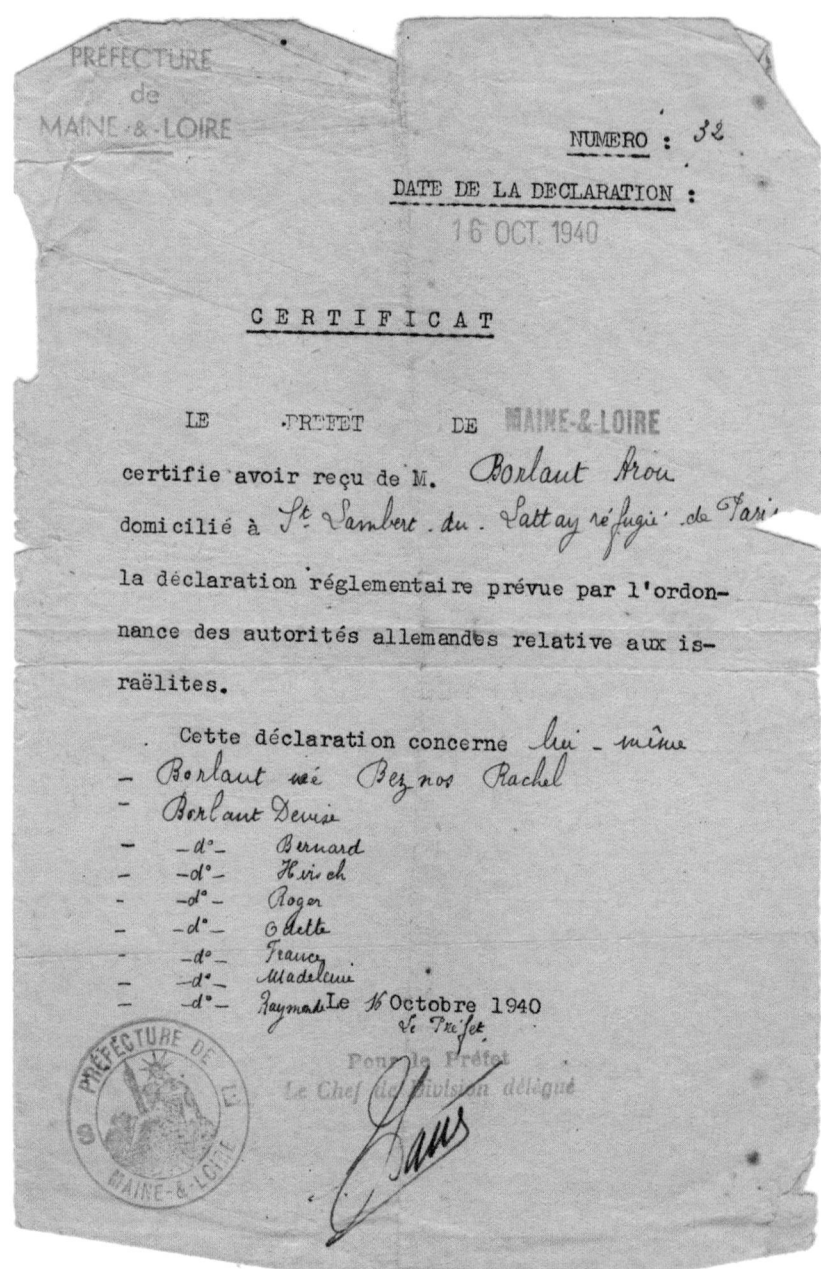

Suite à l'ordonnance allemande du 27 septembre 1940, Aron Borlant a déclaré sa famille comme juive à la préfecture du Maine-et-Loire. Les autorités lui ont alors remis ce certificat.

Photo de classe prise à l'école catholique de Saint-Lambert-du-Lattay en 1941. Henri, en costume clair, est le septième au dernier rang en partant de la gauche. Juste en dessous, Roger est le troisième.

administratif et militaire de la puissance occupante. C'était une des villes les plus importantes de la France occupée qui exerçait une fonction de commandement sur les dix-sept départements de l'ouest. Angers abritait une cinquantaine d'organismes allemands, dont beaucoup de services de renseignements et de répression à rayonnement régional[7]. Au mois de juin 1942, la SIPO-SD[8], la police de sûreté et les services de sécurité, s'est installée à Angers. À sa tête, le commandant

---

7. Angers est placée sous l'autorité du général-lieutenant Neumann-Neurode jusqu'en 1942. La ville abrite la Kommandantur, l'État-major allemand, la Feldkommandantur, les services de la Standeskommandantur (le service du logement chez l'habitant), le service des Ausweis et les bureaux de la propagande. En 1943, 256 immeubles, 641 chambres et appartements ainsi qu'une cinquantaine de bâtiments sont occupés par les Allemands.

8. La Sicherheitspolizei regroupe deux organes : la Gestapo et la Kripo, la police criminelle.

Hans Dietrich Ernst[9] fit alors de la capitale du Grand Ouest un grand centre de répression antijuive en mettant un zèle tout particulier à appliquer la « solution finale ».

« NOUS N'ÉTIONS COUPABLES DE RIEN... »

J'avais à peine 15 ans quand nous avons été arrêtés. C'était le 15 juillet 1942. Des soldats allemands de la Feldgendarmerie ont violemment frappé à notre porte. Ils avaient une liste et arrêtaient tous ceux qui avaient entre 15 et 50 ans. Ma mère, qui avait 42 ans, Denise, Bernard et moi figurions donc sur cette liste. Mon frère, qui avait 17 ans, était alors commis de ferme et n'était pas à la maison. Les Allemands l'ont fait chercher. Il est arrivé en sabots, et c'est en sabots qu'il a été déporté... Mon père avait 54 ans et a pu rester avec mes plus jeunes frères et sœurs[10]. Dans le camion dans lequel nous sommes montés, il n'y avait que des soldats allemands. Ils nous ont conduits à Angers, nous ont enfermés dans le Grand Séminaire[11], qui avait été réquisitionné, et nous ont pris nos papiers et notre argent. Je ne me souviens pas de tout mais je sais que Bernard et moi avons été séparés de ma mère et Denise, et entassés avec d'autres dans des chambres minuscules.

Deux jours après, mon père nous a rejoints en nous disant que les autorités allemandes avaient ramené maman à la maison.

---

9. Hans Dietrich Ernst arrive à Angers en 1942. D'après Serge Klarsfeld, il serait responsable de la déportation de 84 463 Français et de près de 2 000 Juifs étrangers. Il ne fut jamais arrêté mais condamné plusieurs fois à mort par contumace.

10. Les autorités allemandes remirent sans doute une liste avec les effets personnels à emporter. Il y avait : une paire de chaussures pour le travail, deux chemises, deux paires de caleçons, deux couvertures de laine, deux paires de draps, une gamelle, un gobelet d'étain, une cuillère, un pull et les articles de toilette nécessaires, savon, peigne, essuie-main…

11. Cette rafle, la plus grande opérée dans le Maine-et-Loire, a lieu la veille de la rafle du Vél' d'Hiv. 275 personnes sont arrêtées à Angers, 332 à Tours, 98 en Loire-Inférieure, 230 à Laval et au Mans. Les Juifs de Saumur sont également raflés. Les personnes arrêtées sont rassemblées à l'intérieur du Grand Séminaire d'Angers (voir p. 258 le témoignage de Victor Pérahia, raflé lui aussi ce jour-là).

Henri avec deux de ses sœurs, en Anjou, en juin 1942 :
Raymonde (à gauche) et Denise (à droite), qui mourra en déportation.

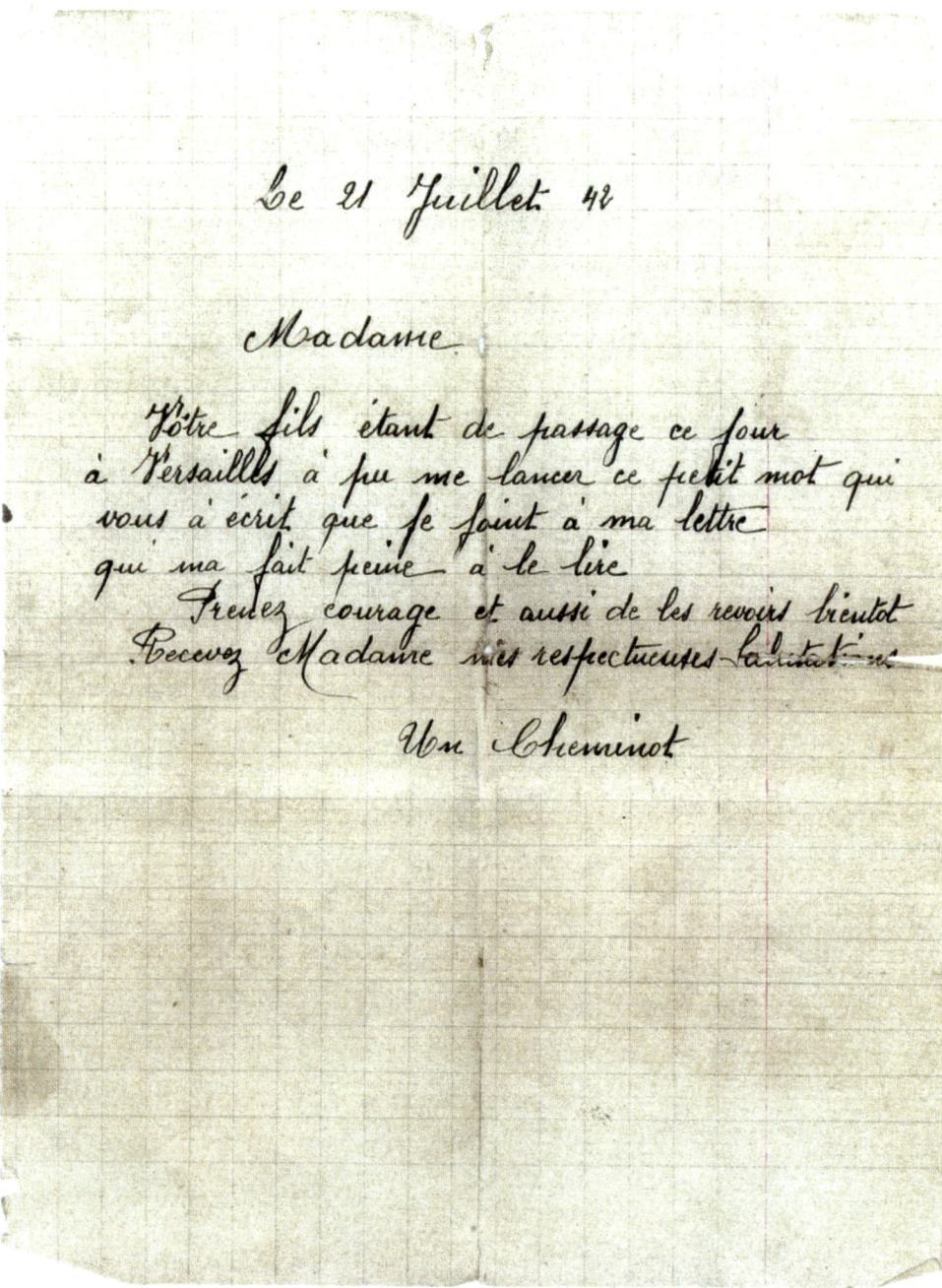

Le 21 Juillet 42

Madame.

Votre fils étant de passage ce jour
à Versailles à pu me lancer ce petit mot qui
vous a écrit que je joint à ma lettre
qui ma fait peine à le lire
Prenez courage et aussi de les revoirs bientot
Recevez Madame mes respectueuses salutations

Un Cheminot

Lettre du cheminot qui a ramassé la lettre écrite par Henri à sa mère
le 21 juillet 1942, le lendemain du départ pour Auschwitz.

Nous ne savions pas pourquoi et je ne connais, malgré mes recherches, toujours pas les raisons de cet échange...

De toute façon, ma mère n'était pas en état de travailler et nous pensions encore, à ce moment-là, qu'on nous avait arrêtés parce que l'Allemagne avait besoin de main-d'œuvre, le Service du travail obligatoire (STO) ne donnant pas les résultats escomptés. En effet, dans les campagnes, beaucoup d'hommes s'étaient cachés pour ne pas partir en Allemagne et avaient pris le maquis[12]. Nous voyions bien en revanche qu'on arrêtait seulement les Juifs, mais nous ne savions pas du tout où nous irions...

Une rumeur circulait : on nous envoyait faire les moissons en Ukraine. Est-ce les Allemands qui le disaient ? Est-ce que les gens l'imaginaient ? Je ne sais toujours pas. En tout cas, à aucun moment nous ne pensions que l'on nous déportait pour être exterminés !

Moi qui avais toujours dix en conduite, qui étais très obéissant, qui ne me bagarrais jamais, qui essayais toujours de bien faire, pourquoi les Allemands m'avaient-ils arrêté ? Pourquoi faisaient-ils cela à mon père, à mon frère et à ma sœur ? Nous n'étions pourtant pas des bandits, nous n'étions coupables de rien...

« MAMAN CHÉRIE IL PARAÎT QUE NOUS PARTONS EN UKRAINE POUR FAIRE LES MOISSONS »

Nous sommes restés cinq jours au Grand Séminaire. Le 20 juillet, les Allemands nous ont entassés dans des wagons à bestiaux[13] et nous avons attendu longtemps, sans eau et sans ravitaillement. Nous ne pouvions pas nous allonger et étions « encastrés » les uns dans

---

12. Voir le témoignage de Marceline Loridan-Ivens p. 163.

13. Le convoi n° 8 est un des seuls, avec celui du 11 août 1944, à acheminer directement les détenus vers Auschwitz-Birkenau et à ne pas passer par le camp de transit de Drancy. Dans ce convoi, les hommes ont été séparés des femmes dès le départ, et non à l'arrivée au camp (voir le document 10 en annexe).

les autres. Puis, après des heures d'attente, le train est parti. Denise était dans un autre wagon. À Versailles, où le train a fait un arrêt, des gens ont écrit des lettres qu'ils ont jetées sur la voie. J'avais gardé un petit carnet et j'ai fait de même : « *Maman chérie il paraît que nous partons en Ukraine pour faire les moissons…* » Un employé a ramassé ma lettre et l'a fait parvenir à ma mère avec un mot de sympathie signé : « Un cheminot ».

Le voyage fut effroyable. Nous n'avions rien à manger et à boire. Dans un coin, il y avait un baquet pour faire nos besoins. Dès qu'il a été plein, ça a débordé. Nous étions en juillet, il faisait très chaud et nous étouffions. Seule une petite lucarne laissait entrer un peu d'air. Nous étions très anxieux, angoissés et nous pensions à ma mère. Comment allait-elle faire, sans argent, sans ses aînés, pour nourrir ses cinq enfants ? Puis l'envie de faire pipi nous prenait, mais on ne pouvait pas, pas devant tout ce monde… Pourtant, il fallait bien s'y résoudre. Nous prenions des couvertures et des manteaux pour essayer de nous cacher au mieux. Pour des gens qui vivaient en liberté quelques jours auparavant, c'était insupportable… Et puis, au bout de trois jours et trois nuits, nous sommes arrivés au milieu de nulle part, là où la voie de chemin de fer s'arrêtait. Jusqu'en mai 1944, les convois s'arrêtaient en effet à l'extérieur du camp.

« C'ÉTAIT L'ENFER »

Vers 4 heures de l'après-midi, les portes du wagon se sont ouvertes. Nous étions à Auschwitz-Birkenau, ce que nous ignorions alors, contents et soulagés d'être enfin arrivés. Mais dès les premières minutes, ce fut un enfer. On frappait sur les parois des wagons, on entendait des cris, des ordres hurlés dans une langue que nous ne comprenions pas. Nous avons sauté sur le ballast mais les gens, ankylosés par le voyage, tombaient les uns sur les autres. Les chiens des soldats aboyaient et essayaient de nous mordre. Il fallait courir, toujours courir, aller vers l'avant du train, lâcher nos sacs, ne rien garder dans les mains, on nous le hurlait en allemand, mais moi je ne comprenais pas.

Mairie de St Lambert-du-Lattay le 25 Juillet 1941

Monsieur Le Préfet,

Comme suite à votre lettre du 24 courant concernant la famille Borlant-Beznos Aaron, nous avons l'honneur de vous faire connaître que cette famille est arrivée en notre Commune le Ier Septembre 1939. Monsieur Borlant ne se rappelle pas exactement à quelle date il est entré en France, cependant il croit que c'est vers I912 ou I3. Mme Borlant est arrivée vers Mai I914.

Ils furent naturalisés Français le II Mai I927, sous le N° I8285X26

Daignez agréer Monsieur Le Préfet l'expression de nos sentiments dévoués

Le Maire.

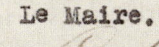

Lettre signée du maire et datée du 26 juillet 1941 certifiant que la famille Borlant demeure à Saint-Lambert-du-Lattay.

Je regardais ceux qui avaient l'air de comprendre. Les coups pleuvaient et les cris étaient de plus en plus forts[14].

À l'avant du train, des officiers SS séparaient les hommes des femmes. Moi, je tenais toujours mon père et mon frère par la main. Les personnes âgées, les blessés, les malades, les femmes enceintes ou avec des enfants sont montés dans des camions. C'était la première sélection[15], mais je ne le savais pas encore[16].

Une fois dans le camp, nous avons été conduits dans une salle et on nous a ordonné de nous mettre tout nus. J'avais 15 ans, j'étais très pudique, je ne m'étais même jamais mis nu devant mes parents. Cela

---

14. Lorsque la haute Silésie, en Pologne, est annexée au Reich en septembre 1939, la ville d'Oświęcim reprend son ancien nom germanique : Auschwitz. En avril 1940, alors que la répression contre la population polonaise s'amplifie, Heinrich Himmler, le chef de la SS, décide d'aménager le site – une ancienne caserne – en camp de concentration pour vider les prisons de Silésie. L'endroit est choisi, en plus des structures déjà en place, pour sa bonne desserte ferroviaire et les vastes terrains alentour : ces derniers servent autant à prévoir les futurs agrandissements qu'à assurer un certain isolement au camp lui-même. Le 20 mai, une trentaine de prisonniers de droits communs allemands en provenance de Sachsenhausen arrivent pour servir d'auxiliaires de la SS. Ils sont numérotés de 1 à 30 et placés dans le block 1. Ils sont suivis le 29 août d'une centaine d'autres qui occupent les postes clés au sein du camp. 300 Juifs de la ville d'Oświęcim sont réquisitionnés pour la construction du camp. Le 14 juin, 728 détenus polonais de la prison de Tarnow arrivent au camp. Au début du mois de juillet 1940, 123 maisons proches du camp sont détruites et les matériaux récupérés pour servir à l'agrandissement du camp. La première évasion, le 6 juillet, entraîne la sécurisation de la zone dans un rayon de six kilomètres. Au début du mois de mars 1941, Himmler visite le camp et annonce la création d'un camp de prisonnier de guerre dépendant d'Auschwitz destiné plus tard à détenir des prisonniers de guerre soviétiques. Pour ce faire, le village de Brzezinka (Birkenau), au nord-ouest d'Auschwitz, est rasé. À la même période, des déportés entament la construction du camp de Birkenau.

15. La sélection est une des particularités d'Auschwitz-Birkenau, camp de concentration et d'extermination. La première sélection attestée a lieu le 4 juillet 1942. On estime qu'à l'issue de cette première sélection, à l'arrivée, environ 20 % des Juifs sont laissés en vie et désignés pour le travail. De 1942 à 1944, près de 865 000 hommes, femmes et enfants sur les 1 100 100 Juifs déportés à Auschwitz-Birkenau ont été gazés dès leur arrivée au camp.

16. Selon Serge Klarsfeld, le convoi n° 8 transportait 824 personnes, dont 430 femmes. La majorité avait entre 34 et 47 ans. 23 personnes ont été gazées dès l'arrivée. En 1945, 19 hommes et une femme avaient survécu. Henri, qui, à la libération, ne passa pas par l'hôtel Lutetia, ne fut pas immédiatement compté par Serge Klarsfeld parmi les survivants du convoi. L'année 1942 est celle qui a été la plus meurtrière : 42 000 Juifs ont été déportés en 43 convois vers Auschwitz-Birkenau.

L'entrée du camp de Birkenau (photographie prise en 1945).

me paraissait un ordre impossible à exécuter… Il a fallu les coups pour s'y résigner. Puis des déportés nous ont tondu le crâne, d'autres nous ont entièrement rasés, nous obligeant à prendre des positions très humiliantes. Nous avons été tatoués sur l'avant-bras gauche : je porte le numéro 51 055. Le numéro de matricule[17], c'est quelque chose que l'on apprend à comprendre très vite car nous n'avons pas

---

17. À Auschwitz-Birkenau, les détenus sont « marqués » : les détenus politiques portent un triangle rouge (jusqu'en 1942, c'est la catégorie la plus nombreuse), les « criminels » un triangle vert – ce sont parmi eux que les Allemands recrutent les kapos chargés du maintien de l'ordre et de l'organisation du travail à l'intérieur du camp –, les « asociaux » (comme les Tsiganes et les vagabonds) un triangle noir, les homosexuels un triangle rose, les Témoins de Jéhovah un triangle violet ; les détenus Juifs une étoile de David jaune, qui peut être combinée avec un triangle de couleur si le prisonnier appartient aussi à une autre catégorie. Le tatouage sur le bras, qui permet aux SS de tenir les registres, est une particularité du camp d'Auschwitz-Birkenau et commence en 1942.

MAIRIE
DE
St-LAMBERT-DU-LATTAY
(MAINE-&-LOIRE)

le 17 mars 1943

Monsieur LE PREFET,

Comme suite à votre lettre en date du 13 mars 1943,
nous avons l'honneur de vous faire connaître que :
-Monsieur BORLANT Aaron et trois de ses enfants ont été
déportés à la date du 14/7/43 par les Autorités d'Occupation.
-Il ne reste, en notre commune à la date de ce jour, de
cette famille d'israélites français, que Mme BORLANT la mère
et cinq enfants de moins de quatorze ans.

Daignez agréer, Monsieur LE PREFET, l'expression de
nos sentiments respectueux et dévoués.

LE MAIRE,

à Monsieur LE PREFET de Maine et Loire   1° DIV. 3° Bur.   ANGERS.

Lettre de la mairie de Saint-Lambert écrite en 1943 confirmant
la déportation d'Aron Borlant, le père d'Henri, et de trois de ses enfants,
Denise, Bernard et Henri.

le choix. Si nous ne saisissions pas rapidement ce qu'ils disaient,
les Allemands nous frappaient. C'est d'ailleurs comme ça que j'ai
commencé à apprendre les langues étrangères…

On nous a ensuite jeté un paquet de vêtements humides, des
pyjamas rayés[18], ainsi que des chaussures à semelles en bois rigides
avec de la toile dessus, qu'on avait du mal à garder aux pieds. Puis
nous avons reçu l'ordre de courir vers une baraque.

---

18. Les détenu(e)s portent l'uniforme rayé. Mais avec l'augmentation du nombre de
prisonniers, et les difficultés économiques du IIIe Reich, les tenues ne peuvent plus être
livrées en nombre suffisant : à partir de 1942, une partie des détenu(e)s portent des vêtements pris aux Juifs assassinés dans les chambres à gaz.

« La seule nécessité de ce travail était de nous épuiser et de nous faire crever un peu plus vite »

Au début, à Birkenau[19], j'étais avec mon père et mon frère, au block 9. Nous étions dans des baraques en terre et en bois, avec trois rangées de paillasses à étages. On nous disait que l'on ne sortirait d'ici que par la cheminée, et c'est vrai que plus tard, on verrait des cheminées fumer et que l'on sentirait l'odeur de la chair brûlée. Nous avons très vite su que ceux qui n'étaient pas entrés dans le camp avaient été gazés et enterrés dans des fosses communes. Car à ce moment-là, il n'y avait pas de crématoire à Birkenau.

Les autres, comme nous, étions destinés à mourir de faim, d'épuisement ou de coups de bâton. L'extermination était encore « artisanale ». Puis, en 1943, quand les chambres à gaz sont entrées en fonction, elle est vraiment devenue industrielle[20].

---

19. Birkenau, qui s'étend sur 175 hectares (le « complexe » d'Auschwitz a une superficie totale de 42 kilomètres carrés) entre en fonction au début de l'année 1942. En allemand, ce nom signifie « la petite prairie aux bouleaux ». Birkenau comportait trois camps : un camp de quarantaine qui ne fut jamais achevé, un camp destiné aux femmes et un autre aux hommes. Contrairement au camp souche, Auschwitz I, où les blocks étaient en briques, ils étaient, à Birkenau, construits en bois directement sur le sol de terre battue.

20. Birkenau est à la fois un camp de concentration et un centre de mise à mort mixte. La mise en place des techniques d'extermination d'un maximum de personnes de la façon la plus rapide possible est progressive à Auschwitz, comme dans toute l'Europe occupée.
Le crématoire d'Auschwitz, dit K1, est construit en juillet 1940 pour brûler les corps des travailleurs chargés des premiers aménagements du camp, mais sa capacité est insuffisante et deux autres fours sont ajoutés au crématoire. En janvier 1942, la morgue est transformée en chambre à gaz. Les deux premières structures homicides aménagées à Birkenau entre le mois de mars et juin 1942 sont les « bunkers » 1 et 2 situés à plusieurs centaines de mètres du camp. Lors de la construction de Birkenau, deux fermes du village de Brzezinka avaient échappé à la destruction pour servir de chambres à gaz provisoires. Leur activité est exponentielle, comme en témoigne le nombre de détenus employés à leur fonctionnement : 80 à leur ouverture en 1942, 300 quelques mois plus tard, en septembre. Les corps gazés étaient enterrés dans des fosses creusées dans une clairière proche ou brûlées à l'air libre. Au printemps 1943, avec la mise en place des chambres à gaz couplées avec des crématoires, les deux « bunkers » sont mis hors-service. Un des deux sera de nouveau utilisé au printemps 1944. Le 15 août 1942 est adopté le second plan d'agrandissement de Birkenau qui prévoit l'édification de quatre immenses chambres à gaz dotées de crématoires : les Krematorium II, III, IV et V (KII, III, IV, V) sont achevés au printemps 1943 et mis en service progressivement.

Au bout d'une dizaine de jours, mon frère et moi avons été séparés de notre père et envoyés dans une baraque de jeunes au block 16, où il y avait des poux partout. Ça nous démangeait en permanence, on se grattait jusqu'au sang. J'ai rapidement attrapé le typhus. J'avais 40 °C de fièvre. Puis j'ai eu la dysenterie. J'étais très malade, mais encore solide, ce qui m'a permis de guérir. Et puis Bernard était encore à mes côtés... Il m'a soutenu et a veillé sur moi. Sans lui, j'aurais été bon pour le *Revier*[21], alors qu'on nous répétait qu'il ne fallait surtout pas y aller, que l'on ne nous soignait pas et que c'était « l'antichambre » de la chambre à gaz.

Nous avons rapidement intégré des kommandos de travail. Chacun d'eux était commandé par un kapo, généralement un prisonnier de droit commun, un triangle vert, sorti de prison pour venir semer la terreur et la mort dans le camp. La plupart d'entre eux étaient de véritables tueurs secondés par des sous-chefs qui, gourdin à la main, nous rouaient de coups et nous hurlaient des insultes en allemand. Très vite, j'ai appris quelques mots d'allemand, de yiddish, de polonais et de russe, toutes ces langues qui se parlaient au camp. Nous étions en plein été et devions, sous un soleil de plomb, porter en courant des caisses en bois affreusement lourdes chargées de cailloux et de terre ! Si l'on renversait la caisse, nous prenions des coups ; mais de toute façon, si nous réussissions, nous prenions aussi des coups. Le lendemain, nous rapportions la terre où nous l'avions prise, toujours sous les coups. La seule raison de ce travail était de nous épuiser et de nous faire crever un peu plus vite. Dès les premiers jours, beaucoup d'entre nous sont morts d'épuisement. Nous étions en été, la chaleur était insupportable et les journées n'en finissaient pas...

Après les onze heures réglementaires de travail, de 6 heures à 17 heures, il y avait l'appel. Il fallait que nous soyons tous là, vivants

---

21. Le HKB (*Häftlingskrankenbau*) est appelé le « Revier » par les détenus, du terme allemand *Krankenrevier* qui désigne l'infirmerie militaire. S'il soustrait provisoirement les prisonniers aux kommandos ou à la surveillance des autorités du camp, il est aussi un piège mortel. Les médecins y ont en effet toute autorité, pratiquent des expériences sur les détenus et participent aux sélections.

ou morts, et que les comptes soient exacts ! Certains kommandos revenaient avec dix ou quinze morts que les autres prisonniers devaient porter sur leur dos ou transporter dans des charrettes avant que des camions viennent les chercher pour les brûler. Un orchestre jouait à la porte du camp pour nous imposer la cadence de la marche[22]. Et puis il y avait aussi des morts qu'on ne retrouvait pas. Des cadavres, il y en avait partout…

Il y avait aussi les « muselmans »[23], ces détenus d'une maigreur extrême, qui erraient comme des fantômes. Ils ne savaient même plus qui ils étaient ni où. Quand on les interrogeait, il fallait regarder leur matricule parce qu'ils ne se souvenaient plus de leur nom. Ils éprouvaient même des difficultés pour retrouver leur baraque. Bien souvent, les comptes n'étaient donc pas exacts et l'appel durait des heures.

Pendant ce temps-là, il y en avait qui mouraient debout, qui tombaient… Le SS s'énervait, comptait et recomptait sans cesse pendant que nous restions des heures sans bouger, sous la neige, la pluie ou la chaleur extrême. Il m'arrivait de ne plus voir clair, de ne plus distinguer la baraque d'en face, et de m'écrouler. Lorsque le SS passait pour recompter, mon frère me relevait. Grâce à lui, j'ai plusieurs fois évité la chambre à gaz !

Je suis resté deux mois avec mon frère. Un jour, j'ai été désigné pour aller travailler à Auschwitz I, à trois kilomètres de Birkenau. Jamais je ne reverrai Bernard.

---

22. C'est Rudolf Höss qui donne, en janvier 1941, l'ordre d'organiser à Auschwitz un orchestre de prisonniers comme il en existe dans d'autres camps de concentration. Il sert, de façon très ironique, à l'efficacité des allers et retours des kommandos en imprimant un rythme plus fluide aux déplacements des détenus. L'orchestre peut également être appelé à donner des concerts l'après-midi devant la villa du commandant du camp. Pendant l'été 1942, d'autres formations musicales sont créées à Birkenau.

23. Dans l'argot du camp, « muselman » désigne les détenus à bout de force, atones, qui ont souvent perdu l'esprit. L'origine de ce mot est discutée : il peut venir du terme allemand « Mühsal » qui signifie peine, difficulté. Il peut également, comme le suggère Primo Levi, être une contraction de « Muschel Mann », l'homme-coquillage, illustrant l'état de prostration de ces hommes.

« Plutôt souffrir que mourir, c'est la devise des hommes » (Jean de La Fontaine)

Je suis resté un an à Auschwitz I[24], au block 7. À cette époque, près de 8 000 déportés travaillaient à l'extension du camp et à la construction de nouvelles chambres à gaz, les Krematorium II, III, IV et V.

J'ai intégré le kommando de maçonnerie, la Maurerschule[25], une « école » du bâtiment où les plus jeunes détenus apprenaient les rudiments du métier de maçon. Moi, je transportais surtout des sacs de ciment et du sable dans une brouette et je déchargeais des wagons de briques. Je terminais bien souvent les mains en sang… L'hiver, lorsque nous posions des rails de chemin de fer, la peau collait à l'acier et s'arrachait. Et puis, mal chaussés, nous avions tous des plaies aux pieds.

À Auschwitz I, les blocks, en briques, étaient plus propres – c'était une ancienne caserne – mais, au block 7, le chef de baraque[26], un droit commun d'une violence redoutable, semait la terreur. La nuit, quand on allait aux toilettes, il y avait un rituel très compliqué

---

24. Le découpage d'Auschwitz-Birkenau en Auschwitz I, II et III date de 1943. Auschwitz I est le camp souche. Entre 1942 et 1944, il compte plus de 40 camps secondaires et une trentaine de blocks en briques pouvant loger environ 18 000 déportés. Le site comporte une place de rassemblement (*Appelplatz*), des cuisines, des douches, un local avec des planches sommaires faisant office de latrines, une salle pour l'hôpital et l'infirmerie. À l'entrée du camp, l'inscription *Arbeit macht frei* (« le travail rend libre ») est portée par deux colonnes en briques. Une chambre à gaz expérimentale est « aménagée » au sous-sol du block 11, dit « le block de la Mort », isolé par une enceinte du reste du camp. Une seconde chambre à gaz plus grande est construite en 1942 dans le bâtiment du crématoire. L'aménagement d'Auschwitz fut un chantier sans fin et se poursuivait encore lors des premières évacuations du camp en novembre 1944.

25. Selon les époques, la Maurerschule accueille 250 à 800 apprentis. Dans son livre *Une école du bâtiment à Auschwitz* paru en 1993, Charles Papiernik, un camarade d'Henri un peu plus âgé, s'interroge sur le sens d'une telle structure : est-ce de la propagande ou le réel besoin d'une main-d'œuvre qualifiée ?

26. Il s'agit d'Alfred Olszewsky. Dans *Une école du bâtiment à Auschwitz*, Charles Papiernik évoque précisément ces séances de torture dans le block 7. Selon lui, parmi ceux qui auraient subi ce traitement, deux seulement auraient survécu, dont Henri Borlant.

à respecter. Alors que nous étions tous dans un piteux état, épuisés, malades, nous devions prendre nos chaussures à la main et avancer nu-pieds jusqu'à l'entrée des latrines. Puis il fallait remettre nos chaussures et à nouveau se déchausser en sortant. Le chef guettait la moindre erreur de notre part, et si nous ne suivions pas strictement la procédure, il nous faisait monter au grenier, ouvrait les fenêtres, en plein hiver, nous faisait mettre nus, plier les genoux, tendre les mains, sauter, nous allonger par terre, nous relever et recommencer. Il nous frappait lorsque nous tombions et nous jetait des seaux d'eau glacée. Et le lendemain, nous repartions au travail épuisés… J'ai appris depuis que je suis l'un des rares à avoir survécu à ces traitements le plus souvent mortels.

Ces tortures nous enlevaient ce qui nous aidait à tenir, l'espoir. Nous savions que nous allions mourir, pourtant nous nous accrochions. Parce que « plutôt souffrir que mourir, c'est la devise des hommes », comme l'a écrit La Fontaine à la fin de « la Mort et le Bûcheron ». Parce que nous voulions rester en vie, ne pas faciliter la tâche des SS, dont le but était de tous nous exterminer et de ne laisser aucun témoin.

« SANS LA SOLIDARITÉ, IL N'Y AURAIT PAS EU DE SURVIVANT »

Après environ un an, j'ai fait partie d'un groupe envoyé à Birkenau. J'ai eu beaucoup de mal à reconnaître le camp où j'étais arrivé en 1942 car Birkenau était à présent immense[27].

27. Au mois d'août 1942, Birkenau accueille le camp des femmes qui avait été aménagé à Auschwitz quatre mois plus tôt. Pendant toute la durée de son existence, Birkenau fut constamment en travaux : en 1942, le secteur I était terminé, en 1943-1944, le secteur II était encore en chantier. Il comprenait le camp des Tsiganes, le camp de quarantaine et l'infirmerie pour hommes, le « Canada » et le camp familial (réservé en grande partie aux déportés venant du camp-ghetto de Theresienstadt). En 1944, les travaux du secteur III commencent. Les nazis mettent à profit l'été 1944 pour loger les femmes juives dans des baraquements inachevés. Cette partie du camp est surnommée le « Mexique ». Les travaux de la partie IV n'ont jamais été entrepris.

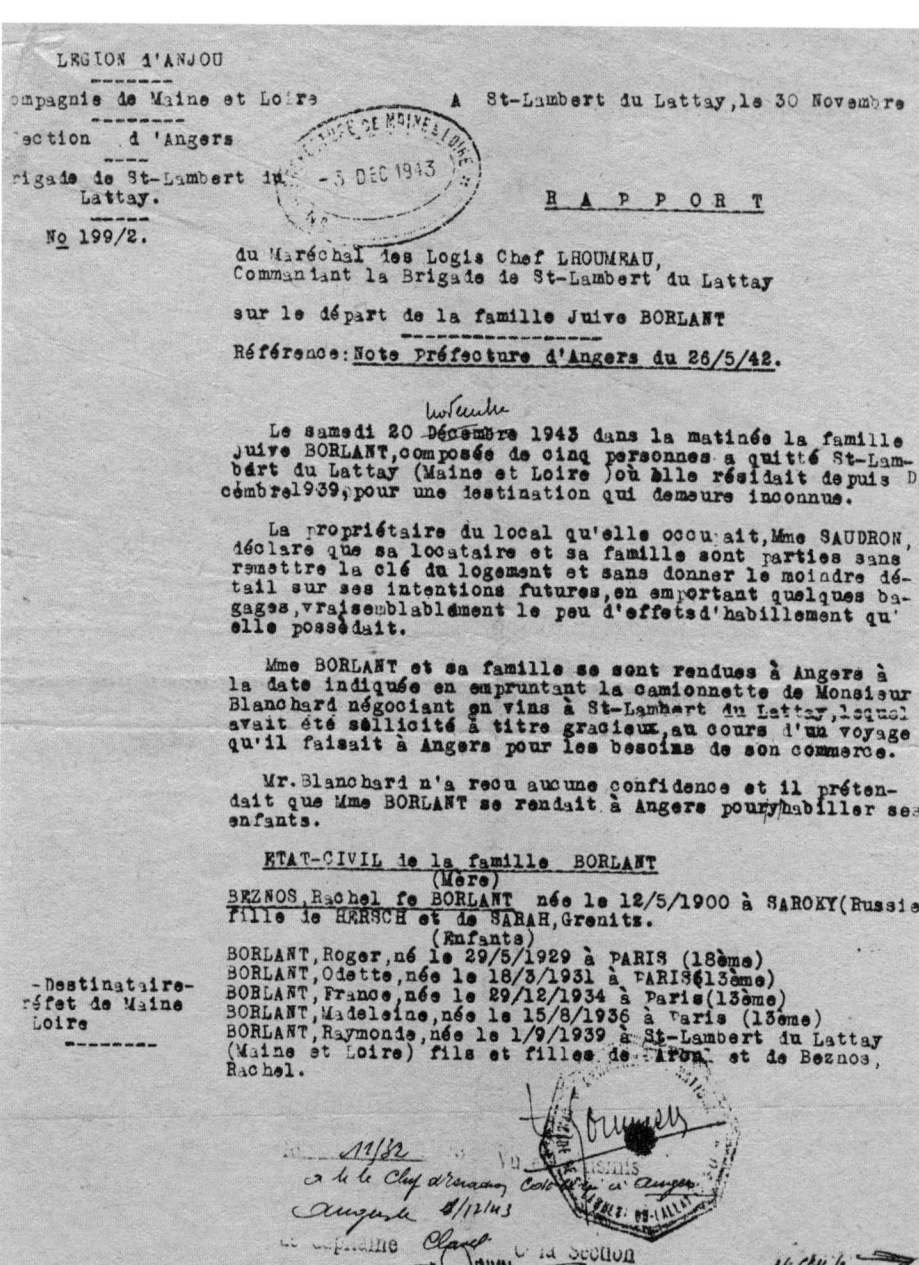

LÉGION D'ANJOU
————————
Compagnie de Maine et Loire   A St-Lambert du Lattay, le 30 Novembre
————————
Section d'Angers
————————
Brigade de St-Lambert du
   Lattay.
————————
No 199/2.

                                R A P P O R T

         du Maréchal des Logis Chef LHOUMEAU,
         Commandant la Brigade de St-Lambert du Lattay

         sur le départ de la famille Juive BORLANT
         ————————————————
         Référence:Note Préfecture d'Angers du 26/5/42.

         Le samedi 20 Décembre 1943 dans la matinée la famille
    Juive BORLANT,composée de cinq personnes a quitté St-Lam-
    bert du Lattay (Maine et Loire)où elle résidait depuis D
    cembre1939,pour une destination qui demeure inconnue.

         La propriétaire du local qu'elle occupait,Mme SAUDRON,
    déclare que sa locataire et sa famille sont parties sans
    remettre la clé du logement et sans donner le moindre dé-
    tail sur ses intentions futures,en emportant quelques ba-
    gages,vraisemblablement le peu d'effetsd'habillement qu'
    elle possédait.

         Mme BORLANT et sa famille se sont rendues à Angers à
    la date indiquée en empruntant la camionnette de Monsieur
    Blanchard négociant en vins à St-Lambert du Lattay,lequel
    avait été sollicité à titre gracieux,au cours d'un voyage
    qu'il faisait à Angers pour les besoins de son commerce.

         Mr.Blanchard n'a reçu aucune confidence et il préten-
    dait que Mme BORLANT se rendait à Angers pourhabiller ses
    enfants.

         ÉTAT-CIVIL de la famille BORLANT
                    (Mère)
    BEZNOS,Rachel fe BORLANT née le 12/5/1900 à SAROKY(Russie
    fille de HERSCH et de SARAH,Grenitz.
                    (Enfants)
    BORLANT,Roger,né le 29/5/1929 à PARIS (18ème)
    BORLANT,Odette,née le 18/3/1931 à PARIS(13ème)
    BORLANT,France,née le 29/12/1934 à Paris(13ème)
    BORLANT,Madeleine,née le 15/8/1936 à Paris (13ème)
    BORLANT,Raymonde,née le 1/9/1939 à St-Lambert du Lattay
    (Maine et Loire) fils et filles de Aron et de Beznos,
    Rachel.

-Destinataire-
réfet de Maine
Loire
————————

Ce rapport de la Légion d'Anjou rédigé en 1943 relate les circonstances
du départ de Rachel Borlant et des cinq petits frères et sœurs d'Henri
de Saint-Lambert-du-Lattay.

Cette année-là, j'ai été affecté à plusieurs kommandos différents[28]. Et pendant ces vingt-huit mois à Auschwitz-Birkenau, j'ai vécu les pires souffrances. J'ai vu des gens mourir sous les coups, de faim, de fatigue. Nous recevions un litre de soupe à midi, deux cent cinquante grammes de pain le soir avec un peu de margarine ou de la marmelade, tout dépendait du bon vouloir du chef de baraque ou du kapo. La faim est vite devenue une obsession, on ne pensait qu'à ça, on n'était que ça, on mourait littéralement de faim. La chaleur, elle aussi, était insupportable. En été, nous étions assoiffés, déshydratés. Nous devions à tout prix rester propre et passer inaperçu… Quand nous avions des diarrhées, il fallait courir aux toilettes, ce que nous n'avions pas le droit de faire. Mais dès que nous sentions mauvais, tout le monde avait envie de nous taper dessus. Et il fallait se laver, laver les pantalons que l'on avait souillés, éviter d'être sélectionnés pour la chambre à gaz, cacher ses blessures et ses plaies…

C'est pourtant dans l'enfer de Birkenau que j'ai rencontré trois hommes formidables, Jacques Klinger, Désiré Hafner et Simon Gutmann, le chef de cuisine. Ils travaillaient au block 4, la première baraque à droite en entrant dans le camp, le siège du secrétariat central. Jacques était au secrétariat et Désiré, un Roumain venu faire ses études à Tours à cause du *numerus clausus* imposé aux Juifs en Roumanie, était le médecin de la baraque. Lui et moi avions fait partie du même convoi. À la fin du mois d'octobre 1943, Jacques Klinger a vu parmi les matricules de ceux qui venaient d'être transférés d'Auschwitz à Birkenau le n° 51 055. Or, à cette époque, presque tous les détenus portant les numéros du convoi n° 8 étaient morts. Jacques l'a fait savoir à Désiré Hafner, qui était lui aussi un « 51 000 » ! Il a vu mon nom sur la liste du block 29 et est aussitôt venu me voir. Nous avions l'impression d'être les deux seuls survivants de notre convoi !

---

28. L'historienne Annette Wieviorka a retrouvé des papiers à en-tête d'une firme de construction de route allemande, la Riedel Strassenbau, avec les noms, les matricules, les grades des déportés qui y avaient travaillé ainsi que les salaires soi-disant versés aux prisonniers. Ces documents portent également la signature des déportés, mais celle-ci est à chaque fois différente, preuve que c'était les SS qui signaient…

Désiré, qui était alors un jeune adulte, m'a pris sous sa protection. Il me donnait des conseils pour que je ne tombe pas malade. C'est lui qui m'a raconté que maintenant que les crématoires étaient construits, un kommando devait déterrer les cadavres et les brûler. C'est aussi lui qui m'a dit que le soir, lorsqu'ils rentraient au camp, ces hommes portaient l'odeur pestilentielle des cadavres, dont ils n'arrivaient pas à se débarrasser. Désiré Hafner fut pour moi un ami, un frère. C'est également lui qui m'a fait rencontrer Jacques.

Un jour, Jacques et Désiré ont appris qu'une grande sélection était prévue dans le camp et que tout le block 29 était menacé. Ils ont alors tenté de me faire passer avec un ami à moi, Raymond Naparstek, du block 29 au block 24, le kommando « Canada »[29], qui, vraisemblablement, serait épargné car il regroupait les détenus chargés de trier les effets personnels des nouveaux arrivants. C'était compliqué, il fallait des complicités partout, mais le kapo du « Canada » a accepté de leur faire cette faveur. Jacques Klinger et Désiré Hafner se sont démenés pour nous sauver. Hélas, quand tout a enfin été réglé, et que Jacques a fait porter l'ordre de transfert au chef de notre block, les SS avaient déjà fait clouer des planches sur les portes de la baraque du block 29 pour nous empêcher de sortir. Nous avons donc subi cette sélection, en rang par ordre d'ancienneté. Le SS a laissé passer les six premiers et a désigné tous les autres pour la chambre à gaz. Mon camarade et moi étions sauvés car nous faisions partie de ces six-là, et le transfert a bien eu lieu. J'ai passé seulement huit jours au « Canada », Raymond, lui, est resté jusqu'à la fin.

---

29. Le « Canada » est pour les détenus un pays de cocagne : ce kommando de rangement (*Aufräumungskommando*) s'occupe de trier les biens pris aux nouveaux arrivants et de les nettoyer pour les envoyer dans tout le Reich. Jusqu'à 2 000 personnes s'y relaient en deux équipes de nuit et de jour. Il y a 6 baraques à Auschwitz, 30 à Birkenau. Un système parallèle se met ainsi en place, dans lequel les gardes trouvent leur compte : le détenu fouille parmi les objets récupérés à la place du SS ; celui-ci prend l'or, les bijoux et les objets précieux et laisse au détenu vêtements et objets quotidiens, ainsi que la nourriture.
Le « Canada » de Birkenau est incendié par les SS en janvier 1945. Mais dans le chaos de l'évacuation, une partie des biens ne fut pas détruite : la variété des produits et des marques d'origine trouvée par les Alliés témoigne de l'ampleur du crime commis par les nazis.

Ces deux hommes avaient essayé de me sauver la vie, car, à Auschwitz, on ne survivait pas si on était seul. Sans la solidarité, il n'y aurait de toute façon pas eu de survivant. On se confiait, on s'entraidait, on se soutenait, on se disait : « Si tu survis, tu raconteras... » Nous échangions nos adresses car c'était une façon de penser à la vie après.

Mais c'est la foi aussi, sans doute, qui m'a aidé ; durant toute ma déportation, j'ai prié. Je pensais à ma mère, je demandais à Dieu de veiller sur elle, avant que moi je ne puisse le faire. Le désir de la revoir m'a peut-être permis de tenir.

Aujourd'hui, quand on me parle de chance, je réponds que je ne sais pas si la survie est une question de chance : peut-on avoir de la chance 365 jours par an, pendant trois ans ? Je crois plutôt que le camp est une école, un apprentissage, un langage à apprendre et à connaître, des choses à faire, à ne pas faire. Quand j'ai été transféré à Birkenau, j'étais déjà un « ancien », j'en comprenais donc le fonctionnement, le mode d'emploi, les codes.

« Nous sommes partis vers l'inconnu »

Durant l'été 1944, l'Armée rouge progressait sur tous les fronts. Les Soviétiques étaient désormais à moins de deux cents kilomètres d'Auschwitz-Birkenau.

Le 28 octobre, les SS ont décidé d'évacuer le camp[30]. Nous sommes ainsi partis vers l'ouest, vers l'inconnu. Nous nous sommes arrêtés au camp de Sachsenhausen, à une trentaine de kilomètres de Berlin et y sommes restés huit jours.

---

30. Les premières évacuations du camp se déroulent d'août à novembre 1944 et se poursuivent jusqu'en janvier 1945. Elles précèdent le dynamitage des crématoires II, III et V de Birkenau par la SS. Le 27 janvier 1945, les troupes soviétiques pénètrent « par hasard » dans le camp où il ne reste que 7 000 prisonniers malades et mourants. Entre 1940 et 1945, 1 100 000 personnes sont mortes à Auschwitz-Birkenau, dont 960 000 Juifs, 70 000 à 75 000 Polonais, 21 000 Tsiganes, 15 000 prisonniers de guerre soviétiques et 13 000 Tchèques, Biélorusses, Ukrainiens, Yougoslaves, Français, Belges et Autrichiens. 200 000 détenus seulement ont survécu.

Nous avons ensuite rejoint, moi et beaucoup d'autres, le camp d'Oranienburg[31], à quelques kilomètres de là. Nous logions dans de grands hangars de fabrication d'avions Heinkel. Chaque nuit, nous entendions les avions alliés qui bombardaient Berlin. Pour nous, cela signifiait que la guerre tournait cours pour les nazis : c'était eux, enfin, qu'on visait ! Ils avaient peur, et cela nous soulageait. Vers la fin du mois de novembre, les Allemands nous ont transférés au camp d'Ohrdruf, à une soixantaine de kilomètres de celui de Buchenwald. Après vingt-huit mois passés à Auschwitz-Birkenau, ce camp représentait un changement considérable car il n'y avait pas de chambres à gaz. Les Allemands avaient toujours les moyens de nous tuer, mais ils étaient en train de perdre la guerre, et nous le savions.

À Ohrdruf, où je suis resté un peu plus de quatre mois, on nous a fait travailler sur les routes à transporter des cailloux[32]. Nous recevions continuellement des coups, sans raison particulière. Au bout de quelques jours, j'ai compris que je ne pourrais pas le supporter bien longtemps. Alors le matin, quand les kommandos se rassemblaient, je me cachais dans les toilettes pour ne pas quitter le camp. Comme la ration quotidienne était distribuée sur le lieu de travail, ceux qui restaient dans le camp étaient condamnés à ne pas manger.

Dans la journée, de temps en temps, les SS avaient besoin de main-d'œuvre. Ils savaient qu'il y avait des détenus qui étaient restés cachés dans les baraques. Nous sortions alors de nos cachettes, dans l'espoir d'avoir une soupe. Un jour, j'ai été choisi pour une « corvée de viande », mais en fait de corvée de viande, on nous a fait charger

---

31. Le camp d'Orianenburg-Sachsenhausen est créé en juillet 1936. Avant la guerre, il abritait des communistes et des Juifs allemands arrêtés notamment lors de la Nuit de Cristal (9-10 décembre 1938), pogrom pendant lequel 6 000 d'entre eux sont déportés. Sachsenhausen est, avec Dachau, le camp modèle de la SS : c'est là que les premiers « camions à gaz » sont expérimentés en novembre 1941. Le camp est libéré le 22 avril 1945 par l'Armée rouge. Sur les 200 000 détenus à Sachsenhausen, on estime qu'il y a eu au moins 84 000 victimes.

32. Ohrdruf est le tout dernier des camps ouverts par les nazis à l'automne 1944. 25 000 détenus y ont été enregistrés pour servir de main-d'œuvre, ont construit des tunnels et des armes V1 et V2.

des cadavres sur un camion qui les transportait au Krematorium de Buchenwald. C'était la première fois que j'apercevais ce camp.

Un autre jour, il y a eu une nouvelle « corvée de viande », mais une vraie cette fois ! Un SS, accompagné d'un kapo, m'a désigné, avec d'autres, pour aller dans une boucherie chercher du ravitaillement pour la cuisine du camp SS. À cette occasion, j'ai rencontré Louis Beuvin, un prisonnier de guerre français qui travaillait dans la boucherie.

Une autre fois, un SS m'a choisi avec Henry Ehrenberg, un Juif polonais de 27 ans, pour travailler dans la cantine des SS. Il fallait faire le ménage, mettre les fûts de bière en pression et la servir. C'était une planque de rêve ! Pour y rester le plus longtemps possible, nous avons convaincu le SS de nous garder les jours suivants. Le chef de camp, de nationalité russe, voulait pourtant nous remplacer par deux de ses compatriotes. Mais le SS nous a gardé car nous lui inspirions davantage confiance.

D'un côté, il y avait la cuisine et de l'autre la salle où les Allemands prenaient leurs repas. Ehrenberg et moi récupérions les restes de soupe puis, grâce aux autres déportés travaillant à la cuisine, nous avons bientôt eu de la soupe à volonté. Nous mangions désormais à notre faim ! Je me souviens qu'avec le SS qui nous gardait, nous allions chercher des petits tonneaux de bière à la brasserie et nous les transportions jusqu'à la baraque. Nous les descendions à la cave avant de les mettre en perce. Nous servions ensuite cette bière à la pression. Si mon copain Henry était très intelligent, il était aussi très maladroit. Et je préférais décharger les tonneaux sans son aide. J'avais peur qu'il me blesse car j'aurais été alors contraint d'arrêter ce travail ! Moi, j'avais une technique très au point pour faire rouler les fûts. De cette façon, Ehrenberg et moi nous sommes refaits une santé et avons repris des forces…

« NOUS MARCHIONS VERS LA LIBERTÉ ! »

Au début de l'année 1945, Ehrenberg et moi avons commencé à parler d'évasion. En 1944, grâce aux nouveaux arrivants, nous avions entendu parler du Débarquement. Comme il y avait un poste de radio à la cantine et que nous l'écoutions en cachette, nous savions que les Allemands, de plus en plus nerveux, étaient en train de perdre la guerre. Nous avions déjà récupéré du poivre et de l'essence pour asperger nos vêtements afin que les chiens ne nous retrouvent pas. Grâce au travail à la cantine, nous avions un grand privilège : notre gardien nous ramenait au camp après la fin de l'appel du soir. Les comptes se faisaient donc sans nous.

Au mois d'avril 1945, dès que nous avons su que le camp allait être évacué et ça allait sans doute être le chaos, Ehrenberg et moi avons décidé de tenter le tout pour le tout. Il faut dire aussi que les SS de 1945 n'étaient plus ceux que nous avions connus à Auschwitz en 1942. Ce n'était plus des nazis endoctrinés dans les Jeunesses hitlériennes, mais des soldats de fortune, mobilisés dans les pays de langue allemande occupés par la Wehrmacht pour remplacer les SS partis sur le front. La plupart n'avaient d'ailleurs qu'une idée en tête : rentrer chez eux pour retrouver femme et enfants. Notre gardien était d'origine hongroise, coiffeur et père de famille. Alors, avec Ehrenberg, nous lui avons dit : « Si vous nous sauvez, on vous sauve ! » Lui qui rêvait de déserter a accepté… Le plan était de rester dans la cantine et de nous évader à la nuit tombée. Si nous étions découverts, Ehrenberg avait prévu de dire que nous étions restés dans la baraque des SS pour récupérer les précieux équipements permettant de mettre les fûts en perce.

Lorsque l'évacuation a été annoncée pour le lendemain matin, Ehrenberg et moi ne sommes pas rentrés au camp. Mais nous ne sommes pas parvenus à nous enfuir pour autant ! Notre chef de la cantine, sorti inspecter les environs, nous avait en effet prévenus que, pour éviter la désertion des soldats allemands, le camp était désormais gardé par des SS Ukrainiens en uniformes noirs. Terrorisés, nous avons alors décidé de nous réfugier dans la cave. Mais le lendemain, le chef de camp s'est rendu compte de notre absence et est venu nous chercher en nous menaçant de nous tuer !

Ehrenberg et moi sommes rentrés au camp avec lui, complètement morts de peur. Nous portions tous les deux les caisses qui transportaient les ustensiles nécessaires à notre travail. En arrivant devant

Le général **EISENHOWER** commandant en chef des armées alliées accompagné des généraux **BRADLEY** et **PATTON** visite le camp.

Les généraux Eisenhower, Bradley et Patton visitent du camp d'Ohrdruf. Henry Ehrenberg se tient derrière l'homme qui a les mains dans les poches au premier plan.

l'entrée du camp, nous avons aperçu une file de détenus, la dernière centaine qui attendait l'ordre de départ. Une voiture avec des officiers est passée. Le chef de camp les a salués, et, vite, Ehrenberg et moi nous sommes glissés parmi les détenus et avons commencé à marcher.

Nous sommes rapidement arrivés à la hauteur de la cantine devant laquelle notre complice SS se tenait. Nous avons alors fait un quart de tour et nous nous sommes dirigés vers lui en marchant au pas, comme si de rien n'était… Avec nos caisses, qui aurait pu penser que nous allions nous évader ? Un copain s'est écrié : « Henri, où tu vas ? »… Je n'ai pas répondu. Une fois dans la baraque, nous nous sommes glissés entre le plafond et le toit et, la nuit suivante, le 3 avril 1945, avec nos caisses sous le bras, nous sommes enfin sortis. Notre chef marchait derrière nous et nous, nous marchions vers la liberté !

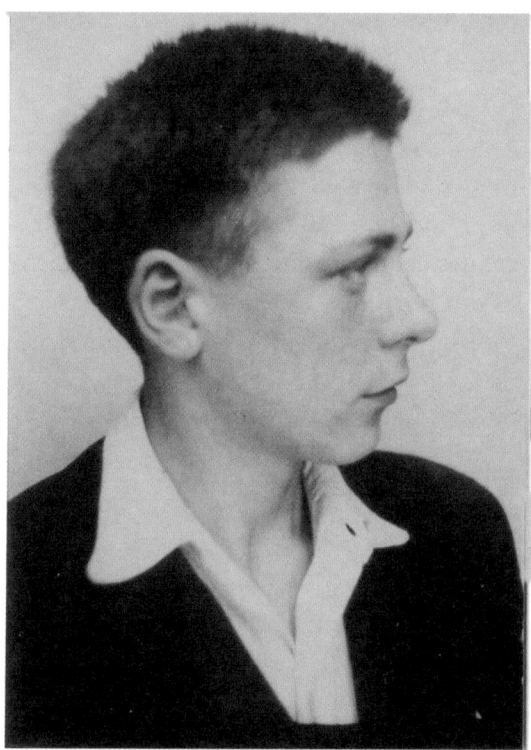

Henri à son retour des camps en 1945.

Nous sommes arrivés dans une rue d'Ohrdruf. Personne dehors. Les habitants semblaient s'être réfugiés dans les abris. Nous y sommes allés pour chercher Louis Beuvin et les propriétaires de la boucherie. Ehrenberg avait trouvé des bouteilles de vin et on a fait boire notre chef, qui, vu les circonstances, en avait bien besoin ! Il commença à discuter avec une femme et sembla nous oublier. On n'allait quand même pas le tirer par la manche… et il fallait que chacun continue à jouer son rôle ! Ehrenberg et moi sommes donc sortis pour aller frapper à la boucherie Walter Groll où travaillait Louis Beuvin. La porte s'est ouverte. La famille était attablée. Louis, qui devait avoir 25 ou 26 ans, nous a trouvé des vêtements de prisonniers de guerre, avec un grand « KG » (*KriegsGefangener*) inscrit dans le dos. Il m'a donné un couteau en me disant « On ne sait jamais ! » et un semblant de pièce d'identité sans photo. Puis nous sommes restés cachés toute la nuit dans le grenier.

Le lendemain, le 4 avril, nous avons vu les premiers chars américains entrer dans la rue principale. Mais nous ne nous sommes pas montrés. Nous étions libres, mais nous restions prudents. Nous avons attendu le jour suivant pour sortir et aller à leur rencontre. Nous ressentions alors un besoin urgent de raconter, de faire savoir ce qui s'était passé. Nous avons trouvé deux soldats américains qui comprenaient l'allemand et nous leur avons tout raconté ! Mais nous étions si excités que nous parlions extrêmement rapidement et que nos histoires ont dû leur paraître complètement invraisemblables. Nous leur avons alors proposé de les conduire au camp, et c'est donc en Jeep que nous y sommes retournés. Les cadavres répandus sur la place d'appel, la découverte des charniers où les corps pourrissaient, l'odeur épouvantable… les ont horrifiés.

En sortant du camp, nous avons vu des prisonniers allemands encadrés par des soldats américains. Je portais une veste de prisonnier de guerre, des bottes d'officier et une badine que j'avais trouvée dans le camp. Les soldats m'ont encouragé à frapper les prisonniers. Mais je suis resté penaud, incapable de faire un geste. C'est que les choses avaient changé. Je n'avais plus peur, je n'étais plus menacé. Et je suis retourné sans rien faire dans la Jeep… J'étais incapable de frapper des hommes désarmés.

Le 12 avril 1945, à la suite de notre initiative, l'État-major allié, parmi lequel se trouvaient les généraux Eisenhower, Bradley et Patton, se sont rendus au camp. Ils étaient accompagnés de correspondants de guerre qui ont écrit les premières lignes sur ce qu'on n'appelait pas encore la Shoah. On sait qu'à cette occasion, sur la place d'appel d'Ohrdruf, le général Eisenhower a dit : « Maintenant, nos *boys* sauront pourquoi et contre qui ils se battent. »[33]

« MA MÈRE A VU SON PETIT GARÇON REVENIR SEUL »

Le 13 avril 1945, dix jours après notre évasion, Louis Beuvin, six autres camarades prisonniers de guerre et moi avons décidé de rentrer en France par nos propres moyens. Nous sommes donc partis dans deux voitures allemandes que mes camarades avaient réquisitionnées.

---

33. Les Américains obligeront la population de Weimar et des environs à venir défiler devant les charniers et à ensevelir les cadavres.

Alors que les prisonniers avaient dans leur bagage des tas de trucs qu'ils avaient amassés, moi, je ne rentrais qu'avec une simple musette dans laquelle j'avais mis des paquets de cigarettes américaines. Au bout d'une cinquantaine de kilomètres, la police militaire américaine nous a arrêtés en nous disant que nous n'avions pas le droit de circuler. Ils nous ont conduits dans un camp à Eisenach où il y avait beaucoup de Français, des prisonniers de guerre et des travailleurs du STO.

Trois jours plus tard, le 16 avril, nous avons pris le train et sommes arrivés en France, à Montigny-lès-Metz. Il y avait là un immense centre où les requis du STO et les prisonniers étaient rassemblés. Les autorités militaires les contrôlaient puis leur délivraient une carte provisoire de rapatrié. Quand mon tour est arrivé, un employé m'a demandé mes papiers, mais je n'en avais évidemment pas ! J'avais 18 ans et l'air d'un gamin, mais je suis devenu immédiatement suspect… En plus, ils trouvaient que j'avais un accent allemand !

« Où étiez-vous ? me demanda-t-il.

À Montigny-lès-Metz, personne n'avait encore vu de déportés. Buchenwald avait été libéré cinq jours plus tôt et le rapatriement n'était pas encore organisé.

– Auschwitz-Birkenau, Sachsenhausen, Oranienburg, Ohrdruf… » lui ai-je répondu.

Mes compatriotes prisonniers de guerre sont vite venus à mon secours en expliquant mon calvaire et ces hommes sont devenus prévenants et gentils… Je pense qu'ils se méfiaient des collaborateurs qui essayaient de se faire passer pour des prisonniers. Ils m'ont demandé s'il fallait prévenir quelqu'un de mon retour. J'ai donné l'adresse de mes grands-parents à Paris et celle de ma mère à Saint-Lambert-du-Lattay… Il n'y eut aucune réponse. J'ai su plus tard que mes grands-parents avaient été déportés un an après moi par le convoi n° 49[34] et gazés à l'arrivée, le 5 mars 1943.

---

34. Selon Serge Klarsfeld, le convoi n° 49, parti de Drancy le 2 mars 1943, transportait 1 000 personnes, dont 317 de plus de 70 ans. 881 hommes et femmes furent gazés à l'arrivée à Auschwitz-Birkenau. 100 hommes et 19 femmes furent sélectionnés pour le travail. Il n'y eut que 6 survivants.

Louis Beuvin reçut des nouvelles de sa femme. Il me proposa alors de partir avec lui pour Paris et de laisser ses coordonnées à Montigny au cas où les autorités recevraient un signe de vie de ma famille. À notre arrivée gare de l'Est, sa femme l'attendait. Elle était sur son « 31 », belle, parfumée. Il lui dit simplement : « Pour le gosse, je t'expliquerai ! » Une voiture nous

Henri Borlant et sa mère en 1945.

emmena jusqu'à Livry-Gargan, où ils habitaient et où Louis avait sa boucherie. Sa famille était réunie autour de la table et l'attendait. À notre arrivée, ils ajoutèrent un couvert. Mon premier repas en France, c'est avec eux que je l'ai pris ! Pendant que nous mangions, le téléphone sonna : « On a retrouvé ta mère, elle est au 159 de la rue du Château-des-Rentiers et elle t'attend ! » Alors que je quittai la table, Louis demanda timidement à sa femme s'il pouvait me donner un peu de viande. Elle lui répondit : « C'est toi le patron ! Tu es ici chez toi. » Il mit son tablier et coupa un bifteck pour chaque membre de ma famille. Je mis le tout dans ma musette, sautai dans un taxi que Louis avait déjà dû payer et je me rendis au 159 rue du Château-des-Rentiers. Ma mère, à la fenêtre du troisième étage, m'attendait. Elle vit son petit garçon qui revenait de la guerre, mais qui rentrait seul.

Henri (à gauche), Charles Naparstek, Charly Zlotnik et Phil Vodka
à Lourdes en 1945, quelques mois après leur retour de déportation.

Retrouver ma mère et mes cinq frères et sœurs fut un immense bonheur. L'un de mes camarades a écrit que la liberté avait commencé le jour où il avait serré sa mère dans ses bras. Ce fut la même chose pour moi.

Aucun des membres de ma famille ne m'a posé de questions. Je ne me souviens pas leur avoir dit que mon père, Bernard et Denise étaient morts, qu'il ne fallait pas les attendre et que mes grands-parents maternels ne reviendraient pas non plus. Mais je n'imagine pas non plus ne pas leur avoir dit... Au camp, j'avais appris par Jacques Klinger que mon père était mort un mois et demi après notre arrivée, en septembre 1942, et que mon frère, lui, était mort en novembre. Mais il n'a pas pu me dire comment. Pour ma sœur, je n'ai jamais rien su. Et puis au bout d'un mois, tous les survivants étaient soit rentrés, soit hospitalisés, et l'avaient fait savoir...

Ma mère a découvert que son fils parlait yiddish. Elle se moquait d'ailleurs gentiment de moi parce que j'avais, disait-elle, un accent *polak*... Je ne parlais de la déportation qu'avec mes anciens camarades, mais pas aux autres. Ce n'était pas racontable. Aucune réalité n'aurait pu correspondre aux mots que j'aurais employés. D'ailleurs, personne ne me posait de questions.

LES JUSTES

À mon retour des camps, j'ai appris comment ma mère, France, Raymonde, Odette, Madeleine, Roger et Léon, l'aîné, avaient survécu. Un an après notre arrestation, le gendarme du village, Monsieur Baudet, avertit ma petite sœur Odette : « Retourne vite chez toi et dis à ta mère que les Allemands vont venir vous arrêter… Il faut vous sauver très vite, vous cacher. Si elle ne sait pas comment faire, qu'elle aille voir le maire du village, Monsieur Français, il vous aidera ! »

Ma mère se précipita chez le maire qui lui dit de préparer ses affaires et qu'il enverrait quelqu'un la chercher, elle et ses enfants, dans la nuit. Les gens du village furent formidables avec maman. Madame Béliard, sa guérisseuse, une femme pieuse et charitable, lui donna toutes ses économies : « Vous en aurez besoin plus que moi. » Monsieur Alain Aubry, un secrétaire de mairie, lui fournit de fausses cartes d'identité. Monsieur Bartélémy, un épicier qui habitait à un kilomètre de Saint-Lambert, donna à mon frère Roger, alors âgé de 14 ans, tout ce qu'il pouvait emporter : « Tu diras à ta mère qu'elle me paiera après la guerre. » Enfin, Jacques Blanchard, le fils d'un notable du village, vint chercher maman et ses cinq enfants et les emmena à Angers. Là, un homme, Paul Justau, les attendait pour les conduire chez lui. Il leur offrit le gîte et le couvert et, le lendemain, les conduisit chez sa sœur, Madame Laurenceau, une châtelaine vivant à Champtocé-sur-Loire. Mes frères et sœurs me racontèrent plus tard que c'était une femme autoritaire, dure, mais elle leur a sauvé la vie… une vie que j'ai appris difficile et clandestine, inquiète et miséreuse.

Madame Laurenceau cacha ma mère, France, Raymonde, Odette, Madeleine et Roger dans une maison abandonnée, en lisière de forêt. Mon frère aidait le jardinier du château et, en échange, ramenait sans doute des légumes ; Odette s'occupait du petit dernier et avait le droit d'emmener du lait. Des gens qui vivaient près du château leur ont apporté un matelas, une table, une armoire…

Ces gens n'étaient sans doute pas des résistants, certains étaient peut-être même pétainistes, mais qu'importait, il y avait des choses qu'un homme, catholique qui plus est, ne pouvait ni accepter ni tolérer. Tous firent donc ce qu'ils pouvaient pour aider cette famille sans ressources qui ne pouvait plus recevoir de tickets de rationnement pour nourrir ses enfants. Pour moi, ces personnes sont des Justes[35].

Environ six mois plus tard, la châtelaine demanda à ma famille de partir. Trop de gens étaient au courant dans la région et la situation devenait dangereuse pour tout le monde. Ils retournèrent alors à Paris, où se cachait Léon. Ils restèrent chez lui quelques jours, puis retournèrent dans notre ancien appartement où des scellés avaient été posés. Il avait été vidé, il n'y avait plus ni vaisselle ni meubles[36], mais ils habitèrent là, à découvert, sans plus se cacher, jusqu'à la libération de Paris, en août 1944.

---

35. La commémoration des « Justes parmi les Nations » (l'expression vient de l'hébreu *Hassidei Oumot ha-olam*, « hommes pieux des nations du monde ») est instituée à partir de 1961 par le gouvernement israélien et l'Institut Yad Vashem, à Jérusalem. Ce titre distingue chaque homme ou femme, qui, au péril de sa vie, ou de son rang social, sauva des Juifs. La plantation d'un arbre dans l'Allée des Justes de Yad Vashem, un diplôme et une médaille symbolisent aujourd'hui cette reconnaissance. Au 1er janvier 2007, 21 758 personnes, dont 2 740 Français, avaient reçu le titre de Juste.

36. Le pillage systématique des appartements perpétré par les autorités allemandes, la Dienstelle Western, n'a jamais reçu l'aval de l'État français, même si certains Français l'ont facilité, ou en ont personnellement profité. Il frappe par sa radicalité et sa sauvagerie. Les logements laissés vacants sont entièrement vidés : mobiliers, œuvres d'art, instruments de musique, linge de maison, vaisselle, vêtements, fournitures pour tailleur et cordonnier, papiers de famille (dont les polices d'assurance), jusqu'aux prises de courant et aux garnitures de cheminées ! Ses produits étaient distribués aux victimes allemandes des bombardements alliés, surnommés par les nazis « bombardements juifs »…
En 1997, sous l'impulsion de Serge Klarsfeld, le premier Ministre Alain Juppé charge Jean Mattéoli d'une « mission d'étude sur les conditions dans lesquelles des biens immobiliers et mobiliers appartenant aux Juifs ont été confisqués […] ou acquis par fraude, violence ou vol » ; selon les résultats de cette mission, 69 619 logements auraient été vidés dans l'Europe de l'ouest occupée jusqu'en juillet 1944, dont 38 000 en France.

Rachel Borlant entourée de Roger, Bernard et Denise,
les frères et sœur d'Henri.

Mon frère Léon me raconta ses combats en tant que résistant. À la tête d'un groupe armé, il avait participé à la libération de la capitale ! C'était le « lieutenant Loulou », légèrement blessé à la tête et à l'épaule droite, repartant immédiatement au combat après avoir été soigné à l'hôpital de La Pitié, libérant la mairie du XIIIᵉ arrondissement… Puis il s'était engagé dans la Iʳᵉ armée où, lieutenant du colonel Fabien, il avait participé à la campagne de France pour la libération du territoire.

« JE NE SUIS PAS DEVENU TORTIONNAIRE, JE SUIS DEVENU MÉDECIN »

Être à nouveau libre, embrasser ma mère, mes frères et sœurs, manger à ma faim, dormir dans l'appartement qui était le nôtre avant la guerre était un immense bonheur ! J'avais presque 18 ans, je regardais les filles, je les trouvais belles, je voulais profiter intensément de la vie, lire, rire, m'amuser… Mais il fallait trouver de quoi vivre, car j'étais revenu orphelin de père dans une famille nombreuse dévastée par la guerre. Comme j'étais resté en contact avec les anciens du camp, on

Henri à la fin des années 1940.

continuait à s'entraider, on se donnait les adresses des endroits où récupérer un pantalon, un lit, de la nourriture…

Je voulais mettre mon énergie au service des autres et j'avais terriblement envie d'étudier, de découvrir la culture, d'entreprendre mille et une choses. Mais j'avais perdu trois ans, j'écrivais phonétiquement, je n'avais que le certificat d'études primaires… On ne voulait de moi dans aucun établissement secondaire et on me répondait que me faire entrer en sixième aurait été ridicule ! Le directeur d'un cours complémentaire, un ancien collaborateur, finit pourtant par m'accepter. Je m'étais en effet présenté sur les conseils d'un responsable du service d'aide aux victimes de guerre avec une lettre de recommandation à l'en-tête des organisations de Résistance ! Il m'a inscrit en troisième. J'étais ravi mais inconscient du défi que cela représentait. J'ai travaillé comme un forcené et l'année suivante, je suis rentré directement en première au lycée Saint-Louis. Malgré mes efforts et mon travail, j'ai eu beaucoup de mal à combler mon retard, mais je ne me suis jamais autorisé l'échec et j'ai obtenu mon premier bac en 1947[37], à la session de septembre. J'ai alors décidé de m'orienter vers des études de médecine ; mon ami Désiré Hafner

---

37. Les épreuves du baccalauréat sont divisées en deux parties, une à la fin de la première et l'autre à la fin de « la classe de philosophie » ou de « la classe de mathématiques élémentaires ».

était, lui, déjà médecin et j'avais envie de suivre sa voie. Une fois mon bac en poche, j'ai couru m'inscrire à la fac. Je n'avais pas le niveau de la sixième en rentrant d'Allemagne et, deux ans et demi plus tard, je suis rentré à la faculté !

À l'époque, il fallait impérativement avoir le diplôme de PCB – physique, chimie, biologie – pour entrer en première année de médecine. Et c'est à ce moment-là que j'ai commencé à cracher du sang : j'avais la tuberculose. Alors que j'avais tout fait si vite, j'ai dû brutalement m'arrêter et aller me soigner en sanatorium. Comme tous mes camarades d'infortune, j'espérais être envoyé à Saint-Hilaire-du-Touvet, dans les Hautes-Alpes. Qui plus est, il y avait un « sana » de jeunes filles à proximité… Mais ce fut en Allemagne, à Friedenweiler, dans la zone d'occupation française, que j'ai dû aller ! Je suis resté une petite année avant de demander à partir parce que je m'impatientais… Les médecins ont accepté mais à une seule condition : je devais poursuivre mes études à Strasbourg, et non à Paris, ville jugée trop fatigante…

J'ai donc repris mes études au mois de mars 1949. Tout avait été organisé : j'avais une chambre dans une résidence étudiante, un droit d'accès au restaurant médico-social, un rattrapage pour tous les travaux pratiques… Pourtant, au mois de juin, pendant l'épreuve de biologie animale du PCB, je suis tombé dans les pommes devant le professeur ! On m'a relevé et on m'a allongé sur un banc. Plus tard, le professeur est venu me questionner. Je lui ai raconté mon histoire et, bienveillant, il m'a dit : « Quelle question voudriez-vous que je vous pose ? » Cela m'a redonné confiance, j'ai pu répondre aux questions et j'ai fini par avoir mon PCB ! Je suis donc entré à la faculté de médecine de Paris.

En troisième année, j'ai fait une rechute de tuberculose et j'ai dû retourner à l'hôpital. Quand j'en suis sorti, ma bourse avait été supprimée puisqu'elle dépendait du succès aux examens. Les services sociaux sont intervenus mais j'ai fait toute mon année sans ressources. Pour survivre, je vendais des montres suisses que me confiait un copain… En fin d'année, on me versa cette bourse en une seule fois. En arrivant chez moi, j'ai jeté ce paquet d'argent sur la table : « On part en vacances ! » Et nous sommes tous allés à Saint-Gilles-Croix-de-Vie !

Au lycée Saint-Louis en 1946-1947. Henri est au deuxième rang.
C'est le troisième en partant de la gauche.

À la fin de la cinquième année, comme tous mes collègues, je devais commencer à faire des remplacements. Le premier que j'ai fait, c'était à Aubervilliers, chez mon ami Désiré Hafner !

« La Shoah n'a pas vacciné le monde »

Dans les années qui ont suivi mon retour, personne ne posait de questions. Personne ne cherchait à savoir. C'est le procès d'Adolf Eichmann[38], à Jérusalem, qui a fait évoluer les choses.

---

38. Adolf Eichmann, qui avait dirigé le bureau des Affaires juives de l'Office central de sécurité du Reich et organisé les déportations vers Auschwitz, est jugé à Jérusalem du mois d'avril au mois de novembre 1961, au cours d'un procès retentissant qui attire pour la première fois l'attention de l'opinion internationale sur la Shoah. Il révèle en effet au monde entier l'atrocité des crimes nazis. Les témoignages de survivants, en particulier ceux de combattants des ghettos tels que Zivia Lubetkin, l'une des dirigeantes de l'insurrection du ghetto de Varsovie, attirent aussi l'attention sur la résistance juive. L'acte d'accusation, rédigé par le procureur général d'Israël, Gideon Hausner, comportait quinze chefs d'accusation, dont ceux de crimes contre le peuple juif et de crimes contre l'humanité. Déclaré coupable, Eichmann est condamné à mort et pendu le 1er juin 1962. Son corps est incinéré et ses cendres dispersées dans la mer, au-delà des eaux territoriales d'Israël (voir le témoignage de Marceline Loridan-Ivens p. 192).

Puis il a fallu la série américaine *Holocauste*[39] et le film *Shoah*[40] de Claude Lanzmann pour déclencher la curiosité, le désir de savoir, le besoin de faire appel aux survivants pour qu'ils racontent ce dont ils avaient été témoins. En 1992, j'ai témoigné pour la première fois devant une caméra. Je venais d'apprendre qu'un groupe de douze jeunes femmes universitaires, présidé par l'historienne Annette Wieviorka, recueillait des témoignages des survivants de la Shoah. La même année, le procès Touvier[41] m'avait convaincu de l'importance de raconter. Je les ai rejointes et j'ai travaillé avec elles.

---

39. Ce téléfilm américain réalisé par Marvin Chomsky d'après un scénario de Gerald Green en 1978 montre l'extermination des Juifs d'Europe à travers le destin croisé de deux familles berlinoises, l'une juive, l'autre nazie, entre 1933 et 1945.

À sa sortie, la série connaît un écho retentissant dans tout le monde occidental par l'ampleur de ce qu'il faisait découvrir aux jeunes générations qui l'ignoraient et par le débat que soulevait le traitement hollywoodien de la Shoah. Vingt-huit pays en font l'acquisition, au premier rang desquels la République fédérale allemande, où sa diffusion provoque une immense émotion. *Holocauste* s'avère être une étape décisive dans l'expression publique du génocide et dans son mode de représentation à l'écran.

Si la série est très critiquée en raison de ses inexactitudes historiques, elle a l'avantage de pousser les historiens à rechercher un autre mode de transmission véhiculé par l'image : le témoignage filmé.

40. Le film de Claude Lanzmann sort sur les écrans en 1985. Le titre choisi par le réalisateur – *Shoah* désigne dans la Bible une catastrophe soudaine – permet la reconnaissance historique de ce terme pour désigner l'assassinat des Juifs d'Europe pendant la Seconde Guerre mondiale.

Considérée dans le monde entier comme un événement cinématographique et historique majeur, cette œuvre, d'une durée de neuf heures et quinze minutes, rompt avec tous les modes de représentation tentés jusque-là au cinéma. Claude Lanzmann filme exclusivement les lieux du génocide, la parole des survivants, notamment de ceux, très peu nombreux, des Sonderkommando, celle des bourreaux et des observateurs. Aucune image d'archive donc, mais des traces révélées par les lieux, les voix, les visages.

41. Lors du procès de Paul Touvier, le chef de la milice lyonnaise, la chambre d'accusation de Paris rend d'abord un non-lieu fondé sur l'interprétation de la définition du crime contre l'humanité donnée par la cour de Cassation en 1988. Celle-ci précisait que le crime devait être commis « au nom de l'État pratiquant une politique d'hégémonie idéologique ».

Le tribunal considéra que Vichy n'ayant pas pratiqué une telle politique, ses fonctionnaires ne pouvaient pas être jugés comme ceux du IIIᵉ Reich.

Quelques mois plus tard, l'arrêt est cassé. Touvier comparaît en 1994 pour complicité de crime contre l'humanité. Il est condamné à la prison à perpétuité.

Plus tard, lors de la pose d'une plaque commémorative au Grand Séminaire d'Angers, nous nous sommes tous retrouvés chez ma sœur Madeleine, qui possède une maison dans la région. En prenant l'apéritif debout dans le jardin un verre à la main, alors que nous revenions de la céré-

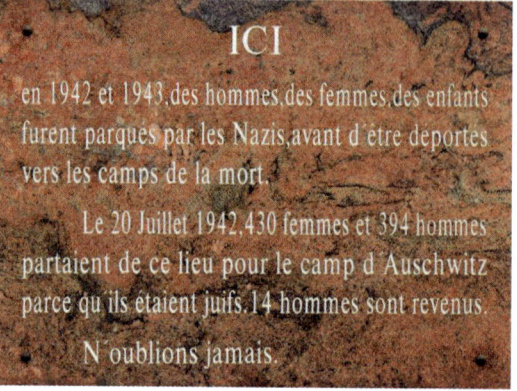

Plaque apposée au Grand Séminaire, en mémoire des 824 victimes juives déportées d'Angers le 20 juillet 1942.

monie, j'ai dit à mes frères et sœurs que j'étais étonné par le fait qu'ils ne m'aient jamais posé de questions sur les derniers moments de papa, Bernard et Denise. À ce moment-là, ma sœur Odette s'est évanouie. On la releva et on changea de sujet. C'était encore pour eux quelque chose d'insupportable...

Et puis, en 1995, Serge Klarsfeld m'a proposé de l'accompagner à Auschwitz avec des élèves de troisième. Voici les mots qu'il employa pour me présenter :

« Henri Borlant avait 15 ans, votre âge, quand il a été déporté. Il est le seul survivant des six mille enfants juifs de France de moins de seize ans déportés à Auschwitz en 1942. »

C'est pour cela que je n'ai pas le droit de me taire.

Il y a eu d'autres génocides depuis la fin de la guerre, au Cambodge, au Rwanda... Ce qui a eu lieu peut recommencer. Il y a encore des massacres, des gens qu'on exclut, qu'on rejette, qu'on honnit. La Shoah n'a, hélas, pas vacciné le monde.

Nous, les survivants, témoignons aussi pour faire comprendre, en particulier aux jeunes, combien la démocratie est précieuse et combien nous avons été heureux de pouvoir à notre retour être des hommes libres dans une France où les droits de l'Homme étaient à nouveau respectés. Je veux qu'on se rende compte jusqu'où peuvent mener la suppression des Droits de l'homme et la fin de la démocratie. Pourtant celle-ci est, avec l'Europe, les seuls instruments que nous possédons pour préserver la paix. Ne les gaspillons pas, améliorons-les, enrichissons-les ! La démocratie est précieuse, mais elle est aussi fragile. Nous l'avons payée cher pour en comprendre le prix. Ce sont les Juifs qu'on a assassinés, mais c'est à l'humanité qu'on a porté atteinte.

C'est pour cela qu'on ne peut pas parler de pardon. Les nazis n'ont pas de circonstances atténuantes. Et puis je ne me souviens pas avoir vu les criminels nazis se bousculer pour demander pardon. De toute façon, seules les victimes, les hommes qu'ils ont tués, seraient habilitées à pardonner. Elles ne peuvent plus le faire. Il ne faut ni pardon, ni oubli ; les sociétés n'ont pas besoin

En 2007, le gouvernement espagnol et l'éducation nationale inscrivent l'enseignement de la Shoah dans les programmes scolaires. À cette occasion, plusieurs survivants, dont Henri Borlant (à l'extrémité droite) et Ida Grinspan (à l'extrémité gauche), se rendent en Espagne où ils rencontrent notamment le roi Juan Carlos et la reine Sophie.

de pardon, elles ont besoin de justice, et de protection. Le devoir du citoyen n'est pas de pardonner, mais de protéger l'Homme et la démocratie.

Je ne suis pas fatigué de parler. Je pourrai parler jusqu'à la fin, même si je suis conscient que les mots sont insuffisants et qu'une partie de ce que nous avons vécu demeure intraduisible. À chaque fois, je suis bouleversé… Parler, c'est retrouver la dignité que nous avons perdue à Auschwitz. Un jour, après avoir témoigné dans un lycée, un jeune élève m'a écrit : « Merci d'avoir survécu »[42].

42. *Merci d'avoir survécu* est le titre du livre écrit par Henri Borlant en 2011 dans lequel il raconte l'histoire de sa famille et sa déportation.

ET APRÈS...

Henri Borlant obtient son diplôme de médecin en 1956. Deux ans plus tard, il ouvre son cabinet dans le XIe arrondissement de la capitale. Dans les années 1960, il rencontre Hella, une jeune Allemande : elle devient son assistante, puis son épouse. Ensemble, ils regardent grandir leurs trois filles, affrontent les épreuves, supportent les deuils, voient naître sept petits-enfants. Dans les années 1970, ils font même la connaissance d'une quatrième fille, qu'Henri a eue lors de son passage à Strasbourg en 1950...

Dans les années 1990, il s'engage aux côtés d'Annette Wieviorka dans l'association « Témoignages pour Mémoire », puis au sein de la Fondation pour la Mémoire de la déportation. Plus tard, il rejoint la Fondation pour la Mémoire de la Shoah.

Henri continue, inlassablement, en France, à l'étranger, dans les collèges, les lycées et devant les caméras, à raconter son histoire, la nôtre. Pour que nul n'oublie que la démocratie est un combat dans lequel chacun est impliqué, et pour qu'un jour, on n'assassine plus des hommes pour ce qu'ils sont.

676	OLIVENBAUM Henriette	7. 4.04	Sekretärin	4750
677	OPPENHEIMER Adèle	6. 3.62	Ohne	5050
678	OPPENHEIMER Andrée	21.11.82	Ohne	5051
679	OPPENHEIMER Gabrielle	30. 3.87	Ohne	5052
680	ORDENTLICH Michel	5.11.42	Ohne	3020
881	ORDENTLICH Mireille	30.12.06	Ohne	3019
682	OTTENHEIM Paul	9. 6.89	Vertreter	4981
683	OVROUTZKI Dora	17.10.92	Troedler	5280
684	OVROUTZKI Maurice	17.10.88	Troedler	5279
685	OWEZAREK Alexandre	23.11.80	Schneider	5281
686	PALANT Fajga	16. 7.90	Lederarbeiterin	5327
687	PALANT Lina	25.12.23	Sekretärin	5329
688	PALANT Shaia	27. 9.22	Lederarbeiter	5328
689	PALERMAN Hélène	11. 9.72	Ohne	5417
690	PALERMAN Marthe	15. 9.99	Ohne	5418
691	PALLUCK Jacob	10. 2.94	Kaufmann	5485
692	PAPFENHEIM Adolphe	12.11.24	Pelzarbeiter	5209
693	PELOSOFF Joseph	12. 3.92	Vertreter	4989
694	PELTA Henri	5. 3.82	Schuster	5789
695	PENKOVSKY Tamara	13. 3.76	Ohne	5684
696	PENOUEL Albert	18. 6.18	Spiegelfabrikant	4927
697	PEREZ Victor	18. 2.12	Boxer	1643
698	PERIN Berthe	5. 2.84	Ohne	5610
699	PERLI Izec	13. 5.02	Schneider	5268
700	PASSINE Elie	14. 7.75	Kaufmann	4743

Sur cette liste du convoi n° 60, on peut lire à côté du numéro 688 le nom,
le prénom, la date de naissance, la profession et le matricule de Drancy
de Charles (Shaia). « Lederarbeiter » signifie « maroquinier ». Au-dessus,
on peut lire les noms de sa mère et de sa sœur.

CHARLES PALANT

DÉPORTÉ À 21 ANS LE 7 OCTOBRE 1943 PAR LE CONVOI N° 60

Nous sommes en milieu d'après-midi. En nous ouvrant la porte de son appartement, Charles Palant, 92 ans, esquisse un sourire grave et bienveillant. Les murs sont tapissés de livres et de photos des êtres qui lui sont chers, de lui, sur une estrade ou devant un micro. On devine le tribun, l'homme qui depuis toujours se sert de la parole comme d'une arme pour défendre les peuples et leurs droits. Lorsque sa voix s'élève, assurée et enthousiaste, nous n'avons qu'une envie, nous taire et l'écouter...

MOSCOU-BELLEVILLE

Mon nom est Charles Palant. Je suis né à Paris le 27 septembre 1922. Ma mère, Fanny, venait tout juste d'arriver en France où mon père, Salomon, l'attendait depuis plusieurs mois. Elle ne voyageait pas seule, Jean et Paulette, mon frère et ma sœur, étaient avec elle. Moi, dans son ventre, espérance d'un jour nouveau, je faisais mon premier voyage !

Mes parents n'en étaient pas à leur coup d'essai en matière d'émigration : avant la Première Guerre mondiale, ils avaient déjà fui la Pologne pour l'Angleterre, puis attirés par les sirènes de la Révolution russe, ils s'étaient installés à Moscou. Il faut dire que mon père était de ces jeunes anarchistes révoltés contre la misère et l'antisémitisme, qui rejetait, et même avec un certain sectarisme, toute forme de religion. Lui et ma mère s'étaient rencontrés lors d'une réunion clandestine. Elle, s'était laissée entraîner par une amie sur la promesse qu'elles allaient entendre un jeune homme qui, lui, sortait tout juste de prison[1] et s'exprimait drôlement bien ! Salomon et Fanny n'avaient alors qu'une idée en tête : partir, fuir cette Pologne en proie à un antisémitisme viscéral qui laissait les Juifs sans droit ni moyen de se défendre.

Mais parce qu'à l'époque, il fallait être marié pour pouvoir partir, et que seul existait en Pologne le mariage religieux, Salomon Palant et Fanny Froschnajder se sont unis religieusement, à la synagogue. Dieu sait pourtant que mon père fuyait les rabbins et leur monde et qu'il préférait changer de trottoir plutôt que de longer une synagogue ! Ma mère, elle, était plus attachée à la tradition. Jamais pourtant nous n'avons pratiqué la religion à la maison.

En 1912, mes parents se sont donc installés en Angleterre, où ils ont mené une vie plutôt confortable. Ouvrier tailleur dans la confection pour dames, mon père possédait un bon métier qui leur

---

1. À 20 ans, Salomon (Shloïmè) Palant avait écopé d'une peine de deux ans et demi de prison pour son activité dans les cercles libertaires.

Salomon et Fanny Palant accompagnés de leurs premiers enfants,
Jean et Paulette.

assurait une certaine aisance financière. Comme il bénéficiait du droit d'asile, il n'a pas eu à aller sur le front en 1914. Mais comme beaucoup d'autres familles du milieu immigré révolutionnaire auquel ils appartenaient, mes parents guettaient la Révolution qui les ferait revenir en Europe de l'est. Et en 1920, la fièvre militante les a décidés, eux et plusieurs autres familles, à partir pour Moscou.

Ce qu'ils ont découvert alors les a déçus. La vision léniniste qui dominait n'était pas celle de mes parents, libertaire et anarchiste. Et puis ils avaient goûté à l'Occident. Ce qu'ils trouvèrent dans cette Russie miséreuse ne leur convenait plus. Tout leur semblait étrange et étranger. Ils ont donc liquidé leurs derniers biens et sont repartis à Varsovie. Mais la Pologne reconstituée et indépendante[2] n'a s'avéra guère plus vivable. Il fallait donc qu'ils repartent…

À cette époque, l'Eldorado, c'était l'Amérique. Mais l'épaisseur de la bourse conditionnait le voyage. Et l'Amérique s'arrêtait donc en Allemagne pour certains, en Belgique ou aux Pays-Bas pour d'autres… Pour mon père, ce fut Paris. Après l'hécatombe de la Première Guerre mondiale, qui avait fait plus d'un million de morts et blessé quatre millions d'hommes, la France avait besoin de bras… et de cerveaux ! On trouvait donc du travail très rapidement, même si pour cela il fallait changer de métier. Les patrons allaient chercher directement la main-d'œuvre à la gare du Nord ou de l'Est. Ils sollicitaient tous les immigrés qui descendaient du train : « Venez travailler chez moi ! »

Dans les familles d'origine juive, on était casquettier, on était maroquinier, on était tailleur, on était tricoteur, on réparait ou on fabriquait des chaussures… Ainsi mon père a-t-il rapidement trouvé du travail et, en quelques mois, a fait venir ma mère, Jean et Paulette, qui se sont installés dans le XXe arrondissement de la capitale, à Belleville.

---

2. Depuis la signature du traité de Brest-Litovsk le 3 mars 1918 entre les Empires centraux, c'est-à-dire l'Allemagne, l'Autriche-Hongrie, la Bulgarie, l'empire Ottoman, et la Russie soviétique, la Pologne n'est plus sous domination russe et est de nouveau indépendante.

« Monde du travail, grève, droit, injustice... : ce sont les premiers mots que j'ai appris »

Comme beaucoup d'autres enfants juifs, je suis né à l'hôpital Rothschild, dans le XIIᵉ arrondissement de Paris. C'est qu'il y avait dans cet établissement créé par la famille Rothschild beaucoup de médecins venant d'Europe de l'est. Comme ils parlaient le yiddish, les immigrés y accouraient et étaient en général bien accueillis. Deux ans après notre arrivée, Paulette est morte dans un accident. L'année suivante, ma mère a donné naissance à Lily, puis, en 1927, à Max.

Notre quartier était peuplé en grande partie d'immigrés juifs d'Europe de l'est. L'épicier, le boucher, le patron, les voisins... tout le monde parlait yiddish[3] ! Pourtant l'intégration n'a jamais été un problème. Comme moi et mes frères et sœurs, tous les enfants d'immigrés qui parlaient français, yiddish, roumain, italien... allaient à l'école de la République, et s'y sentaient très bien ! Sans en avoir conscience, c'était l'endroit où nous nous épanouissions. Nous avions un respect incroyable pour nos maîtres et maîtresses, qui nous aimaient et que nous aimions tout autant. Avec eux, je me souviens être allé au Trocadéro et au musée du Louvre... Ils nous libéraient par la culture. La Révolution française, les Droits de l'Homme, Mirabeau, Robespierre, Danton... on n'oublie pas ces leçons ! Je n'ai jamais entendu parler d'école privée ou d'école libre : pour moi, il n'y a qu'une seule « école libre », l'école de la République. Notre but à tous, c'était « d'arriver » au certificat d'études, le diplôme des enfants du peuple parce que c'était souvent le seul qu'ils avaient. À 12 ans, livret de travail à la main, ils allaient chercher un métier. Il y avait bien un étudiant dans notre quartier mais je ne me souviens pas de son nom car sa situation était si singulière que nous l'appelions « l'étudiant ». Moi, tout ce que je sais aujourd'hui, je le dois au certif' !

---

3. Dans *le Rendez-vous des étrangers* paru en 1956, Elsa Triolet raconte l'histoire de l'immigration à Paris. Elle explique notamment que les immigrants se regroupaient dans certains quartiers pour des raisons humaines, culturelles et professionnelles : les Arméniens étaient en haut de Belleville, les Juifs d'Europe de l'est en bas, les Espagnols à Saint-Denis...

Pendant que nous étions à l'école, ma mère faisait le ménage puis aidait mon père, qui était toujours ouvrier tailleur. Il ne travaillait que pendant la « saison ». J'ai d'ailleurs longtemps cru qu'il n'y avait que deux saisons dans l'année : celle où il y avait du travail, et la morte-saison. Pendant la première, il ne fallait abuser de rien, pendant la seconde, se priver de tout. Je me souviens qu'en morte-saison, quand ma mère allait au marché boulevard de Belleville acheter un chou-fleur, elle refusait qu'on coupe les fanes car elle voulait avoir l'air de revenir avec un filet plein. Personne n'était réellement dupe mais elle avait cette coquetterie du pauvre : ne pas avoir l'air plus riche, mais avoir l'air moins pauvre… Jamais je n'ai vu ma mère se reposer. À peine s'offrait-elle, de temps en temps, une demi-heure de bavardage avec ses voisines…

Mes parents n'étaient pas des intellectuels, mais ils nourrissaient pour la culture un profond respect. Et cela ne les a jamais empêchés de s'impliquer dans les débats politiques français. Quand mon frère aîné et moi avons décidé d'offrir à ma mère la TSF, elle en voulait une qui joue *Tosca* parce qu'elle aimait cet opéra. Pour elle, la TSF était une boîte à musique ! Dès qu'il a commencé à travailler, mon père est devenu militant syndical. En tant qu'anarchiste, il était plus important pour lui d'adhérer à un syndicat qu'à un parti. À table, il nous parlait de classe ouvrière, de chômage, de révolution… Monde du travail, grève, droit, injustice… ce sont les premiers mots que j'ai appris !

C'est à ce monde-là que j'ai appartenu et à celui-ci que j'appartiens toujours dans mes souvenirs…

« J'AI ACQUIS TRÈS TÔT LE SENS DE L'ENGAGEMENT »

En 1931, mon père est tombé gravement malade. Était-ce à cause de ses nombreux voyages entre la Pologne et l'Angleterre, Moscou et Paris ? Était-ce à cause des années de prison qu'il avait fait quand il était jeune ? Jusqu'à son décès le 2 avril 1933, il a passé son temps entre l'hôpital et la maison. Il est mort à 44 ans d'une crise d'urémie,

Belleville, XXᵉ arrondissement de Paris, dans les années 1930.
Beaucoup d'immigrés juifs y avaient élu domicile.

Charles et sa mère Fanny Palant en 1934.

cette maladie que l'on guérit aujourd'hui avec trois flacons d'antibiotiques… À son enterrement, en signe de fidélité à l'idéologie antireligieuse et contestataire qui était la leur, ses copains avaient tous la tête découverte. La même année, Hitler arrivait au pouvoir en Allemagne.

Sans mon père à la maison, la situation est devenue très difficile. Mais ma mère m'a tout de même poussé à tenter le concours d'entrée au cours commercial de la rue Sorbier, que j'ai réussi l'année d'après ! À cette époque, la France comptait un million et demi de chômeurs pour 36 millions d'habitants. Je me souviens avoir vu des files d'attente très longues se former devant ce qu'on appelait la « roulante », le camion municipal de la soupe populaire. Je me souviens que des gens y attendaient avec une gamelle ou une casserole leur unique repas de la journée. Je me souviens que des « marches de la faim » avaient lieu de plus en plus en souvent.

Les troubles étaient aussi politiques. Nous commencions à voir arriver des milliers de réfugiés venant d'Allemagne qui fuyaient les premières mesures antisémites du régime nazi. Leurs récits et ce que nous entendions à la TSF nous glaçaient d'horreur. Les images des drames qui se nouaient en Europe ne quittaient plus nos esprits[4]. Aussi, un peu plus tard, à 15 ans, ai-je adhéré à la LICA[5] (Ligue internationale contre l'antisémitisme). Malgré ma jeunesse, je suis rapidement devenu un militant reconnu pour mes facilités d'expression et mon habilité à manier les mots. J'ai acquis très tôt ce sens de l'engagement qui ne m'a jamais quitté, grâce à mon père sans doute, mais aussi par rejet total du fascisme dont j'ai vécu la montée comme une réelle menace.

Et ce d'autant plus après le coup de force du 6 février 1934[6], lorsque les ligues factieuses issues des milieux réactionnaires ont tenté de mettre à bas la République. Heureusement, les forces politiques antifascistes françaises se sont unies pour que jamais un régime fasciste ne s'installe en France. Ce fut une véritable bouffée d'air frais pour les gens des quartiers populaires et les immigrés[7]. Non, nous, nous ne connaîtrons ni la répression, ni les prisons, ni les camps de concentration que nous décrivaient les réfugiés qui avaient réussi à s'échapper d'Allemagne ! En 1935, socialistes et communistes ont signé un pacte d'unité d'action pour défendre la

4. Dans l'entre-deux-guerres, la Hongrie s'aligne sur l'Allemagne nazie et mène une politique clairement antisémite. En Italie, Benito Mussolini est arrivé au pouvoir en octobre 1922. À partir de 1925, le régime, centré sur le culte de la personnalité du chef, promulgue un ensemble de lois dites « fascistissimes ».

5. La LICA est fondée en 1928 par Bernard Lecache. Très vite, des personnalités aussi influentes que Léon Blum, Victor Basch, Albert Einstein et Paul Langevin y adhérent. En 1932, elle devient la Ligue contre le racisme et l'antisémitisme mais ne modifie son nom qu'en 1979 en devenant la LICRA. Dans les années 1930, la LICA fait de la lutte contre la montée du nazisme un de ses objectifs majeurs et prend parti pour le boycott des Jeux Olympiques de Berlin en 1936.

6. Suite à la mort d'Alexandre Stavisky et à la mutation par le gouvernement Daladier du préfet de police Jean Chiappe, les ligues d'extrême droite (l'Union nationale des combattants, l'Action française, Jeunesse Patriote, les Croix-de-feu) appellent à la manifestation contre le ministère Daladier le 6 février 1934. Le 9, les forces de gauche organisent une contre-manifestation qui fait près de 8 morts, puis appellent à la grève générale. La CGTU, la CGT, la SFIO, le PCF font alors front commun pour la première fois depuis 1920.

7. Pendant l'entre-deux-guerres, les journaux yiddish se positionnent contre les mouvements fascistes. Parmi eux, *la Naïe Presse* (la Presse Nouvelle), créée en 1934.

liberté. Quelques mois plus tard, élargi au parti radical, il devenait le pacte du Front populaire[8].

À la maison, l'argent se faisait rare. Au mois de mars 1935, pendant mon année au cours commercial, ma mère m'a fait comprendre qu'il serait bon que je travaille. À 12 ans et demi, je suis donc rentré comme apprenti chez un petit patron maroquinier qui était aussi un ami de la famille. Monsieur Zoltobrocki était un Juif immigré polonais qui avait travaillé comme mineur de fond en Allemagne. J'avais de très bonnes relations avec lui. Nous travaillions toujours côte à côte en écoutant la TSF. Il commentait pour moi les nouvelles du monde. Lors des émissions culturelles, il m'aidait à découvrir un auteur, un compositeur, un savant ou un héros de l'histoire.

Comme beaucoup de jeunes garçons de mon âge qui travaillaient en atelier, je me forgeais à ma manière une idéologie révolutionnaire. Les problèmes de tous les travailleurs, le salaire, les horaires, le respect d'un patron envers son ouvrier…, devenaient les miens. Et quand j'entendais le nom de Staline, je l'imaginais avec la tête de Robespierre !

« LE PLUS JEUNE DÉLÉGUÉ DE LA CORPORATION ET PEUT-ÊTRE MÊME DE PARIS »

En 1936, le Front populaire remporta triomphalement les élections législatives. Le nombre de députés communistes à la Chambre passa de neuf à soixante-douze. Cent quatre socialistes et cent soixante radicaux furent élus.

Léon Blum a pris la tête de ce gouvernement d'union. Des grèves ont aussitôt éclaté dans les très grandes entreprises, les mines et le secteur automobile… Les revendications concernaient les horaires de travail,

---

8. Après la manifestation du 6 février, le parti communiste, la SFIO et les radicaux de gauche signent un pacte d'union. Le 14 juillet 1935, 500 000 personnes, dont des représentants de tous les partis de gauche, du Comité de vigilance des intellectuels antifascistes, la Ligue des Droits de l'Homme et des associations de paysans et d'anciens combattants défilent à Paris.

Léon Blum en 1936, après la victoire du Front populaire.

les salaires, la dignité, la reconnaissance des droits. Le mouvement gagna des entreprises moins importantes comme les Grands Magasins. L'atmosphère était enthousiaste, et même festive. Je sentais que quelque chose d'important pour le monde ouvrier était en train de se passer…

Un après-midi, deux hommes se sont présentés à l'atelier et ont demandé à « parler au personnel ». Mon patron m'a désigné : « Le personnel ? C'est lui ! » Les deux hommes ont semblé surpris et m'ont simplement informé que c'était la grève générale. Je n'avais que 14 ans mais j'ai immédiatement arrêté le travail. J'étais bien le fils de mon père ! Mon patron m'a regardé sans me désapprouver. Je suis allé me laver les mains, qui étaient pleines de colle, et j'ai demandé ce qu'il fallait que je fasse maintenant que j'étais en grève. Les deux hommes m'ont proposé de les accompagner à la Bourse du travail, près de la place de la République. « Reviens me dire si la grève continue », m'a lancé mon patron avant que je parte. Et il s'est remis au travail…

Je suis arrivé dans un monde en ébullition. Les salles de réunion étaient bondées. On aurait dit que tous les métiers de Paris étaient représentés ! J'ai vu un panneau « Maroquinerie – réunion des délégués demain matin dix heures ». C'était là qu'il fallait être ! Je suis retourné à la maison. J'étais en grève, mais j'étais tout seul, et je n'allais quand même pas occuper mon atelier ! Je suis seulement allé informer mon patron que le lendemain, après la réunion des délégués, j'en saurai davantage…

Charles Palant au mois de juin 1936.

Et le lendemain à 10 heures, j'étais dans la file d'attente pour l'inscription des délégués de la CGT[9] ! Après tout, j'étais jeune mais j'étais un prolétaire comme les autres… Quand la réunion a commencé, les militants les plus aguerris sont montés sur scène pour prendre la parole. Soudain, j'ai entendu : « Le plus jeune délégué de la corporation et peut-être même de Paris, Charles Palant. » J'avais 14 ans et pour la première de ma vie, je suis monté à la tribune !

La grève a duré une semaine. La CGT a négocié pendant plusieurs jours et plusieurs nuits avec le patronat. Le 7 juin 1936, les accords de Matignon[10] étaient signés.

---

9. La CGT (Confédération générale du travail) a été créée en 1895 à Limoges.

10. Outre une augmentation substantielle des salaires, les accords de Matignon prévoient la réduction de la durée hebdomadaire du travail à 40 heures, la mise en place des congés payés (2 semaines), la fixation d'un salaire minimal et la reconnaissance du principe de liberté syndicale.

Lors du compte-rendu dans la grande salle pleine à craquer de la Bourse du travail, l'un des responsables m'a demandé si je voulais bien lire les passages de la convention collective qui concernait les apprentis. Il m'a donné le texte, je l'ai lu une fois et je suis monté à la tribune. Il y avait devant moi plus de 3 000 personnes ! J'ai été acclamé, mais sans doute plus en raison de mon âge que grâce à mon discours…

La convention a été adoptée et la grève s'est arrêtée le lendemain. Tout le monde s'est alors remis au travail. Je suis rentré chez moi avec ma carte de la CGT. Et pour un enfant de mon âge, cette carte était aussi précieuse qu'un diplôme !

Lorsque je suis retourné à l'atelier, j'ai trouvé Monsieur Zolto et sa femme très soucieux. Quelques semaines auparavant, mon patron me payait en deux fois, la moitié le samedi et l'autre moitié le mardi. Il n'avait pas les moyens de faire autrement. Auraient-ils donc pu, ainsi que le prévoyait l'accord, doubler mon salaire et me donner trois francs de l'heure ? Pouvaient-ils se permettre de me payer pendant que je serai en congés ? Ma patronne pensait que jamais ils n'y arriveraient…

Nous, les ouvriers, avons appris à arrêter le travail à 18 heures. Quand une commande était urgente, il fallait téléphoner au syndicat pour demander une autorisation exceptionnelle de travailler une heure supplémentaire. Il y avait une police syndicale qui passait d'atelier en atelier pour voir si la loi des 40 heures était bien respectée. Dans le quartier, à Belleville, c'était comme si tout le monde était plus heureux, que les gens avaient gagné à la tombola du destin. Ils accédaient à des choses auxquelles ils n'auraient jamais cru pouvoir prétendre un jour : un vélo, un pull à la mode, et même des vacances… C'était vraiment un moment exceptionnel !

Malheureusement, cette embellie était entachée par des événements dramatiques et inquiétants : au moment même où le Front populaire accédait au pouvoir en France, une guerre fratricide commençait en Espagne. Elle opposait les partisans du gouvernement en place à une insurrection fasciste menée par le général Franco. Alors que les démocraties européennes se taisaient, l'Italie et l'Allemagne nazie soutenaient quant à elles les franquistes. J'ai vu des copains s'engager dans les Brigades internationales[11] aux côtés des républicains et des Espagnols se réfugier en France[12]…

Un an plus tard, en juin 1937, Léon Blum a dû faire face à une vague de mécontentement[13] et a été contraint à la démission par le Sénat. Il faut dire que nombre de ses membres avaient pour le Front populaire une tendresse très limitée…

Un nouveau gouvernement, celui de Camille Chautemps, s'est installé, puis un autre, celui d'Édouard Daladier. Malheureusement, aucun d'entre eux n'a su faire face au régime nazi et à la menace de la guerre.

« IL FALLAIT Y ALLER, MAIS ON N'Y ALLAIT PAS ! »

« Vous avez eu à choisir entre la guerre et le déshonneur ; vous avez choisi le déshonneur, vous aurez la guerre. » Ainsi Churchill a-t-il commenté la signature des accords de Munich[14]

---

11. Les Brigades internationales désignent les volontaires étrangers partis combattre en Espagne aux côtés des républicains. On estime qu'à peu près 20 000 hommes de toutes origines ont rejoint ces formations militaires.

12. Des réfugiés espagnols commencent à gagner la France dès le début de la guerre d'Espagne. Après la victoire de Franco en mars 1939, 475 000 hommes, femmes et enfants auraient passé les frontières espagnoles.

13. Le soutien de Léon Blum aux républicains espagnols avait divisé l'opinion et mécontenté les milieux conservateurs.

14. Suite à campagne séparatiste des Allemands des Sudètes (population de langue allemande vivant en Bohème, territoire situé aux confins de la Pologne et la Tchécoslovaquie, à laquelle la région appartient), appuyée par Hitler de façon menaçante, Chamberlain, Daladier, Mussolini et Hitler acceptent lors de la conférence de Munich, le 29 et 30 septembre 1938, l'occupation progressive des Sudètes par les troupes allemandes. La Tchécoslovaquie perd cette région de 30 000 kilomètres carrés.
Si ces accords mettent fin à la crise germano-tchèque, ils sont considérés comme un abandon de la Tchécoslovaquie de la part de la France et de l'Angleterre.

en septembre 1938. Gabriel Péri a tenu le même langage devant la Chambre des députés. Or l'histoire leur a donné raison : le 3 septembre 1939, c'était la guerre![15]

Il fallait aller défendre la Pologne... mais on n'y allait pas : l'armée française restait campée à nos frontières. Et en un mois, la Wehrmacht a écrasé la Pologne. C'est ce que bizarrement, et honteusement, on a appelé la « drôle de guerre »... Beaucoup d'experts militaires ont dit plus tard que si la France avait lancé une offensive contre l'Allemagne en septembre 1939, la situation aurait évolué différemment. Nous avons donc laissé la Wehrmacht vaincre la Pologne et quand elle s'est retournée vers l'ouest, elle était plus puissante et mieux organisée. Au printemps 1940, le Reich a laminé l'armée française...

Dans ma famille, seul mon frère Jean était en âge de se battre. Mais né à Londres, et donc d'origine britannique, il a été dispensé et est parti se réfugier chez un ami en zone dite « libre »[16]. En juin 1940, l'armée allemande est entrée dans Paris. Le gouvernement du maréchal Pétain s'est installé à Vichy. Et qu'était-il ce gouvernement, sinon la victoire de la contre-révolution sur tout ce que représentait la République, la liberté, l'égalité, la fraternité, la laïcité et les droits de l'Homme, sur les idéaux du Front populaire qui semblaient avoir triomphé en 1936[17] ? Aussi, dès 1940,

---

15. À l'aube du 1er septembre, la Wehrmacht franchit sans déclaration de guerre la frontière germano-polonaise. Or, le 25 août, la Grande-Bretagne avait garanti publiquement et inconditionnellement les frontières de la Pologne. Aussi, le 3 septembre 1939, après l'échec des derniers appels à la paix du pape Pie XII et du président Roosevelt, Hitler refusant de retirer ses troupes de Pologne, la Grande-Bretagne et la France déclarent la guerre à l'Allemagne.

16. Suite à la défaite de juin 1940, la France a été divisée en deux zones : l'une est sous occupation allemande, l'autre est gouvernée par le maréchal Pétain. Le 24 octobre 1940, la rencontre entre Hitler et Pétain à Montoire, dans le Loir-et-Cher, marque le début de la collaboration d'État.

17. Le régime de Vichy prône dès 1940 un retour aux valeurs traditionnelles et nationales symbolisé par la devise « Travail, Famille, Patrie ». Très vite, les organisations syndicales sont supprimées et les « délits d'opinion et d'appartenance » rétablis dans la législation.

des militants de ligues d'extrême droite, comme Pierre Pucheux ou Jean-Louis Tixier-Vignancourt, sont devenus ministres[18]...

Le 3 octobre 1940, après avoir brisé l'unité nationale en décrétant qu'une partie de notre peuple n'était plus tout à fait français[19], Vichy a promulgué un premier statut des Juifs qui leur interdisait l'exercice de certaines professions : des fonctionnaires, des enseignants, des officiers, des rédacteurs de journaux, des directeurs ont dû quitter leur travail du jour au lendemain. Les Juifs ont reçu l'ordre d'aller se faire recenser dans les commissariats[20]. Comme la plupart des gens, nous ne soupçonnions pas ce que ces mesures préparaient, et nous avons été nous déclarer. Au début des persécutions, des commerçants Juifs obligés d'apposer sur la devanture de leur magasin l'affichette « Entreprise juive »[21] pensaient même qu'on ne leur ferait jamais de mal puisque, après tout, ils étaient nés en France et avaient même, pour certains, combattu pendant la Première Guerre mondiale. C'était sans doute naïf, mais pouvaient-ils vraiment imaginer autre chose ?

« C'était la résistance avant la Résistance ! »

À la fin de l'année 1940, ma mère, mon frère Max, ma sœur Lily et moi nous sommes installés rue Pastourelle, dans le IIIᵉ arrondissement de Paris. C'est à ce moment-là que j'ai commencé à rédiger mes premiers prospectus dans l'arrière-salle d'un café avec des camarades

---

18. Pierre Pucheux et Jean-Louis Tixier-Vignancourt ont fait partie des ligues royalistes et d'extrême droite. En 1940, Tixier-Vignancourt est nommé secrétaire général à l'Information dans le gouvernement de Vichy et Pucheux devient tour à tour secrétaire d'État à la Production industrielle, secrétaire d'État à l'Intérieur et ministre de l'Intérieur.

19. Le 22 juillet 1940, une loi française impose la révision des naturalisations. 7 000 Juifs perdent la nationalité française.

20. Le 27 septembre 1940, la première ordonnance allemande ordonne le recensement de tous les Juifs. Celui-ci est achevé le 19 octobre et génère l'établissement d'un « fichier des Juifs » dans chaque préfecture.

21. Le 31 octobre 1940, une seconde ordonnance allemande impose le recensement des « entreprises juives » en zone occupée.

de la LICA[22]. Pendant que les premiers journaux collaborationnistes annonçaient que la défaite était de la faute des Juifs, des communistes et des Britanniques, nous leur répondions, sur des bouts de papier que nous glissions sous les paillassons des maisons environnantes, que les Juifs travaillaient comme les autres, payaient leurs impôts et étaient en fait des citoyens bien ordinaires… Nous n'étions d'ailleurs pas les seuls à désapprouver les mesures de l'occupant et à le faire savoir. Les associations juives commençaient à s'organiser et à constituer des structures de soutien aux Juifs démunis et d'opposition au régime[23].

D'autant qu'en 1941, les mesures antijuives et la traque contre les « opposants » se sont durcies. Un copain de classe a même été fusillé. J'allais avoir 18 ans et avec ma mère, nous avons décidé qu'il était plus prudent que je parte. En juillet, après un très court séjour à Vichy, puis à Clermont-Ferrand, je me suis installé à Lyon, où, grâce à un heureux concours de circonstances, j'ai rapidement trouvé un petit appartement. Tous les samedis, avec quelques copains, nous allions à la Poste. Les « bourgeois » venaient chercher le mandat que leur expédiait leur père, et moi, j'en envoyais un à ma mère pour qu'elle passe la semaine. Comme je vivais dans la clandestinité, j'ai pu aider des familles entières qui venaient se réfugier chez moi une nuit ou quelques jours. C'est ainsi que sans le vouloir vraiment, je suis entré en contact avec des gens liés à des organisations juives clandestines. Ces personnes m'ont demandé de les aider en essayant de

---

22. Voir note 5 p. 71.

23. Dès 1940, des organismes comme l'OSE (voir le témoignage de Sarah Montard p. 205), la rue Amelot, les EIF (Éclaireurs israélites de France, voir le témoignage d'Ida Grinspan p. 116) se lancent dans l'action clandestine en fournissant des faux papiers et des cartes d'alimentation, en accueillant des enfants, en les plaçant à la campagne et en aidant des familles à passer notamment la frontière suisse. La rue Amelot obtient l'autorisation de faire porter quotidiennement des rations alimentaires à la caserne de Tourelles (Paris) où sont incarcérés des ressortissants étrangers. Outre des cantines, le comité organise des collectes d'argent, dispense des secours et des soins médicaux, donne des vêtements. À partir de 1942, ces organisations intensifient leurs actions de sauvetage. En Europe occidentale, la résistance juive aurait pris en charge et sauvé près de 20 000 enfants juifs. En France, de nombreuses organisations juives ont également participé à la résistance armée, comme les maquis juifs des Éclaireurs israélites ou l'Organisation juive de combat.

réunir des fonds et en faisant des démarches pour obtenir des papiers d'identité ou de fausses cartes d'alimentation. Des gens ont alors commencé à arriver chez moi sous une identité et à repartir sous une autre quarante-huit heures après. J'ai aussi rédigé des documents de propagande et voyagé pour recueillir des fonds… C'était ça au départ la résistance : une opposition ni très structurée, ni très prudente, à un ordre insupportable. C'était la résistance avant la Résistance ! Avant d'être militaire, elle voulait surtout éveiller l'opinion en organisant des réseaux de solidarité et d'entraide. Elle réunissait des gens qui n'avaient pas les mêmes opinions politiques mais qui avaient un point commun : le refus de l'oppression étrangère et de la barbarie. C'est cette pluralité qui donnera naissance, trois ans plus tard, en 1944, au programme du CNR[24] (le Conseil national de la Résistance), qui fut signé par tous les courants de la Résistance, et c'est cette union, au-delà des clivages, qui a pu conduire le pays vers un plus bel avenir !

« MAIS C'EST LA FIN DE NOTRE VIE… »

À la fin de l'année 1941, mon frère Max est venu vivre avec moi. J'ai même hébergé mon patron qui s'était à son tour sauvé de Paris. Puis, après la rafle du Vél' d'Hiv de juillet 1942[25] à laquelle elles avaient miraculeusement échappé car nous avions déménagé un an auparavant et que les autorités n'avaient que l'ancienne adresse, j'ai

---

24. Le Conseil national pour la Résistance est une des plus hautes institutions de la France clandestine, créée en mai 1943 par Jean Moulin, selon les instructions du général de Gaulle, qui voulait instituer un organisme représentatif de toutes les tendances politiques de la Résistance. Le CNR est composé de seize membres, dont huit représentants des mouvements de résistance, six pour des partis politiques et deux pour des syndicats.
Le CNR a préparé la mise en place des comités de libération, des mesures concernant la presse et surtout élaboré le « programme d'action de la Résistance », véritable charte des mesures politiques, économiques et sociales à prendre à la Libération, et qui sont à l'origine des grandes réformes de l'après-guerre comme les nationalisations ou la Sécurité sociale.

25. La rafle du Vél' d'Hiv a lieu les 16 et 17 juillet 1942. Voir les témoignages d'Ida Grinspan et de Sarah Montard p. 115 et p. 217.

réussi faire venir ma mère et Lily. Je me suis mis en contact avec un réseau de passeurs et deux jours après la rafle, deux membres du réseau sont venus les chercher pour les transférer à Lyon. Pendant la nuit, ils les ont fait traverser la Saône en barque mais à peine étaient-elles arrivées que des policiers les ont arrêtées au motif que ma mère était étrangère. J'ai réussi à obtenir un délai de quarante-huit heures avant qu'ils ne l'écrouent et mis ce temps à profit pour convaincre un employé de la préfecture de lui fournir un laissez-passer en prétendant que ma mère venait assister à mes fiançailles. Il m'a cru et j'ai pu obtenir un laissez-passer de dix jours ! Ensuite, j'ai eu de la chance… Comme je connaissais un ancien officier qui travaillait à la « Police

aux questions juives », j'ai pu obtenir pour ma mère un permis de séjour à Lyon de trois ans…

Avons-nous alors manqué de prudence ? Y avait-il trop d'allées et venues dans mon appartement ? En tout cas, nous avons été dénoncés par des miliciens et arrêtés par la Gestapo en même temps qu'une dizaine d'autres familles. Le 17 août 1943 à 8 heures du matin, la police allemande est venue frapper à notre porte. Heureusement, ce jour-là, mon frère Max n'était pas à la maison. Quand elle a vu arriver ces hommes, ma mère s'est écriée : « Mais c'est la fin de notre vie ! » Elle avait raison…

Peu avant son arrestation, Charles se fait photographier. Ce n'est qu'après la Libération qu'il viendra récupérer le tirage…

Les officiers nous ont fait monter dans leur voiture et nous ont conduits à l'école de Santé militaire, le siège de la Gestapo à Lyon. Des soldats m'ont violemment interrogé, puis, à la tombée de la nuit, m'ont transféré, avec ma mère et Lily, à la prison militaire de Monluc[26] où nous sommes restés six semaines parqués dans un réfectoire alors que la plupart des Juifs arrêtés n'étaient jamais là plus de six ou sept jours. Nous n'avons jamais su pourquoi.

Le 22 septembre, nous avons été emmenés à la gare de Lyon-Perrache et expédiés en train au camp de Drancy[27]. Nous avons été installés au quatrième étage d'un bâtiment sans portes ni fenêtres, et même sans murs car l'immeuble n'était pas achevé ! Nous vivions les uns sur les autres, sans faire grand-chose. L'inquiétude était grande. Nous avions appris que des convois partaient de Drancy toutes les semaines ou tous les quinze jours. Mais où ? J'ai fêté mes 21 ans dans le camp. Ce jour-là, Lily a vendu son pain pour m'offrir quatre cigarettes. Ce fut son dernier cadeau d'anniversaire.

Quelques jours plus tard, le 7 octobre 1943, nous avons quitté Drancy pour la gare de Bobigny[28]. Nous qui étions tous des combattants, mais des combattants du quotidien, notre combat semblait, à ce

---

26. Édifiée en 1921, la prison Montluc est réquisitionnée par l'occupant en 1942 et devient un lieu d'internement où furent détenus 7 731 Juifs, résistants et otages dont la plupart furent torturés par la Gestapo, fusillés ou déportés vers les camps de concentration et d'extermination. La prison fonctionnait en liaison avec le siège de la Gestapo, installé dans les locaux de l'École de Santé militaire. À cette époque, le chef du service exécutif, la SIPO-SD, était Klaus Barbie.

27. Le camp de Drancy est situé à quatre kilomètres de Paris. Conçu en 1932, cet ensemble d'habitations, dénommé Cité de la Muette, se compose de cinq tours et d'un bâtiment en fer à cheval de quatre étages, laissé inachevé. Occupés par les troupes allemandes en juin 1940, les lieux servent à interner des prisonniers de guerre et des civils étrangers. À partir de 1942, le site devient un camp de rassemblement et de transit pour les Juifs raflés en région parisienne ou en province, en vue de leur déportation. Sous l'autorité du Service des Affaires juives de la Gestapo, le camp est administré jusqu'en juin 1943 par la Préfecture de police, puis passe entièrement sous contrôle allemand. Pendant toute la période, c'est pourtant la gendarmerie qui assure la surveillance générale (voir le document 11 en annexe).

28. Du 22 juin 1942 au 23 juin 1943, les convois de déportation des Juifs internés à Drancy partent de la gare du Bourget (40 450 déportés en 41 convois), puis, entre le 18 juillet et le 17 août 1944, la gare ayant été bombardée, de celle de Bobigny (22 450 déportés en 21 convois).

moment-là, perdu. À la gare, on nous a fait monter dans des wagons de marchandises, le convoi n° 60[29], et nous avons roulé pendant trois jours et nuits interminables dans des conditions effroyables, serrés les uns contre les autres ou assis à même le sol. Nous ne savions rien, sauf que nous partions pour « Pitchipoï », cet ailleurs improbable selon le mot d'argot yiddish qui avait cours à Drancy, l'Inconnu, ce quelque part en Pologne qui nous angoissait… Dans le train, il y avait en face de moi un couple dont l'homme et la femme avaient près de 80 ans… Pouvions-nous penser qu'il partait pour travailler ? Une femme enceinte tenait sur ses genoux un enfant de trois ans. L'emmenait-on, elle aussi, pour le travail ? Nous ne savions rien, mais nous avions peur. À Lyon, j'avais lu des tracts qui parlaient d'assassinats de masse, de l'emploi de gaz, mais l'idée qu'à la descente du train, les Allemands conduiraient 80 % d'entre nous directement à la mort ne m'a jamais effleuré.

« Aucun de vous ne doit sortir vivant de ce camp »

Les portes du wagon se sont ouvertes le 10 octobre devant le camp d'Auschwitz. À coup de crosse, de hurlements, d'assauts de chiens, on nous a extirpés des wagons, pris nos bagages et mis en rang par cinq. Des hommes en espèce de pyjamas rayés tournaient autour de nous. J'étais terrorisé et j'avais froid… Un défilé s'est organisé. Toujours en rang, nous passions tour à tour devant des officiers SS, dont l'un, badine en main, nous indiquait pour chacun une direction : « À gauche, à droite, à gauche, à gauche, à droite. » J'ai vite compris que de mon côté, il n'y avait que des jeunes hommes. Les femmes, les enfants, les hommes plus âgés seraient donc logés ailleurs…

Après avoir été comptés et recomptés plusieurs fois – ce qui deviendra une des activités principales des nazis ! – nous sommes

---

29. Selon Serge Klarsfeld, le convoi n° 60 transportait 1 000 personnes, dont 565 hommes et 435 femmes. 431 d'entre elles ont été gazées à l'arrivée. 35 hommes et 4 femmes ont survécu. En 1943, 17 000 Juifs ont été déportés en 17 convois, dont 4 vers Sobibór.

montés dans un camion. Nous étions 260. Où étaient donc les autres ? les 740 autres ? J'ai rapidement perdu de vue Lily et ma mère et me suis retrouvé dans la cour du camp de Buna-Monowitz[30], ainsi qu'il était inscrit sur le portique.

Des SS nous ont ordonné de nous déshabiller, là, dans la cour et le froid. Des détenus se sont emparés de nos vêtements, nous ont fouillé tout le corps, nous ont rasé la tête, les aisselles, entre les jambes. Nous sommes passés sous une douche chaude, nous nous sommes habillés avec des pyjamas rayés identiques à ceux que les autres détenus portaient puis avons été tatoués[31]. J'étais le matricule 157176.

Dans les heures qui ont suivi, lorsque nous avons demandé ce qu'étaient devenus nos femmes, nos enfants, nos sœurs, les plus anciens nous ont répondu en levant les yeux et le doigt vers le ciel. Nous avons d'abord pensé qu'ils étaient fous. Puis nous avons compris que tout cela était sans doute vrai. Beaucoup d'entre nous ont alors refusé de penser au chagrin, au deuil, à la misère que comportait cette réalité. Parce qu'il ne fallait faire qu'une chose : lutter et se battre pour survivre. Car quel sens peut avoir la vie quand on est arrivé avec sa jeune femme et ses enfants, avec sa fiancée ou ses parents, et qu'on apprend que la fumée qu'on voit s'élever dans le ciel d'Auschwitz, c'est leurs corps qui brûlent. Comment survivre à cela ?

Remettre à plus tard le deuil demande un effort d'une violence inouïe. Certains n'y survivront pas, renonceront. D'autres mourront sous les coups, de froid, d'accident, de maladie, de faim…

---

30. Le complexe de Buna-Monowitz, ou Auschwitz III, est créé en 1941 à trois kilomètres d'Auschwitz, et est géré par l'IG Farben. Destiné à produire du caoutchouc et des carburants synthétiques, Monowitz a reçu 700 millions de Reichmarks de l'IG Farben, mais elle n'a jamais été rentable. Les prisonniers devaient fournir un maximum de travail pour un minimum d'investissement. Sur les 35 000 détenus de nationalités différentes travaillant comme esclaves entre 1941 et 1945, dont Primo Levi, plus de 25 000 ont trouvé la mort.

31. Rappelons qu'Auschwitz est le seul camp où on tatouait un numéro de matricule sur l'avant-bras gauche. La procédure d'immatriculation des détenus et la désinfection se déroulent dans la Sauna.

Au bout de trois mois à Buna, nous n'étions plus que 75 sur les 260 hommes qui étaient entrés dans le camp le 10 octobre. Et sur ces 75 hommes, 35 seulement ont survécu. Sans doute ne fallait-il pas être au mauvais moment au mauvais endroit, fallait-il se faire discret, mais tout ça, c'était une question de chance. Car, à Auschwitz, il y avait un million de raisons de disparaître. Être tué, c'était facile…

Le premier soir, le chef du camp nous a rassemblés et nous a expliqué ce qu'était cet endroit. Il a choisi l'un d'entre nous au hasard, l'a roué de coups et l'a laissé pour mort. Peut-on seulement imaginer ce que c'est que d'assister à l'assassinat d'un homme descendu du même train que vous ? Et le SS d'ajouter : « Je vais vous montrer comment ça marche ici. Voler, c'est la mort ! Mal travailler, c'est la mort ! Désobéir, c'est la mort ! Ne pas être propre, c'est la mort ! Et de toute façon, aucun de vous ne doit sortir vivant de ce camp. » Comme cours de droit, il n'y avait pas mieux… Nous étions maintenant au courant. Le moindre écart serait mortel.

« Nous faisions un travail qui n'était jamais achevé »

Nous sommes restés deux jours sous une espèce de chapiteau, la *Zelt*, pendant lesquels nous avons appris à nous présenter à l'appel en rang et à nous mettre au garde-à-vous sans bouger sur la place, parfois pendant des heures.

Puis, comme tous mes autres compagnons, j'ai été affecté dans des kommandos. Le premier a été le plus dur. Nous étions chargés de creuser des tranchées alors que la plupart d'entre nous n'avaient jamais tenu une pelle de leur vie ! Il fallait creuser et envoyer la terre dans un wagonnet, un mètre au-dessus de nos têtes. Un ancien détenu m'a appris comment la tenir sans me faire mal aux reins. C'est là que j'ai compris que nous étions les esclaves des nazis, qu'ils nous exploitaient à des fins économiques et industrielles. Auschwitz ne fut pas seulement un massacre gratuit mais aussi un crime organisé pour permettre à l'Allemagne nazie d'assouvir ses volontés expansionnistes.

Je suis resté plusieurs semaines dans ce kommando. Puis, j'ai été affecté à d'autres tâches tout aussi abrutissantes et inutiles. Le kommando pour lequel j'ai travaillé le plus longtemps avait pour kapo un détenu de droit commun autrichien. Lui, ce n'était pas un assassin mais un véritable escroc ! Je ne l'ai d'ailleurs jamais vu gifler quelqu'un. Il passait ses journées à jouer au poker sur le chantier avec d'autres SS de même origine que lui. Quand il nous parlait, il fallait qu'il ait l'air de nous engueuler, alors il nous criait : « *Arbeitet mit den Augen !* » (« Travaillez avec les yeux ! ») : il fallait que nous ayons l'air de faire quelque chose. Pour lui, c'était une façon de nous ordonner de travailler sans nous faire prendre. Notre tâche consistait à parcourir un immense chantier et à récupérer tout ce qui pouvait l'être : des vis, des clous, des morceaux de plomb… Des tonnes de matériaux de toute nature gisaient à terre. Nous faisions un travail qui n'était jamais achevé.

Parmi ceux qui nous surveillaient, il y avait un sous-kapo berlinois d'origine juive. Comme il était détenu depuis plusieurs années, tout le monde le respectait, même les SS ! De temps en temps, il s'accordait le droit d'aller dormir une ou deux heures derrière des sacs de ciment et me confiait alors la mission de veille. Chacun des détenus qui travaillait dans ce kommando avait un numéro et une spécialité professionnelle. Tout était faux bien sûr, mais c'était inscrit. J'avais une très bonne mémoire et je savais par cœur les cent cinquante numéros et les cent cinquante professions qui y étaient associées. Or, les SS voulaient connaître tous les matins le nombre exact de terrassiers, de menuisiers ou d'électriciens de chaque kommando pour les comptes de la firme. Notre kapo ne savait jamais combien de personnes comptait sa troupe. Un jour, il m'a présenté à l'un des SS avec qui il jouait aux cartes et lui a dit : « Ce Français se souvient de tout. Tu peux lui demander n'importe quel numéro et n'importe quelle profession. » J'étais donc le recours en cas de trou de mémoire !

Le matin, on nous distribuait toujours un liquide chaud qui était censé nous servir de café, accompagné d'un quart de brique de pain noir avec un peu de margarine. À midi, on nous donnait une soupe très liquide, une sorte d'eau chaude avec des éléments étranges

Le camp de Buna-Monowitz au mois de janvier 1940. Dans l'usine de l'IG Farben, les détenus produisent du caoutchouc et des carburants synthétiques dont le IIIe Reich a besoin.

dedans. Et puis le soir, nous avions le droit à une soupe plus consistante où flottaient des pommes de terre, et, de temps en temps, un morceau de viande.

Quand je suis arrivé dans le camp de Buna-Monowitz, il y avait encore l'appel du matin et celui du soir. Les SS nous comptaient et nous recomptaient pendant que nous restions des heures dans le froid. Le soir, en rentrant du travail, nous ramenions les morts que nous alignions près de nous pour que les SS les rayent des listes. Puis, en raison des nécessités de la production allemande, pour préserver la main-d'œuvre, les Allemands ont supprimé l'appel du soir et celui du matin. Il n'y avait plus qu'un appel hebdomadaire le dimanche midi. Au milieu de l'année 1944, sûrement pour la même raison, les kapos ont reçu comme instruction de ne plus frapper en permanence les détenus.

« TOUT ACTE DE SOLIDARITÉ SAUVAIT UNE VIE »

Il y avait entre les détenus une complicité naturelle. Moi, je me liais plutôt facilement avec les personnes que je rencontrais… Mais un jour, ces hommes disparaissaient. Ça, c'était une des choses les plus difficiles : apprendre que nos compagnons étaient morts et continuer quand même… Ce sont ces liens cependant qui nous sauvaient. Notre vie dépendait de l'aide qu'on savait donner et qu'on pouvait recevoir. Un mot, une phrase pouvait remonter le moral et aider l'autre à tenir une journée de plus. Nous ne voulions tous qu'une chose, vivre, et dans ce monde où la mort était partout, tout acte de solidarité sauvait une vie. C'est ainsi qu'un système de troc, d'échange, de survie en fait, s'est mis en place. Grâce à cela, on arrivait à se procurer un pull, une paire de chaussures, un pantalon…

La résistance était donc plus importante que la révolte. À Buna, il y avait même une activité souterraine soutenue par des résistants qui avaient été déportés. Parmi eux, Alfred Besserman, un responsable de la CGT, Idl Korman[32], un militant communiste, Robert Waitz[33], un célèbre hématologue… et tous faisaient partie de mon convoi. Ils arrivaient par exemple

---

32. Idl Korman et Alfred Besserman firent tous les deux partis du MOI (Main d'œuvre immigrée), mouvement de résistance armée dépendant du PCF destiné aux travailleurs immigrés. Ils furent arrêtés lors de ce qu'on a appelé la « deuxième filature ». Le groupe Manouchian a été arrêté lors de la « troisième filature ».

33. Robert Waitz a 43 ans lorsqu'il est arrêté et déporté. Il est envoyé à Buna-Monowitz en tant que médecin et y reste du 10 octobre 1943 au 18 janvier 1945. Au *Revier*, il met en place un véritable réseau de résistance. Puis les marches de la mort le conduisent à Buchenwald où il entre en contact avec la résistance clandestine du camp. Il accepte d'être affecté au block 46, dans lequel les SS pratiquent des « expériences » sur les détenus. C'est lui qui a prouvé plus tard qu'on y inoculait le typhus à des individus sains. Après sa libération en avril 1945, il s'engage et part pour Bergen-Belsen afin d'aider au rapatriement des grands typhiques. En 1945, Il présente les résultats des analyses et des études réalisées à Buna-Monowitz et à Buchenwald au tribunal de Nuremberg. De retour à Strasbourg en 1945, il obtient la chaire d'hématologie. Dans cette ville, une place porte aujourd'hui son nom.

à savoir quand une sélection était programmée pour permettre aux plus faibles d'y échapper. Aussi Robert Waitz, qui était le second médecin du camp, a-t-il contribué à sauver beaucoup de mes camarades en leur permettant de rester cachés quelques jours à l'infirmerie et de reprendre des forces.

Un jour, ce grand professeur m'a dispensé de travail parce que j'avais eu une forte montée de fièvre. Je me suis donc retrouvé à errer dans le camp après le départ de la troupe pour le chantier. Il fallait donc me faire le plus discret possible.

Vers midi, un chef de block m'a repéré et m'a fait signe. « *Komm, komm, komm !* » Je me suis approché, inquiet. Il m'a ordonné, d'un ton brusque : « Va me laver mon assiette ! » J'ai pris la vaisselle et me suis tout de suite rendu compte qu'il y avait laissé un beau restant de pommes de terre sautées… Penché sur mon assiette, je me suis mis à pleurer. Et puis je me suis aperçu que j'avais une fourchette dans la main… Il m'avait aussi donné sa fourchette ! C'était une façon de me donner à manger. La distance entre ces pommes de terre et cette fourchette, et ce que j'étais devenu, c'était la distance entre la liberté et Auschwitz. C'est de cela, d'un monde où une assiette de patates avec une fourchette vous fait pleurer, qu'il a fallu essayer de revenir…

« LE PIRE, C'ÉTAIT CETTE CONSCIENCE QUE PERSONNE NE SORTIRAIT VIVANT »

J'ai survécu un an et demi à Buna, et je ne serai pas revenu si la volonté de rester digne, et l'espoir, m'avaient un jour manqué. Chaque jour, il fallait continuer de croire en une victoire des Alliés sur les Allemands. Se dire que des centaines et des centaines de milliers d'hommes et de femmes risquaient leur vie pour détruire le nazisme. En Europe, dans le Pacifique, sur terre, sur mer et dans les airs, des soldats combattaient pour la liberté. Ça, il ne fallait jamais l'oublier.

Chaque jour, il fallait aussi éviter de penser à la mort, la sienne ou celle de nos proches. Car si être à Auschwitz était un enfer, le pire aurait été de cesser d'y être, c'est-à-dire de mourir. S'endormir six cent cinquante fois en se disant : « C'est peut-être ma dernière nuit », se réveiller six cent cinquante fois en pensant : « C'est peut-être mon dernier jour »… C'était insupportable ! Le véritable enfer, c'était de se trouver à côté d'un mourant qui vous parlait des siens et qui vous disait qu'il ne fallait pas l'oublier. C'était imaginer que dans trois jours, trois semaines ou trois mois, nous serions peut-être comme lui. Le pire, c'était cette conscience que personne ne sortirait vivant. Et en même temps, il fallait survivre. Pour raconter, pour que l'on n'oublie pas ces hommes, jamais.

Chaque jour, il fallait avoir de la chance, ne pas tomber malade, échapper à une sélection. Cela fut mon cas. Un jour de février 1944, j'ai été admis à l'infirmerie pour me faire opérer. Comme c'était un jour de fête en Allemagne, un détenu polonais passait entre les lits pour savoir si quelqu'un pouvait chanter, danser ou faire quoi que soit d'autre. Quand ce fut mon tour, j'ai choisi de raconter une blague qui tournait en dérision l'univers du camp. Le SS et ses adjoints ont éclaté de rire ! Le lendemain, à sa demande, j'ai de nouveau raconté cette histoire en forçant le trait et tout le monde, de nouveau, a ri. Le SS a alors ordonné qu'on me garde dix jours de plus à l'infirmerie et qu'on double ma ration de nourriture… Quelques jours plus tard, j'ai été sélectionné et, en me voyant, le médecin polonais de l'infirmerie m'a hurlé de « foutre le camp » : ma réputation d'amuseur public m'avait sauvé la vie !

Un autre jour, j'ai été surpris par un SS en train de ne rien faire. Ça aurait dû me coûter la vie. Mais il s'est aperçu que j'avais une dent en or et m'a ordonné de la lui donner en échange de quoi j'aurais du lard. Je lui ai alors répondu dans un allemand hésitant : « J'ai une dent en or et pas de lard et je vais avoir du lard, mais plus de dent pour le manger ! » Et le SS m'a, une fois encore, ordonné de foutre le camp…

« Nous marchions et marchions encore »

À tout moment, nous essayions d'avoir des nouvelles de la guerre et nous y arrivions souvent grâce aux nouveaux arrivants. En juin 1944, nous avons appris que les Alliés avaient débarqué. Cette guerre allait enfin finir ! Certains Allemands semblaient contents, eux aussi, parce qu'ils rêvaient de rentrer chez eux… Mais nous nous sommes emballés un peu vite. Nous pensions que les Américains arrivaient avec des croissants et du café et que nous serions bientôt libres ! Notre intuition faussée par l'espoir nous annonçait la fin pour plus tôt qu'elle n'était.

Lorsque, le 18 janvier 1945, nous avons appris que le camp allait être évacué, nous savions que les Soviétiques n'étaient pas loin car nous entendions leurs canons tonner. Mais nous ignorions où les Allemands nous emmenaient et combien de temps cela allait encore durer. N'allions-nous pas tous terminer dans les chambres à gaz de Birkenau[34] ? Où pouvait-on nous conduire autrement ?

Le soir du 18 janvier, nous étions entre 10 000 et 12 000 personnes, détenus et gardiens, à nous mettre en route pour un ailleurs inconnu. Plus tard, j'ai appris que tous les camps de Silésie avaient été évacués en même temps et que nous étions 58 000 à partir d'Auschwitz.

Nous avons marché toute la nuit, puis toute la journée, et ce n'est qu'au cours de la nuit suivante que nous avons pu prendre un peu de repos. En chemin, nous entendions les coups de feu des Allemands qui abattaient ceux qui ne pouvaient pas suivre, qui étaient trop fatigués, trop faibles, et qui s'arrêtaient. La progression était d'autant plus difficile que nous ne savions pas où nous allions, ni pourquoi. Car l'Allemagne avait perdu, et les SS le savaient. Mais peut-être voulaient-ils entretenir la fiction d'une victoire toujours possible…

À mesure que nous marchions, l'angoisse des chambres à gaz se dissipait mais nos forces déclinaient. Nous étions épuisés mais nous

---

34. Il n'y a pas de chambres à gaz à Buna-Monowitz.

marchions et marchions encore. Des camarades tombaient et nous essayions de nous soutenir mutuellement… J'ai ramassé de la neige et je l'ai laissée fondre dans ma bouche.

Nous sommes arrivés à Gleiwitz[35] et avons attendu des heures avant de monter dans un train de marchandises. Nous étions alors une centaine dans des wagons découverts, tassés les uns contre les autres, vivants et mourants. Je me souviens qu'un matin, vers Prague, des gens nous ont lancé leur pain… Leur courage, c'était un cadeau. Ces gens risquaient leur vie ! Nous avons roulé deux jours et deux nuits dans le froid puis, à la fin du mois de janvier, nous sommes arrivés à Buchenwald.

« BUCHENWALD S'EST SOULEVÉ ! »

Buchenwald[36] était un camp très différent d'Auschwitz car beaucoup des déportés emprisonnés[37] dans le camp avaient été arrêtés pour fait de résistance. Ils connaissaient bien le camp et son fonctionnement et y avaient construit un véritable réseau clandestin. Les SS ne nous lâchaient pas et gardaient la mainmise sur le camp, mais des résistants s'étaient vu confier des tâches administratives, à l'infirmerie ou en cuisine, en lieu et place des droits communs…

---

35. Le camp de Gleiwitz se situe à quatre-vingt kilomètres au nord d'Auschwitz III, dont il dépend. Il est composé de quatre « zones » : un camp au profit de la Reichbahn (compagnie des chemins de fer), des usines de gaz, une aciérie et des usines d'armement, et un camp abritant des casernes et des véhicules militaires.

36. Situé à une dizaine de kilomètres de Weimar, le camp de concentration de Buchenwald (« Bois des hêtres ») est créé en 1937 pour les opposants politiques au régime nazi. Il administre, outre le camp lui-même, jusqu'à 86 camps satellites. 240 000 personnes ont été détenues à Buchenwald et 55 000 d'entre elles n'en sont pas revenues.

37. Au cours de l'année 1944, un « complexe spécial » pour d'importants prisonniers politiques allemands est créé à proximité du bâtiment administratif du camp à Buchenwald. En août 1944, Ernst Thaelmann, président du parti communiste allemand avant la prise du pouvoir par les nazis, est exécuté après avoir été détenu pendant plusieurs années à Buchenwald. Deux hommes politiques français importants, comme l'ancien président du Conseil, Léon Blum, et l'ancien ministre de l'Intérieur, Georges Mandel, y ont été détenus.

Lorsque nous sommes arrivés, c'était quand même le chaos. Nous avons été entassés dans la zone de quarantaine appelée « le petit camp »[38], où les conditions étaient épouvantables. Des convois arrivaient sans cesse, les effectifs n'arrêtaient pas de grossir. Il fallait absolument que je sorte ! Je me suis donc porté volontaire pour intégrer un kommando d'électriciens. Je n'en étais bien sûr pas un, mais j'ai tenté le tout pour le tout, et ça a marché ! Deux jours plus tard, j'étais dans une forêt avec une quinzaine d'autres détenus à couper des arbres…

Lorsque nous sommes revenus à Buchenwald au début du mois d'avril, nous avons rapidement compris que la direction de ce camp s'était mis en tête de nous évacuer à nouveau[39]. Pris en étau entre les Américains et les Soviétiques, les nazis paniquaient. J'ai alors tout tenté pour que des camarades et moi restions à l'intérieur du camp. Nous savions qu'une nouvelle évacuation, c'était la mort. Les SS ont d'abord voulu évacuer tous les Juifs, mais tous ne se sont pas présentés et les autorités du camp n'avaient plus les moyens de savoir qui était « *Jude* » ou pas[40]. Les SS se sont alors mis à désigner des personnes au hasard, au faciès. Et moi, je leur soutenais que non, cet homme n'était pas juif. Ils le relâchaient donc, en désignaient un autre, et je recommençais. Ils ne soupçonnaient même pas que moi, j'étais juif !

Au bout de deux jours, les Allemands ont enfermé tous les détenus du « petit camp » qui restaient dans un énorme bâtiment d'usine.

---

38. En 1942, la SS aménage une zone de quarantaine appelé le « petit camp », séparé du reste du camp par des barbelés. Des déportés en provenance de tous les pays occupés par l'Allemagne y restent quelques semaines avant d'être envoyés dans les camps extérieurs. Après l'évacuation des camps d'Auschwitz et de Gross Rosen notamment, le « petit camp » devient un lieu où meurent et végètent les détenus malades, et parmi eux des milliers de prisonniers juifs. On trouve aujourd'hui, sur l'ancien site de Buchenwald, des vestiges de cette zone.

39. Au début du mois d'avril, les autorités du camp évacuent 28 000 détenus de Buchenwald et 10 000 des camps satellites (voir le témoignage d'Henri Borlant p. 44). Environ un tiers de ces prisonniers sont morts d'épuisement ou sont abattus par les SS.

40. 13 000 Juifs environ sont évacués du camp de Buchenwald et d'Ohrdruf, où Henri Borlant était détenu.

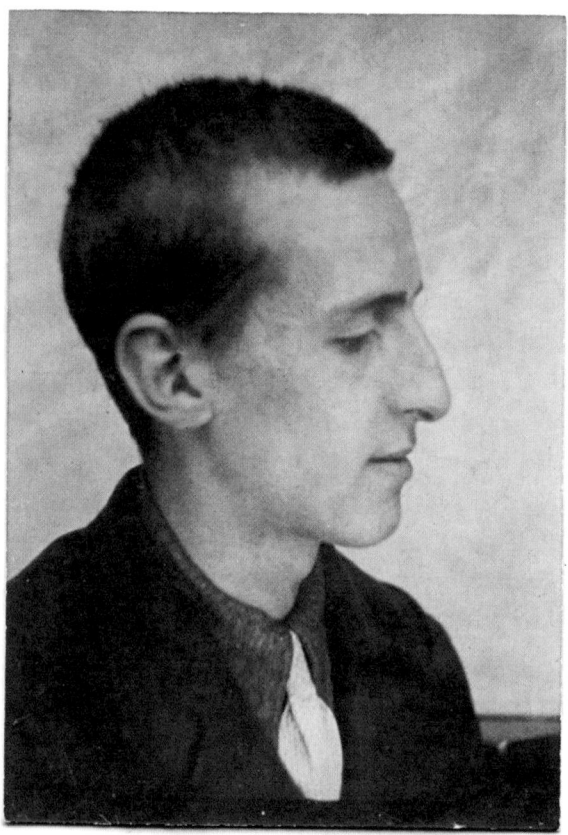

Charles Palant en 1945, peu après
son retour de Buchenwald.

De là, ils continuaient à nous évacuer, mais plus facilement vu que l'espace était clos. Il fallait pourtant tenir et continuer à lutter contre l'évacuation. Les Allemands faisaient sortir des groupes, cent par cent, qui partaient sur la route. Parmi les détenus, j'ai remarqué qu'il y en avait de particulièrement violents, comme les Ukrainiens ou les Russes, qui attaquaient d'autres prisonniers et leur volaient leurs chaussures ou leurs vêtements. Cette brutalité m'a alors donné une idée…

L'officier qui commandait l'évacuation était l'ancien chef du camp de Buna-Monowitz. Avec quelques camarades, nous avons décidé d'aller lui dire que nous, les Français, aimerions partir ensemble, les premiers ou les derniers, parce que nous avions peur des Ukrainiens. Que risquions-nous à demander ? S'il choisissait de nous faire partir en dernier, nous avions une chance d'être sauvés ! Je suis allé vers la porte, j'ai claqué des talons devant cet officier à qui j'ai rappelé que j'avais eu l'honneur de servir sous ses ordres dans le camp précédent et je lui ai avoué notre crainte. Il m'a dit alors : « Regroupe tes copains français, vous partirez à la fin. » Je suis revenu vers mes camarades et nous avons immédiatement

« naturalisé » une vingtaine de personnes qui parlaient un peu notre langue, des Italiens et des Espagnols notamment, en faisant croire qu'ils étaient français... Et nous sommes effectivement partis les derniers. C'est à ce moment-là qu'a éclaté la dernière alerte aérienne qui a marqué la fin de l'évacuation de Buchenwald. Tout le monde s'est mis à l'abri, y compris les SS. Nous étions le 10 avril. La guerre était sur le point de finir.

Et, en effet, le matin du 11 avril 1945, Buchenwald s'est soulevé ! Des détenus, qui avaient accumulé de quoi reconstituer quelques armes, ont pris d'assaut un premier mirador, puis ont fait prisonniers environ 200 SS. Ils ne leur ont fait aucun mal et les ont livrés indemnes aux Américains quelques heures plus tard. À 16 heures, et avant même leur arrivée[41], nous étions libres ! Buchenwald a donc bien été libéré par l'insurrection armée des détenus[42].

---

41. Buchenwald est le premier camp occidental libéré. À l'arrivée des Américains le 11 avril 1945, plus de 20 000 personnes se trouvaient encore dans le camp, parmi lesquelles seulement 4 500 Juifs. Entre juillet 1937 et avril 1945, les SS y ont emprisonné environ 250 000 personnes originaires de toute l'Europe. Les autorités du camp n'ayant pas tenu de registres précis, le nombre de morts ne peut être qu'une estimation. Au moins 56 000 prisonniers, dont 11 000 Juifs, auraient été assassinés à Buchenwald.

42. Le 19 avril 1945, soit une semaine après la libération du camp, les rescapés de Buchenwald se réunissent sur la place d'appel du camp et prêtent ce serment : « Nous, les détenus de Buchenwald, nous sommes venus aujourd'hui pour honorer les 51 000 prisonniers assassinés à Buchenwald et dans les kommandos extérieurs par les brutes nazies et leurs complices. 51 000 des nôtres ont été fusillés, pendus, écrasés, frappés à mort, étouffés, noyés, empoisonnés et tués par piqûres. 51 000 pères, frères, fils sont morts d'une mort pleine de souffrances, parce qu'ils ont lutté contre le régime des assassins fascistes. 51 000 mères, épouses et des centaines de milliers d'enfants accusent. Nous, qui sommes restés en vie et qui sommes des témoins de la brutalité nazie, avons regardé avec une rage impuissante la mort de nos camarades. Si quelque chose nous a aidés à survivre, c'était l'idée que le jour de la justice arriverait. [...] Nous, ceux de Buchenwald, Russes, Français, Polonais, Tchécoslovaques et Allemands, Espagnols, Italiens et Autrichiens, Belges et Hollandais, Luxembourgeois, Roumains, Yougoslaves et Hongrois, nous avons lutté en commun contre les SS, contre les criminels nazis, pour notre libération. Une pensée nous anime. Notre cause est juste, la victoire sera nôtre. [...] L'écrasement définitif du nazisme est notre tâche. Notre idéal est la construction d'un monde nouveau dans la paix et la liberté. Nous le devons à nos camarades tués et à leurs familles. Levez vos mains et jurez pour démontrer que vous êtes prêts à la lutte. »

« L'ÉTAU DU CHAGRIN S'EST REFERMÉ SUR L'IVRESSE DE LA LIBERTÉ »

Certes, nous étions libres, heureux de l'être, mais profondément et immensément tristes. Car la liberté à peine acquise, c'est le silence, l'émotion et le chagrin qui se sont emparés de nous. Nous avions désormais l'esprit disponible pour penser à tous ceux que nous avions perdus. Lors de la libération, je n'ai vu personne danser de joie. Au contraire, notre premier acte d'homme libre fut de pleurer, enfin, pleurer notre famille, mais aussi nos camarades. L'étau du chagrin s'est refermé sur l'ivresse de la liberté.

Les Américains étaient horrifiés par ce qu'ils découvraient : des monceaux de cadavres et des hommes qui continuaient de mourir d'épuisement et de maladie… Nous sommes restés quelques jours consignés dans le camp car la guerre n'était pas terminée. Les Américains avaient également peur que des épidémies se propagent. Mais malgré la consigne de sécurité, je n'avais qu'une idée en tête : sortir ! Aussi, avec un copain qui devait avoir environ 40 ans et qui avait été arrêté comme passeur à la frontière espagnole, nous sommes allés voir un des soldats chargés de la surveillance du camp et lui avons raconté je ne sais plus quel mensonge qui a fonctionné, puisqu'il nous a laissé passer !

Nous nous sommes alors retrouvés, nous, deux rescapés des camps, à marcher sur une belle route de campagne allemande. Après une heure et demie de promenade, nous commencions à avoir faim. Nous avons alors frappé à la première porte que nous avons trouvée. Pas de réponse. J'ai recommencé une deuxième fois, puis une troisième, et devant mon insistance, la porte a fini par s'entrouvrir et une vieille femme, les yeux écarquillés, nous a demandé ce que nous faisions là. Elle était un peu affolée mais, voyant que nous n'étions que deux hommes bien maigres – je devais peser 40 kilogrammes pour 1, 73 mètres – et que je parlais allemand, elle a accepté de nous laisser entrer. Un vieillard, son mari sans doute, trois femmes, dont l'une avec un bébé dans les bras, et des petits enfants se trouvaient dans la pièce. En nous regardant, une des femmes a dit en allemand : « Tu vois ce qui se passait là-haut ! » Puis une autre s'est tournée vers moi : « Est-ce que c'est vrai que vous êtes tous des criminels ? » « Nous avons l'air d'être des bandits ? » lui ai-je simplement répondu.

Bravant la méfiance que tout ce petit monde ressentait, le vieil homme s'est courageusement avancé vers nous :
« Mais que voulez-vous en fait ?
– De l'eau chaude, un savon et un rasoir », ai-je bredouillé en allemand.

Nous nous sommes rasés devant ces gens qui nous regardaient un peu abasourdis. Les enfants tournaient autour de nous. J'en ai gentiment pris un et je l'ai assis sur mes genoux : « Vous savez combien j'en ai vu partir à la chambre gaz qui étaient grands comme lui ? » Le silence s'est installé dans la pièce. C'était cruel mais je ne pouvais pas faire autrement… Ces gens devaient bien se douter de ce qui se passait tout près de chez eux… mais après tout, qu'auraient-ils pu faire ?

Le vieil homme nous a ensuite apporté des tranches de pain, du saindoux et de la charcuterie. Nous avons mangé une tartine ou deux puis nous nous sommes levés. Une des femmes nous a apporté des œufs qu'elle avait emballés dans du papier, et après l'avoir remercié, j'ai ajouté : « *Ich sage Inhen nicht auf Wiedersehen.* » (« Je ne vous dis pas au revoir. ») Je ne pouvais pas leur dire autre chose…

Rasés et nourris, mon compagnon et moi avons repris le chemin du camp. Dire que nous étions libres et que nous rentrions, de plein gré, à Buchenwald ! En passant devant un immense champ d'épinards, j'ai aperçu un ouvrier agricole. Je l'ai interpelé en anglais : « *Spinach ?* ». Il m'a répondu en russe « *Da ! da !* » Puis, il s'est mis à cueillir des épinards et à remplir ma veste de pousses de légumes. De retour au camp, nous les avons fait cuire dans un seau et avons dévoré les œufs sur le plat…

Nous avons mangé des œufs libres, des épinards libres, alors que j'avais toujours détesté les épinards. Nous nous sommes librement régalés. Nous riions tellement de bonheur que nous n'arrivions même plus à parler !

« Do you speak English ? »

Parmi les résistants qui ont libéré Buchenwald, il y a Marcel Paul[43], un syndicaliste français qui avait intégré l'Organisation spéciale (mouvement clandestin affilié au parti communiste) en tant que responsable militaire. En plus d'avoir fait preuve d'un courage inouï, cet homme a aussi organisé le rapatriement des Français détenus dans le camp[44].

En apprenant la libération de Buchenwald, le général de Gaulle a immédiatement demandé à parler à deux dirigeants français de la résistance interne. Le jour même, il a donc reçu Marcel Paul et Maurice Nègre[45], et a confié au premier la mission d'organiser le rapatriement. Aussi Marcel Paul est-il revenu seul au camp en avion investi de tous les pouvoirs !

Avant d'être évacués, et alors que nous étions encore tous enfermés dans le camp, j'ai choisi d'adhérer, comme une centaine d'autres Français, au parti communiste. À l'appui de mon engagement, il y avait le courage avec lequel j'avais vu agir ces hommes et ces femmes communistes. Il y avait l'héroïsme, l'abnégation et la solidarité dont ils avaient fait montre. Il y avait aussi une immense admiration pour

---

43. Figure importante de l'Organisation spéciale, Marcel Paul est arrêté en novembre 1941 et déporté le 27 avril 1944 à Auschwitz depuis le camp de transit de Compiègne. Il est transféré le 14 mai de la même année à Buchenwald où il prend rapidement la tête de la Résistance clandestine en devenant un des dirigeants du Comité des intérêts français, organisation clandestine qui se donne pour mission de sauver de nombreux Français indépendamment de leur couleur politique.
En 1945, Marcel Paul est nommé ministre de la production industrielle dans le gouvernement De Gaulle. Il propose la nationalisation des ressources énergétiques et, en 1946, contribue à la création d'EDF-GDF.

44. Parmi les résistants ayant participé à la libération de Buchenwald, il y a aussi Frédéric Henri Manhes, un des adjoints du général de Gaulle à Londres arrêté lors d'un parachutage. Ce proche de Jean Moulin est arrêté en mars 1943 et détenu au camp de Compiègne, d'où il est déporté le 22 janvier 1944 à Buchenwald. Avec Marcel Paul, il est à la tête du Comité des intérêts français.

45. Maurice Nègre est un journaliste qui a joué un rôle important dans la Résistance. Après la guerre, il est nommé à la tête de l'Agence France-Presse.

De retour à Paris, les déportés sont conduits en autobus à l'hôtel Lutetia.

l'Union soviétique qui, depuis la bataille de Stalingrad en 1942, jouissait d'un très grand prestige et avait plus que contribué à battre le nazisme[46]. Je me souviens encore des paroles du camarade qui a reçu mon adhésion : « Ce qui est à l'ordre du jour, c'est l'application du programme du Conseil national de la Résistance. La priorité absolue est de relever notre pays et de construire la paix. » Je partais donc avec un but : construire un monde nouveau, plus juste, et qui saurait éviter les guerres et les massacres que nous venions de vivre !

L'évacuation a commencé quelques jours plus tard, en camion, puis en train. Un soir, sur la route de Paris, nous nous sommes arrêtés dans une caserne d'Eisenach, dans le centre de l'Allemagne, où se reposaient quelques soldats américains. Je me souviens qu'au milieu de la cour

---

46. La bataille de Stalingrad, de septembre 1942 à février 1943, est une des plus grandes défaites allemandes et, à ce titre, un tournant majeur de la Seconde Guerre mondiale. Dans les deux camps, les pertes humaines sont très lourdes. Les Soviétiques perdent 486 000 hommes. Du côté allemand, 450 000 soldats sont tués ou blessés.

il y avait un immense amas d'objets de toutes sortes, les soldats se débarrassant de tout ce dont ils n'avaient plus besoin, thé en poudre, plaquette d'alcool solidifié, savon noir, papier hygiénique… Lorsque les soldats nous ont autorisé à nous servir, je me suis précipité sur ce que je pensais être du chocolat et j'ai mordu dans la plaquette noire à pleines dents ! Mais ce que je pensais être du chocolat était en fait du savon pour la lessive…

Le même soir, un grand soldat noir américain s'est avancé vers moi :
« *Do you speak English ?*
– *A little* », ai-je répondu.
Il a alors sorti la photo d'une jolie fille, un bloc et un crayon : il voulait que j'écrive à sa fiancée française. C'est comme ça que, quelques jours après avoir été libéré, j'ai improvisé ma première lettre d'amour destinée à une jeune femme que je n'avais jamais vue, de la part d'un soldat que je ne connaissais pas. Mais je me souviens m'être dit que la seule chose qui comptait, c'était qu'elle sache qu'il était vivant.

Nous sommes repartis en camion, avons traversé Francfort presque entièrement détruite par les bombardements, et sommes arrivés à Hayange, en Lorraine, pour les premières formalités de rapatriement. Après une visite médicale, on nous a donné une carte provisoire de rapatrié et servi un repas chaud. Puis nous avons repris la route, en train cette fois,

Charles Palant lors d'un meeting au palais de la Mutualité, à Paris, dans les années 1950.

assis sur de « vraies » banquettes, et sommes arrivés à Paris le dimanche 29 avril 1945, le jour des élections municipales, les premières depuis la Libération.

Il était dix heures du matin. Sur les quais de la gare de l'Est, des gens de la Croix-Rouge nous attendaient. Un officier français hurlait dans un haut-parleur : « Les déportés devant, les prisonniers derrière et les travailleurs à la fin. » Un orchestre militaire jouait la *Marseillaise*. C'était comme si on nous rendait les honneurs que d'autres avaient perdus… Nous avons été conduits à l'hôtel Lutetia[47], où la majorité des déportés arrivaient. Nous avons été interrogés, examinés, puis autorisés à partir.

Il était midi, j'étais libre, j'étais à Paris, mais j'étais seul. Je suis retourné chez moi, rue Pastourelle, dans le IIIe arrondissement. Quel ne fut pas mon bonheur lorsque j'ai appris par la concierge que mon frère Jean, sa femme Lily, qui portait le même nom que ma petite sœur, et leur fils, avaient emménagé dans l'appartement à la Libération. Je suis revenu, je les ai retrouvés, j'ai retrouvé Max, de cinq ans mon cadet, je suis tombé dans leur bras… mais je ne savais pas quoi leur dire. Ma sœur et ma mère n'étaient pas revenues et tant de gens n'étaient plus là.

« TÉMOIGNER ÉTAIT IMPOSSIBLE »

Que peut-on dire à un jeune homme qui attend le retour de sa sœur et de sa mère quand on sait qu'elles sont mortes ? Que pouvais-je dire à Lily qui croyait au retour de son frère ? Jamais je n'ai pu leur avouer la vérité ou leur parler des camps. Les journaux, et le temps, l'ont fait à ma place. Pour moi, témoigner était impossible, cela aurait fait trop de mal à tous ces gens qui attendaient encore le retour d'un proche.

---

47. À partir du mois de juin 1940, le service de renseignement et de contre-espionnage allemand a installé son quartier général à l'hôtel Lutetia dans le VIe arrondissement de Paris. Sous ordre du général de Gaulle, il devient en avril 1945 un centre d'accueil pour les personnes déportées. Il le reste pendant cinq mois. Jusqu'à 2 000 anciens détenus y sont rapatriés par jour.

Charles Palant, secrétaire général du MRAP, à la tribune, en mai 1967.

De plus, rien que dans le IIIe arrondissement, le plus petit de Paris, où les Juifs étaient nombreux, plus de 2 000 personnes manquaient à l'appel. Dès que ceux qui étaient revenus vivants descendaient dans la rue, ils étaient assaillis par des gens qui tendaient des photos : « Vous avez connu un tel ? Qu'est-il devenu ? » Je répondais toujours que je ne l'avais jamais rencontré et que, de toute façon, il était impossible de savoir. En fait, je ne voulais pas leur dire que leurs proches étaient tous morts, mais je ne voulais pas non plus leur dire qu'ils allaient revenir… La plupart m'accueillaient avec sympathie, d'autres étaient en colère, comme si j'étais rentré à la place des êtres qui leur étaient chers. Au bout de quelques semaines, de quelques mois, ils ont compris que les plus âgés ne reviendraient jamais, et que les enfants non plus.

Lors de l'été 1945, des amis m'ont emmené danser place du Tertre, à Paris. En m'invitant à danser, une jeune fille m'a montré une photo : « Est-ce que vous avez connu ce garçon ? C'est mon fiancé.

Je me suis mordu les lèvres et la langue.

— Vous savez, la tête rasée, avec vingt kilos de moins, c'est difficile de reconnaître les gens… Mais je ne pense pas l'avoir connu… »

D'après ce qu'elle m'a dit, j'ai pourtant compris que son fiancé et moi avions été arrêtés le même jour et déportés par le même convoi. Mais lui, il avait été sélectionné alors que moi, grâce à la blague que j'avais faite, j'avais été épargné. Je l'ai donc vu partir vers la chambre à gaz. Mais aurais-je pu lui dire cela ? Aurait-elle pu continuer à vivre si je lui avais avoué la vérité ?

Sur le moment, j'ai pensé qu'il valait mieux ne rien lui dire. Pendant la deuxième partie de notre danse, c'est elle qui me soutenait… Nous ne nous sommes jamais revus, et c'est sans doute mieux comme ça car il aurait fallu que je lui raconte ce qui c'était réellement passé, et je n'aurais pas pu.

Et puis la vie a progressivement repris ses droits. Au foyer des Jeunes de la LICA, j'ai rencontré Daisy, une jeune femme dont les parents et la petite sœur avaient été déportés et assassinés à Auschwitz. En 1946, nous nous sommes mariés et avons ouvert un atelier de maroquinerie. Si pendant quelques semaines, nous, les Juifs, avons été des « vedettes », que les commerçants ne nous faisaient pas payer, que même les poinçonneurs dans le métro nous ouvraient le portillon pour que nous passions gratuitement, nous avons rapidement été oubliés car, finalement, nous n'étions que 2 500 environ à être revenus. Des presque 100 00 déportés résistants ou otages, environ 40 000 avaient survécu. Quel était donc notre poids dans l'opinion alors que 1 500 000 prisonniers et 600 00 travailleurs contraints revenaient ?

« JE NE SUIS PAS UN ANCIEN COMBATTANT, JE SUIS UN COMBATTANT ANCIEN »

Depuis mon retour, j'avais la conviction qu'un changement majeur était à l'œuvre dans la société et que d'importants combats commençaient, auxquels j'avais bien l'intention de participer !

Au mois de juin 1945, j'ai pris la parole pour la première fois lors d'un meeting de la LICA au Cirque d'Hiver. J'ai essayé d'expliquer que nous ne devions être les ennemis de personne, pas même des Allemands, mais qu'il fallait de toutes nos forces lutter contre les forces obscures du nazisme, du racisme et de l'antisémitisme. J'ai rapidement été investi de responsabilités, d'abord au Comité central des Jeunes, puis au Comité central où j'ai été élu lors du premier congrès national de l'organisation. Je suis rapidement devenu l'une des voix des rescapés des camps, mais des rescapés combatifs, qui tiraient de leur douloureuse expérience un profond désir de paix et d'égalité entre les peuples.

Ce combat est passé, en 1949, par la création du MRAP (Mouvement contre le racisme et pour l'amitié entre les peuples). Alors que la guerre froide menaçait le monde, les batailles menées par la Résistance restaient profondément d'actualité. Il fallait favoriser le dialogue entre les peuples et les hommes tout en favorisant leur accès à la culture. Tout au long de ma vie, je me suis battu pour le respect des Droits de l'Homme et contre toutes les formes de racisme et d'exclusion. Tout au long de ma vie, j'ai été un combattant, et aujourd'hui, je continue… Je ne suis pas un ancien combattant, je suis un combattant ancien.

« Un homme, ça sonne fier ! » (Maxime Gorki)

Se battre pour l'avenir, c'est aussi se battre pour la mémoire. Car, pour reprendre le mot de Jean Jaurès, « la fidélité aux morts, ce n'est pas de porter leurs cendres, c'est de brandir leurs flambeaux ». C'est pour cela que j'ai beaucoup témoigné, seul ou avec un autre survivant, comme Ida Grinspan[48]. Mais je ne veux pas que ceux qui entendent mon histoire pleurent, je veux qu'ils se lèvent, qu'ils se battent, qu'ils vivent debout. Les hommes sont la seule espèce vivante qui, au cœur de la nuit, ne cesse de croire au matin. Et qu'est-ce donc que la mémoire, si ce n'est précisément ce que les hommes ont su accomplir pour sortir des ténèbres ? Ce qu'il faut transmettre, c'est bien sûr la mémoire du crime, mais c'est surtout le combat immense que des hommes ont mené pour y mettre fin.

Un an après les attentats de la synagogue de la rue Copernic à Paris le 3 octobre 1980, Charles Palant conduit le cortège du MRAP lors d'une marche silencieuse. Il est entouré de Claude Cheysson, le ministre des Relations extérieures (à sa droite) et du député communiste Pierre Juquin (à sa gauche).

---

48. Voir son témoignage p. 108.

Je suis donc moins un témoin qu'un passeur de témoin : je veux que mon histoire et celle de la Shoah soit un héritage qui serve à construire l'avenir, je veux qu'on aille toujours plus loin, qu'on n'ait pas peur de construire un monde nouveau. Je veux qu'on ne cesse pas de résister à tout ce qui prive l'homme de sa liberté de penser. L'Histoire n'est pas finie, elle ne finira jamais. Nos systèmes économiques sont loin d'être figés, ils changent, et les contester, c'est les faire évoluer, c'est inventer des équilibres nouveaux. Car aussi vrai que le jour succède à la nuit, la mer remontera. Serai-je là pour le voir ? Qu'importe…

Je crois en l'homme, en sa capacité à inventer et à se battre pour ses droits. Je crois au matin[49]. C'est pour lui que nous vivons, c'est pour lui que nous devons vivre. « Un homme, comme disait Maxime Gorki, ça sonne fier ! Alors soyons fiers d'être des hommes ! »

Charles Palant devant le Mur des noms, au Mémorial de la Shoah à Paris, en 2011.

---

49. *Je crois au matin* est le titre que donna Charles Palant au livre qu'il a écrit et publié en 2009 par les éditions de la Fondation pour la Mémoire de la Shoah aux éditions Le Manuscrit.

ET APRÈS...

En 1947, Charles et Daisy Palant ont une fille, Éliane. Deux ans plus tard naît Francine, puis Judith en 1964. En 1956, Charles abandonne la maroquinerie et devient représentant pour une papeterie. Cinq ans plus tard, il en est le directeur commercial. Puis, jusqu'en 1985, il dirige une entreprise d'imprimerie sur textile. Le hasard faisant de temps en temps bien les choses, ce poste le conduit à se rendre pour affaire en URSS... comme ses parents, bien des années auparavant.

Tout au long de sa vie, Charles a assuré des fonctions toujours plus importantes au sein du MRAP (Mouvement contre le racisme et pour l'amitié entre les peuples), où il se bat contre l'antisémitisme et toutes les formes de discrimination et de violence. En 1972, le racisme n'est plus considéré comme une opinion, mais comme un crime. C'est une de ses victoires. Parce qu'à toutes les formes d'intégrisme, de fanatisme et de non-respect des Droits de l'Homme, il ne faut pas cesser de s'opposer, Charles poursuit depuis 1983 son combat à la commission nationale consultative des Droits de l'Homme, continue d'honorer la mémoire des résistants et le combat qui fut le leur. Et qui doit être le nôtre.

Résister pour survivre est le nouveau livre de Charles Palant destiné à la jeunesse et paru en janvier 2015.

376	FEFER	Lejzer	3. 3.41	Ohne	14318
377	FEFER	Paulette	II.I2.43	Ohne	14319
378	FEIFER	Bayla	8.I0.II	Schneiderin	14057
379	FEIST	Henry	4. 2.79	Vertreter	13918
380	FELDMAN	Sura	8. 7.04	Ohne	14092
381	FELLOUS	Breine	22. 2.00	Ohne	14342
382	FELSENBERG	Germaine	31. 5.84	SCHNEIDERIN	14511
383	FENSTERZAB	Ida	19.II.29	Ohne	13592
384	FERAC	Menahim	20. 7.88	Händler	13384
385	FERBER	Daniel X	5. 6.04	Zeichner	13327
386	FERBER	Janine	4. 2.10	Ohne	13328
387	FERREUX	Cécile	7. 4.85	Ohne	13061
388	FIDLER	Adèle	21. 4.17	Schneiderin	12964
389	FIDLER	Albertine	I3. 9.26	Ohne	12965
390	FIDLER	Rachèle	30 . 4.82	Ohne	12963
391	FINNELBERG	Clémentine	25.3 59	Ohne	13738
392	FINKELSTEIN	Jaime	5. I0.68	Schuster	13202
393	FISCH Elka		I6. 5.I0	Pelzarbeiterin	14010
394	FISCHER	Augustina	9. I0.76	Ohne	14520
395	FISCHER	Jean	2. 5.69	Fabrikdirektor	14519
396	FLAJSZAKER	Chaja	4. 5.08	Schneiderin	14050
397	FLAKS	Baila	22. 2.79	Ohne	14293
398	FLEUR	Antony	2.I0.76	Professor	13556
399	FLIDD-FLIEDERBAUM E.		2I. 9.68	Schriftstellerin	14316
400	Floch	Martin	I6. 8.II	Dolmetscher	13503

Sur cette liste originale du convoi n° 68, on peut lire à côté du numéro 383 le nom, le prénom, la date de naissance, la profession et le matricule de Drancy d'Ida. « Ohne » signifie « sans profession ».

IDA GRINSPAN

DÉPORTÉE À 14 ANS LE 10 FÉVRIER 1944 PAR LE CONVOI N° 68

Un après-midi d'automne. Ida Grinspan, petit bout de femme de 85 ans, a une voix de jeune fille et un regard qui pétille. Elle va, vient, sautille presque, parle vite, rit. Elle est animée d'une énergie qu'on lui envie, qu'elle communique et à travers laquelle on revoit l'enfant qu'elle a été.

« J'AI SU TRÈS TÔT CE QUE LE MOT POGROM SIGNIFIAIT »

Je m'appelle Ida Grinspan, née Fensterszab. Ma mère, Hélène, était d'Ostrów-Mazowiecki, près de Varsovie, en Pologne, et mon père, Jankiel, de Kopszywnice, une ville plus à l'est. Comme beaucoup de Juifs, ils avaient quitté la Pologne au début des années 1920 parce qu'il n'était plus possible de vivre dans un pays en proie à un antisémitisme viscéral et où sévissait une crise économique terrible. Comme beaucoup de Juifs, ils étaient venus s'installer en France parce qu'à cette époque, en Europe centrale, ce pays bénéficiait d'une incroyable aura. C'était pour eux, comme pour tant d'autres, le pays de la Révolution et des Droits de l'Homme. Mes parents se sont rencontrés à Berlin en 1921, se sont mariés religieusement, puis se sont installés à Paris, dans le XIe arrondissement. En 1924, ils ont eu un fils. Je suis née cinq ans plus tard, le 19 novembre 1929.

Mes parents nous ont donné une éducation laïque. Mis à part quelques grandes fêtes traditionnelles, nous ne pratiquions pas la religion. Mais s'il y avait bien une chose qui nous rapprochait du judaïsme, c'était la langue. À la maison, avec mes parents, nous parlions le yiddish, même s'ils apprenaient le français. Ils nous emmenaient au théâtre yiddish rue de Lancry, dans le Xe arrondissement, mais aussi nous promener au bois de Vincennes…

Mon père était tailleur. Il travaillait à la maison et ma mère l'aidait. Quand nous rentrions de l'école, nous les trouvions à l'ouvrage. Après le dîner, ils se remettaient systématiquement au travail. Et même quand mon frère et moi étions au lit, ils continuaient à coudre à la main. Déjà toute petite, je me disais : « Comme ils travaillent dur ! »

Mes parents se félicitaient sans cesse d'avoir choisi la France comme terre d'asile et comme refuge. Mon père nous rappelait souvent la chance que nous avions de vivre dans un pays libre, une République. Il nous racontait qu'en Pologne, il y avait des métiers interdits aux Juifs, qu'ils étaient pillés et massacrés en toute impunité, sans que la police intervienne. J'ai su très tôt ce que signifiait le mot pogrom[1]. Mon père faisait tout pour s'intégrer au mieux. Comme mon frère et moi étions nés à Paris, nous avons acquis sans difficulté la nationalité française. Mais mes parents, eux, ne l'ont pas obtenue.

Jankiel Fensterszab, le père d'Ida.

« JAMAIS JE N'AI SOUFFERT D'ANTISÉMITISME »

La politique occupait beaucoup de place à la maison. L'avènement du Front populaire en 1936 a été pour ma famille un événement très important. Lors des manifestations, mon père m'emmenait défiler et me portait sur ses épaules. Un jour, alors que des gens criaient « Vive les Soviets ! », j'ai demandé à mon père : « Pourquoi disent-ils "Vive les serviettes ?" » « Les Soviets, pas les serviettes, Ida… » m'a-t-il répondu !

Mes parents et leurs amis parlaient beaucoup et avec anxiété de la montée de l'antisémitisme en Allemagne. Un jour, à la fin des années 1930, alors qu'ils étaient chez des amis, mes parents ont entendu Hitler hurler à la TSF. Je ne comprenais pas ce qu'il disait, mais ça m'angoissait. J'étais complètement terrorisée.

---

1. Le terme vient du russe *po*, qui exprime la totalité, et *gromit'*, qui signifie « détruire », « piller ». Un pogrom est un mouvement populaire antisémite encouragé ou toléré par les autorités et accompagné de pillages ou de massacres. Bien que le terme de « pogrom » apparaisse tardivement, les premiers pogroms massifs ont été le fait des Croisés sur le chemin de Jérusalem en 1096.

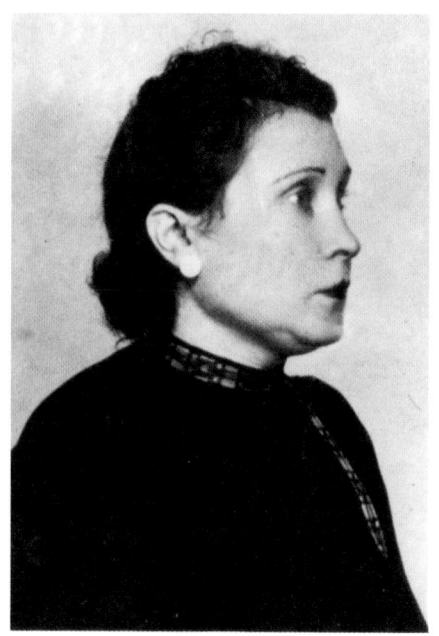

Hélène Fensterszab, la mère d'Ida.

Les nouvelles d'Allemagne arrivaient aussi par des émigrés[2] venant de Berlin ou d'autres grandes villes, qui nous racontaient ce que les Juifs enduraient au quotidien[3]. Des journaux en parlaient également. Personne, en revanche, ne pensait que de telles choses pourraient un jour arriver en France.

Lorsque nous habitions dans le XIXe arrondissement, le jeudi, j'allais au patronage. On nous faisait apprendre de petites scènettes en yiddish que nous jouions dans de petites salles, devant nos parents. En 1937 ou 1938, j'ai tenu le rôle d'une élève à qui sa maîtresse disait : « Il faut que tu rentres chez toi, je ne peux plus te garder parce que tu es juive. » Ce fut terrible, même si j'étais

---

2. Dès 1933, avec l'arrivée au pouvoir des nazis, 37 000 Juifs quittent l'Allemagne. L'émigration se stabilise ensuite à un rythme de 25 000 personnes par an jusqu'en 1938. Près de la moitié des émigrants se fixent en Europe occidentale, un quart en Palestine, 30 000 en France et 95 000 aux États-Unis (voir la carte en annexe).

3. La persécution des Juifs d'Allemagne commence dès 1933. Le 7 avril, les Juifs sont chassés des professions libérales, de l'armée, de la justice, des métiers de la culture et de la presse. Un *numerus clausus* est instauré dans les universités. À partir du 15 septembre 1935, les unions et les relations sexuelles entre Juifs et non-Juifs sont interdites et les Juifs sont privés de leur citoyenneté. À partir du 26 mars 1938, les Juifs doivent déclarer la totalité de leur fortune aux autorités, le 28, les mesures d'« aryanisation », autrement dit le licenciement du personnel juif et le transfert des activités possédées par des Juifs à des Allemands non-juifs, s'intensifient. Les Juifs se voient interdire l'accès des écoles publiques et des universités ainsi que des cinémas, des théâtres et des centres sportifs. Il leur est également interdit de pénétrer dans les zones signalées comme zones « aryennes ».
En août, une loi impose l'ajout sur les passeports des prénoms « Sarah » et « Israël », puis le tamponnage sur les pièces d'identité de la lettre « J ».
Les Juifs arrêtés pour infraction à la loi purgent une peine de prison avant d'être généralement internés dans des camps de concentration.

très jeune… Je comprenais ce qu'il se passait, et ce qu'on pouvait faire aux enfants juifs comme moi.

Quand, en septembre 1939, la guerre a éclaté, l'inquiétude a encore grandi, mais j'étais trop jeune pour m'en rendre vraiment compte. Néanmoins, à l'école des filles où j'allais, dans le IXe arrondissement, jamais je n'ai souffert d'antisémitisme. Pourtant, j'avais un nom, Fensterszab, drôlement compliqué ! C'était un peu différent pour mon frère, qui était plus âgé. Dans son école des garçons, il entendait des réflexions antisémites. Un jour, il s'est même battu après s'être fait traiter de « sale juif »…

UNE ENFANT DES DEUX-SÈVRES

Pour me préserver des bombardements, et des restrictions alimentaires, mes parents se sont dit que je serai sans doute mieux à la campagne. Au printemps 1940, un peu avant l'entrée des Allemands à Paris le 14 juin, ils m'ont donc envoyée chez Alice Marché, au Jeune-Lié, près de Melle, dans les Deux-Sèvres. Je la connaissais déjà puisque, avant la guerre, Clara Dembsky, ma cousine, atteinte de coqueluche, avait été envoyée chez elle par ses parents pour « changer d'air »[4]. Au tout début de la guerre, ma mère, mon frère et moi y étions d'ailleurs allés, mais comme rien ne se passait, nous étions rentrés à Paris.

J'ai tout de suite été très bien acceptée au Jeune-Lié. Malgré l'absence de mes parents et de mon frère, qui, plus grand, était resté à Paris, je menais une vie agréable. J'ai repris le chemin de l'école, à Sompt, et, l'année d'après, j'ai même passé le certificat d'études avec succès !

Je revoyais mes parents de temps en temps. Ma mère est venue en 1941 au Jeune-Lié, et moi je suis allée à Paris aux vacances de Pâques 1942. Lors de ce séjour, ma mère, trouvant que j'étais à

---

4. Clara, sa sœur et ses parents ont été cachés pendant toute la période de l'Occupation.

présent une grande fille, m'a emmenée chez le coiffeur et lui a demandé de couper mes boucles et de me faire une houppette sur le devant de la tête, coiffure alors très à la mode et qui d'un coup m'a vieillie…

Si les Allemands occupaient les Deux-Sèvres, je ne me souviens pas que leur présence ait été particulièrement pesante. Mais au début du mois de juin 1942, le climat a changé radicalement. Le maire du village, Monsieur Poupinot, m'a convoquée pour me donner trois étoiles jaunes[5] : « Voilà ce que j'ai reçu pour toi, mais aussi longtemps que je serai maire – il tapait avec son index sur la table –, tu ne les porteras pas ! » J'ai compris plus tard que le fait de me donner ces étoiles indiquait aux autorités qu'une Juive se trouvait à Lié.

Le courage dont le maire fit preuve ne pouvait malheureusement pas suffire. Mais sur le moment, comment aurait-il pu le savoir ? Quant à Alice, elle a insisté pour que je porte l'étoile sous ma blouse au cas où les gendarmes me contrôleraient.

« CE JOUR-LÀ, J'AI DÉCOUVERT JUSQU'OÙ POUVAIT ALLER LA PERSÉCUTION DES JUIFS »

Un mois plus tard, au mois de juillet 1942, mon père m'a appris dans une lettre l'arrestation de ma mère lors de la rafle qui eut lieu à Paris le 16 juillet, et durant laquelle des milliers de Juifs furent parqués au Vél' d'Hiv.

J'ai su plus tard que, le 15 juillet 1942, des inspecteurs de police consignés à la Préfecture s'étaient échappés et avaient prévenu quelques familles juives qu'une rafle aurait lieu le lendemain et qu'ils avaient ordre d'arrêter les hommes, les femmes et les enfants

---

5. La 8ᵉ ordonnance allemande ordonne à tous les Juifs de plus de 6 ans vivant en zone occupée le port visible d'une étoile jaune de David portant l'inscription « Juif ». Elle entre en vigueur le 7 juin 1942.

sans distinction d'âge. Le bouche-à-oreille avait très bien fonctionné et mes parents en avaient entendu parler grâce à des amis à eux, mais ma mère n'y avait pas cru. « Pourquoi arrêterait-on des femmes et des enfants ? » Elle avait eu en revanche très peur pour mon père et mon frère et avait insisté pour qu'ils aillent se cacher chez des voisins, une rue plus loin. Elle était restée à la maison et fut arrêtée le lendemain, à l'aube.

Tous ceux qui avaient échappé à la rafle[6] n'ont pas pu réintégrer leur appartement. Leur identité était connue et les policiers pouvaient venir les chercher à tout moment.

Depuis 1942, Ida a une houppette qui lui donne un air plus âgé.

Ce jour-là, beaucoup de Parisiens n'ont rien fait, mais d'autres ont caché des familles entières. De nombreux enfants ont aussi été

6. L'opération « Vent printanier », dite rafle du Vél' d'Hiv, a lieu à Paris les 16 et 17 juillet 1942. René Bousquet, avec l'accord de Pierre Laval et du maréchal Pétain, met au service des Allemands les forces du préfet de police Amédée Bussière et du directeur de la police municipale, Émile Hennequin, soit 1 372 équipes de gardiens de la paix, renforcées de 1 916 policiers dans les arrondissements de l'est parisien. Dès 4 heures du matin, au moins 7 000 fonctionnaires d'autorité semblent avoir été opérationnels. 50 autobus de la Compagnie des transports en commun de la région parisienne et 10 autocars aux vitres fermées sont réquisitionnés avec leur personnel.
Au total, 12 884 Juifs sont arrêtés en deux jours, soit 3 031 hommes, 5 802 femmes et 4 051 enfants. Le 20 juillet, ces chiffres s'élèvent à 3 118 hommes, 5 919 femmes et 4 115 enfants, soit 13 152 personnes. Les autorités françaises décidèrent d'inclure les enfants – ce n'était pas encore une exigence allemande – afin de palier le faible résultat de la rafle, qui devait, selon promesses de Vichy et les prévisions des Allemands, toucher 22 000 Juifs. Elles ne savaient pas non plus que faire de ces enfants, dont les parents allaient être déportés.
Les personnes isolées et les couples sans enfants sont internés au camp de Drancy, tandis que les familles, soit 8 160 hommes, femmes et enfants, sont concentrées dans le Vélodrome d'Hiver. Il est donc fort probable que la mère d'Ida ne soit pas passée par le Vél' d'Hiv

Ida entourée d'Alice et Paul, son mari, au cours de l'année 1943.

sauvés grâce aux Éclaireurs[7]. Mon père et mon frère ont pu, quant à eux, se réfugier chez des amis près de Montfermeil, en banlieue parisienne.

La nouvelle de l'arrestation de ma mère fut pour moi un choc terrible. Ce jour-là, j'ai découvert jusqu'où pouvait aller la persécution des Juifs. Je savais que beaucoup de choses leur étaient interdites, mais je ne savais pas qu'on les arrêtait ! Voyant ma détresse, les gens du village ont été très gentils avec moi et m'ont épaulée encore plus qu'ils ne le faisaient avant. Pendant les vacances

---

7. Les Éclaireurs israélites de France (EIF) est un des plus grands mouvements de résistance juive. Il est créé par Robert Gamzon en 1923 et reprend les valeurs du scoutisme. À partir de septembre 1939, le mouvement accueille de nombreux enfants juifs évacués des centres urbains ainsi que des enfants juifs de nationalité étrangère. Après les rafles de l'été 1942, les EIF évacuent les enfants dans des maisons d'enfants et participent notamment à l'évacuation de 108 enfants de Vénissieux libérés par l'OSE.
Le service social des jeunes est mis en place et prend pour nom de code clandestin la Sixième, du nom de la 6e division de la 1re direction de l'UGIF (Union générale des israélites de France) : fabrication de faux papiers, placement des enfants, passages de frontières pour les familles : tout au long de la guerre, les EIF permettent le sauvetage de plusieurs milliers d'enfants juifs.

scolaires, ma maîtresse d'école, Madame Picard, n'hésitait pas à faire trois kilomètres à bicyclette pour venir me voir et me remonter le moral : « Ne t'inquiète pas ma petite Ida, me disait-elle, la guerre finira. » Mais ma mère était partie pour une destination inconnue et moi, pendant un an et demi, chaque jour, j'ai guetté le facteur dans l'espoir de recevoir une lettre de sa part. L'inquiétude ne me lâchait pas. Mon père, quant à lui, m'a envoyé sa nouvelle adresse. Nous nous écrivions souvent mais aucun de nous n'a un jour reçu des nouvelles de maman[8].

« Nous venons chercher la petite Juive qui vit chez vous »

J'avais 14 ans et deux mois lorsque j'ai été arrêtée. C'était dans la nuit du 30 au 31 janvier 1944. Un dimanche soir, à minuit quinze, trois gendarmes sont arrivés devant la maison. Ils ont réveillé Alice et lui ont dit :
« Nous venons chercher la petite Juive qui vit chez vous.
– Vous n'allez tout de même pas emmener cette gamine ! leur a-t-elle répondu.
    L'un des gendarmes a insisté :
– Nous avons des ordres ! Et si on ne la trouve pas, on emmène votre mari ! »
Alice est alors entrée dans ma chambre. J'entendais du bruit, mais je ne savais pas ce qui se passait. Elle m'a dit que des gendarmes étaient là pour m'arrêter, et puis elle a ajouté : « S'ils ne te trouvent pas, ils vont emmener Paul ! » Un instant, j'ai pensé me sauver par la porte-fenêtre qui donnait sur la cour. J'aurais pu aller chez n'importe quel voisin, j'étais certaine qu'ils m'auraient ouvert leur porte. Mais il était hors de question que le mari d'Alice soit arrêté à ma place. Alors j'ai baissé les bras…

---

8. Hélène Fensterszab a été déportée le 27 juillet 1942 au camp d'Auschwitz-Birkenau par le convoi n° 11. Selon Serge Klarsfeld, ce convoi transportait 1 000 personnes. Il n'y a pas eu de sélection à l'arrivée : 248 hommes et 742 femmes sont entrés dans le camp.
En 1945, 11 personnes sont revenues, dont une seule femme.

Alice Marché et Ida au Jeune-Lié, en 1943. Ida a 14 ans.

Ida et Gardienne, la chienne d'Alice, avec qui la jeune fille
passe beaucoup de temps.

Les gendarmes m'ont ordonné de préparer un petit baluchon
avec des vêtements pour quelques jours. Ils ont demandé à Alice
de me donner des provisions. Elle m'a fait un paquet avec un peu
de cochonnaille. Pendant que je me préparais, elle est sortie chercher du secours. À deux pas de chez nous, il y avait la maison de
l'adjoint au maire. Lorsqu'il est arrivé, tout essoufflé, il s'est mis à
supplier les gendarmes : « Mais enfin, vous pouvez dire que vous
avez eu un problème, que vous avez crevé un pneu en route ou
même que la petite n'était pas là quand vous êtes arrivés ! » Les
gendarmes n'ont rien voulu savoir, sans doute parce qu'ils étaient
trois. Je me suis souvent dit ensuite que s'ils n'avaient été que
deux, ils se seraient laissés convaincre. À trois, ils ont peut-être
eu peur les uns des autres...

Ils m'ont fait monter dans une traction noire et m'ont conduite à
la gendarmerie de Melle, à huit kilomètres de Lié. La nuit était déjà
bien avancée mais le capitaine m'attendait sur le perron. Moi, une
enfant de 14 ans, j'avais donc tellement d'importance ! Il m'a fait

entrer dans son bureau, m'a demandé de m'asseoir et a commencé à m'interroger avec un zèle dont je me souviens encore. Il voulait à tout prix que je lui dise où était caché mon père ! En revanche, il ne me posait aucune question sur ma mère, il devait savoir qu'elle avait déjà été arrêtée. J'ai répondu que j'ignorais où était mon père. Le capitaine ne me croyait pas et essayait de m'intimider. Mais il a vite compris que je ne parlerai pas et m'a fait sortir.

Les trois gendarmes qui m'avaient arrêtée m'ont alors conduite à Niort, dans un hangar rue des Trois Coigneaux où étaient disposés des lits de camps. J'ai su par la suite que 57 autres personnes se trouvaient là[9]. Je n'en connaissais aucune.

Le lendemain, un gendarme est venu me chercher, moi et trois autres enfants. Il nous a emmenés à pied dans un hôpital tenu par des religieuses. J'ai appris plus tard que si on nous avait déplacés, c'était parce qu'un des gendarmes avait écrit à son supérieur pour lui dire qu'il y avait là quatre enfants sans parents et qu'on ne pouvait pas les laisser seuls. Ce jour-là, j'ai une fois de plus pensé à me sauver, mais je ne connaissais personne à Niort, alors j'ai renoncé.

Les bonnes sœurs furent très gentilles et extrêmement chaleureuses avec nous. J'espérais rester là, avec elles, mais dès le lendemain, les gendarmes sont revenus nous chercher et nous ont de nouveau enfermés dans le hangar sous prétexte qu'une femme avait fait évader ses deux enfants[10]. Sur le moment, je n'ai pas cru qu'il s'agissait de représailles. Mais je me suis dit en revanche que cette

---

9. La rafle du 28 aux 31 janvier 1944 est la seconde et la plus importante qui ait eu lieu dans le département des Deux-Sèvres. Elle est déclenchée sur ordre de la SIPO-SD de Poitiers. Il était prévu d'arrêter 108 Juifs, mais 50 d'entre eux sont parvenus à se réfugier et à éviter l'arrestation. Entre le 9 octobre 1942, date de la première rafle, et le 30 janvier 1944, 143 personnes des Deux-Sèvres ont été arrêtées et déportées, dont 33 enfants de moins de 18 ans. Parmi eux, quatre ont survécu : ils avaient tous entre 14 et 20 ans.

10. Cette femme a été déportée dans le même convoi qu'Ida après avoir, effectivement, fait évader ses deux garçons, qui ont survécu. Elle n'est pas revenue.

Format : 230/174. (Marge de 0m,04)
taire minbl. du 26 décembre 1901.

MODÈLE N° 7 (ancien n° 10.)

Art. 292 du décret sur l'organisation
et le service de la gendarmerie

GENDARMERIE NATIONALE

B • LÉGION
du POITOU

COMPAGNIE
DES Deux-Sèvres

—

SECTION
de MELLE

BRIGADE
de MELLE

— {la brigade. 80
— {la section....

Du 31-12-1944

PROCÈS-VERBAL
CONSTATANT la

Conduite mise recente...
Juive
FENTERZAB
IDA
Arrêté d'inter
nement.

2e EXPÉDITION

Cejourd'hui 寸 TRENTE ET UN JANVIER ___ mil neuf cent quarante
quatre
à zero heure 15?

Nous, soussigné, BRAULT Roger M-D-L-Chef,officier
de police judiciaire auxil. du P,DE,L,R.
MENANTEAU,Raymond et CASSAGNE, Jean
gendarme à MELLE , à la résidence de MELLE ___ département
des Deux Sèvres ET conformément aux ordres de nos
Chef organise gen. theust en vertu des instructions de M.le Kom-
mandeur SICHERHITSPOLIZEI, Poitiers(transmissions Cie
n° 2/4 du 29-I-1944 et Section N° 2-?/3 du 30 du mê-
mois)relative à la conduite de la juive FENSTERZAB
Ida,nous nous sommes présentés au domicile de M.Marché
chez laquelle elle était hébergée à l'heure indiquée
en tête du présent.
Après avoir indiqué à la jeune Fensterzab,le but
de notre visite,elle nous a déclaré:

" Je me nomme FENSTERZAB,Ida,âgée de I4 ans,écoliè-
re,demeurant au hameau du Jeune-blé,cne de Sompt(Dou-
née le I9-II-1929 à Paris(20°)fille de Jacques et
de Chaja Tysembaum,jamais condamné,naturalisée française le I0-I0-I932.

" Je reconnais avoir pris connaissance des instructions de l'autorité allemande m'enjoignant de quitter
le lieu où je réside et de me rendre à l'endroit qui
me sera désigné.

"Je consens à obéir à ces ordres.
Lecture faite persiste et signe.

Nous avons procédé à l'examen de tous les objets
emportés par la jeune Fensterzab et constaté qu'elle
n'était en possession d'aucune arme ou objet quelconque interdit.
Aucun scellé n'a été apposé étant donné que l'inte-
ressée était hébergée depuis le mois de juin I940
chez M.Marché au village de"Jeune blé,cne de Sompt,de
nationalité française et non juif.
Fouillée en notre présence par Mme Marché,la jeune Fensterzab n'a été trouvée en possession d'aucun
objet susceptible de lui être retiré.
Dressé en trois expéditions:la Ière à M.le Chef de
la Sicherhitspolizei à Niort;la deuxième à M.le Préfet
(transmise directement à notre Cdt de Compagnie);la
troisième aux archives.
Fait et clos à Melle le 3I-I-I944

NOTA. — Lorsqu'il y a lieu de donner [...]

Rapport de la gendarmerie nationale relatant l'arrestation d'Ida Fensterszab
le 31 janvier 1944.

femme avait bien fait de faire évader ses enfants ! Et puis, il aurait de toute façon été hors de question que nous restions à l'hôpital. Après deux jours à Niort, nous avons rejoint la gare d'Austerlitz, à Paris, et avons été emmenés à Drancy en autobus de la TCRP (Transports en Commun de la Région parisienne).

« JE CROYAIS TELLEMENT QUE J'ALLAIS REJOINDRE MA MÈRE »

Lorsque nous sommes arrivés dans le camp de Drancy, j'ai été très impressionnée. Ce qui m'a d'abord frappée, c'est la hauteur des immeubles et ces gens qui couraient dans tous les sens. Les hommes avaient été regroupés d'un côté, les femmes et les enfants de l'autre[11].

Le lendemain, j'ai été convoquée au secrétariat pour une vérification d'identité. Le préposé m'a demandé mes papiers. Mais j'avais 14 ans, et en principe, ils n'étaient obligatoires qu'à partir de 16 ans. Je lui ai donc répondu que je n'avais pas de carte d'identité. Sans doute m'avait-il cru plus âgée à cause de la houppette que ma mère m'avait fait faire ! Le gendarme n'a pas insisté et m'a dit que nous partirions dans quelques jours travailler dans des camps en Allemagne. Il m'a aussi affirmé que, là-bas, nous reverrions les membres de notre famille qui avaient déjà été déportés. Pour moi, c'était une nouvelle extraordinaire ! J'allais enfin retrouver maman ! Au début, nous y avons tous cru, nous ne savions pas où nous irions. Et puis entre nous, nous parlions de « Pitchipoï », c'est-à-dire de « Trifouillis-les-Oies », car le nom d'Auschwitz était alors inconnu en France. Nous n'avions aucune raison de ne pas croire que nous ne retrouverions pas les nôtres, et cela nous remontait le moral ! Je

---

11. 65 000 des près de 76 000 déportés juifs français ont transité par Drancy avant d'être acheminés, entre le 22 juin 1942 et le 31 juillet 1944, en 62 convois, vers les centres de mise à mort en Pologne. D'une capacité théorique de 5 000 places, Drancy va compter jusqu'à 7 000 internés lors des rafles de l'été 1942. Les premiers convois sont partis depuis Compiègne le 27 mars puis le 5 juin 1942 (voir le témoignage de Charles Palant p. 82, de Victor Pérahia p. 266 et le document 11 en annexe).

m'accrochais à cet espoir, je « planais » littéralement. Je croyais tellement que j'allais rejoindre ma mère que, malgré le peu de nourriture qu'on nous donnait à Drancy, je n'ai pas touché aux provisions que m'avait données Alice. Maman allait être si contente de manger ces bonnes choses !

Je suis restée une semaine à Drancy. Il n'y avait pas de douche, uniquement des lavabos. Je dormais dans un grand dortoir avec les femmes et les enfants. Nous avions une paillasse crasseuse et, bien entendu, pas de draps. Le matin j'allais aux « pluches » : j'épluchais des navets et des rutabagas. La promiscuité et la saleté ne me dérangeaient pas tant la certitude de revoir ma mère me réconfortait. Cela a été, pendant toute cette semaine, la seule chose qui a compté.

Le matin du jeudi 10 février, les gendarmes m'ont fait monter avec

Reçu émis par les autorités du camp de Drancy à l'arrivée d'Ida le 3 février 1944. Elles ont indiqué la somme prise à Ida ce jour-là (360 francs).

1 500 autres personnes dans les mêmes autobus de la TCRP que huit jours auparavant et nous avons roulé jusqu'à la gare de Bobigny, où des soldats allemands nous attendaient. Sur le quai, il n'y avait plus aucun

Français. Aussi longtemps que nous étions gardés par des gendarmes, il me semblait que rien de grave ne pouvait nous arriver. À ce moment-là, l'inquiétude est donc montée d'un cran. Puis des SS nous ont poussés dans des wagons. Je faisais partie du convoi n° 68[12].

L'enfer a commencé pendant le transport. Il n'y avait pas de quoi s'étendre sur le plancher, à peine la place de s'asseoir sur quelques brins de paille. Au centre, un seau d'eau et un baquet en guise de tinette. Au début, personne ne voulait aller aux toilettes. Mais, au bout d'un moment, nous y étions bien obligés… C'est la première dégradation que nous avons subie. Tout de suite, une forme de solidarité s'est installée : deux hommes ont attrapé un manteau, l'ont tenu à chaque bout et sont allés cacher les gens qui faisaient leurs besoins. Rapidement, la tinette a été pleine à ras bord et une partie de son contenu s'est renversé sur le plancher. Nous avons dû poursuivre le voyage dans une puanteur absolument insoutenable. Les gens ont tenté d'ouvrir une lucarne mais elle était bloquée. « Vivement qu'on arrive, ça ne pourra pas être pire ! » C'est ce que les gens autour de moi répétaient…

« MA VIE A TENU À UN CHEVEU… »

Le matin du quatrième jour, le 13 février, le train s'est arrêté brutalement. Les portes se sont ouvertes et nous avons dû descendre très vite. Il y avait de la neige partout, des soldats allemands hurlaient « *Schnell ! Raus !* » (« Dehors, vite ! »), séparaient les hommes des femmes à coup de trique, et des prisonniers en tenues rayées nous ordonnaient de laisser toutes nos affaires sur place… Il a donc fallu que j'abandonne le linge de rechange que j'avais apporté et surtout les provisions que

---

12. Selon Serge Klarsfeld, le convoi n° 68 se composait de 680 hommes, 820 femmes, dont 294 enfants. Ils provenaient des rafles parisiennes du 3 et 4 février 1944, ainsi que de la rafle opérée dans les Deux-Sèvres. 1 229 personnes ont été gazées à l'arrivée à Auschwitz-Birkenau. 210 hommes et 61 femmes ont été sélectionnés pour le travail. En 1945, il y avait 59 survivants, dont 32 femmes.

À l'arrivée à Auschwitz-Birkenau, les déportés descendent des wagons dans le chaos le plus total (photographie prise en 1944).

je gardais pour maman. La simple idée qu'elle ne les aurait pas a été un véritable crève-cœur ! Les SS séparaient les hommes des femmes et des enfants, les premiers à gauche, les autres à droite. Les gens criaient, pleuraient et s'accrochaient les uns aux autres.

Je me trouvais presque en queue de convoi et nous devions nous diriger vers sa tête. J'ai décidé de suivre deux jeunes filles d'à peu près 20 ans dont j'avais fait la connaissance durant les trois jours de voyage. J'avais également sympathisé avec un couple de personnes âgées, Monsieur et Madame Friedmann, que j'avais rencontré au dépôt de Niort. À ce moment-là, cette dame aux cheveux blancs m'a crié de l'attendre. C'était sans doute pour me protéger mais je n'ai pas voulu la suivre, je ne sais pas pourquoi. J'ai sans doute eu peur qu'elle ne marche pas assez vite. Et puis, à 14 ans, on a davan- tage d'affinités avec les gens de notre âge…

J'ai donc remonté tout le convoi avec les deux jeunes filles, et nous sommes très vite arrivées au début de la file. Il y avait des soldats allemands éparpillés sur les voies de chemin de fer, mais à la tête du train, qu'un seul SS. J'ai appris après la guerre qu'habituellement plusieurs soldats, dont un médecin, assistaient à la première sélection. Encore aujourd'hui, j'ignore pourquoi, ce jour-là, c'était différent. À la droite du SS, des camions à l'arrêt, à sa gauche, une douzaine de femmes. Lorsque nous sommes arrivées toutes les trois à sa hauteur, le SS, qui maniait une badine, a baragouiné dans un mauvais français : « Celles qui sont fatiguées vers les camions. Celles qui peuvent marcher, de l'autre côté ! » Peut-être avais-je envie de me dégourdir les jambes, peut-être n'étais-je pas fatiguée du tout, en tout cas, je me suis dirigée tout de suite du côté de celles qui allaient continuer à pied. Ce choix m'a sauvé la vie. Car nous vivions là notre première sélection, mais nous étions loin de le savoir et de le comprendre. Le SS ne m'a pas questionnée sur mon âge. S'il l'avait fait, je ne serais sans doute pas là aujourd'hui car, en général, aucun enfant de 14 ans ne rentrait dans le camp. À cause de ma houppette, je paraissais au moins 16 ans[13]. Ce jour-là, parce qu'elle m'avait emmenée chez le coiffeur deux ans auparavant, ma mère m'a donné deux fois la vie, qui n'a pas tenu à un fil, mais à un cheveu !

Les gens âgés de plus 40 ans ont été directement dirigés vers les camions. Lorsque, plus tard, on m'a raconté que ces personnes avaient été gazées dès l'arrivée, je m'en suis beaucoup voulu d'avoir laissé Madame Friedmann. Il m'a fallu un certain temps pour réaliser que si je l'avais suivie, je serais morte aussi et que, de toute façon, je n'aurais pas pu la sauver. J'imagine aussi ce qu'a dû être la douleur abominable de ces jeunes gens qui ont été, dès l'arrivée, séparés de leur père, de leur mère ou de leurs grands-parents… Mais moi qui suis arrivée seule, je me dis aujourd'hui qu'avoir un père ou une mère près de soi était précieux, que ça aidait, que ça pouvait même sauver…

---

13. Les enfants de moins de 14 ans étaient généralement envoyés dans les chambres à gaz dès leur arrivée. Environ 232 000 enfants et adolescents ont été déportés à Auschwitz-Birkenau, dont 11 000 Tsiganes et 216 300 Juifs. Parmi eux, il y avait 11 400 enfants juifs français.

« Nous sommes devenues des numéros »

Le SS nous a comptées plusieurs fois, puis nous nous sommes dirigées vers le camp de Birkenau, mais on ne savait pas encore qu'il s'appelait comme cela. Nous avons marché dans la neige et le froid environ une heure. Nous étions très angoissées. En chemin, nous n'avons pas vu âme qui vive car les détenues étaient déjà parties au travail. Tout semblait mort. Nous n'apercevions que des baraques délabrées et, à travers les carreaux, quelques femmes livides avec des fichus sur la tête qui nous dévisageaient. Leur regard était vide, hagard, lugubre.

Le SS nous a fait rentrer dans une grande pièce où des prisonnières polonaises en tenue civile nous ont fait remplir des fiches d'identité. Comme toutes les Juives, j'ai dû faire précéder mon prénom de celui de Sarah. Nous avons ensuite été conduites dans une grande salle, la Sauna, où trois SS et un homme en civil nous attendaient. « *Nackt !* » (« Déshabillez-vous ! »), hurlaient-ils en allemand. Nous sommes restées figées sur place. Comment se déshabiller devant ces soldats ? Mais nous n'avons pas pu hésiter longtemps… Du fond de la salle, nous avons vu surgir plusieurs femmes en robes rayées avec un brassard sur lequel était écrit « Kapo » en lettres noires sur fond blanc[14]. Elles tenaient une espèce de gourdin à la main et avançaient en frappant toutes les femmes qu'elles croisaient. Nous avons alors compris que nous n'avions pas d'autres choix que celui de nous dévêtir. Nous avons bien essayé de conserver nos sous-vêtements mais les cris ont redoublé. Nous avions terriblement honte, terriblement froid, et essayions de cacher nos parties intimes en nous pliant en deux, une main sur la poitrine, l'autre sur le pubis. Puis nous étions terrorisées parce que nous ne savions pas ce que les SS nous voulaient. Mais pourquoi fallait-il à tout prix être nues ?

---

14. Rappelons que les kapos, chargées de la surveillance du camp, sont des détenues de droits communs marquées par des triangles verts.

À l'arrivée à Auschwitz-Birkenau, les hommes sont séparés des femmes et des enfants. Deux files se forment. Puis les SS sélectionnent les personnes « aptes » au travail et celles qui seront immédiatement gazées. Ici, en juin 1944.

C'est à ce moment-là qu'un autre groupe de femmes en robes à rayures est arrivé. Comme nous ne savions que faire de nos vêtements, nous avons demandé où nous devions les déposer. Même si elles ne parlaient pas français, ces femmes ont bien compris ce que nous voulions dire. Avec la main, elles nous ont fait signe de les laisser par terre puis elles les ont ramassés et emportés avec elles. Certaines camarades ont vu plus tard des kapos porter leurs vêtements ! Moi, je ne les reverrai jamais.

Nous sommes restées un long moment debout, les unes à côté des autres. Comme il y avait une porte de chaque côté, un vent glacial s'engouffrait dans la baraque. Nous étions complètement gelées. Puis plusieurs groupes de prisonnières sont arrivées avec une tondeuse à la main. Elles nous ont rasées partout, le crâne, les aisselles, le pubis. On ne se voyait bien sûr pas soi-même mais nous nous devinions dans le regard des autres, méconnaissables, défigurées.

Un véritable tapis de cheveux recouvrait le sol. D'autres détenues se sont alors approchées. Celles-ci avaient à la main un petit
encrier et une plume Sergent-Major semblable à celles dont nous
nous servions pour écrire à l'école. Elles nous ont tatoué à chacune
un numéro sur l'avant-bras gauche. Cela ne m'a pas tout de suite
impressionné car je pensais qu'il s'agissait d'une sorte de décal-
comanie qui partirait au premier lavage. Mais des femmes plus
âgées nous ont dit que ce qu'on était en train de nous faire, nous
le garderions à vie. Nous étions devenues des numéros. J'étais
désormais le matricule 75360.

Après nous avoir tondues et tatouées, les kapos nous ont
envoyées sous une douche complètement glacée. Nous n'avions ni
savon ni serviette. Nous nous sommes essuyées avec les haillons
qu'elles nous ont lancés. J'ai trouvé une culotte, une robe et une
veste en tissus très fin pas du tout adapté à l'hiver. Les détenues
nous ont ensuite jeté de quoi nous chausser sans se préoccuper de
la pointure : il y avait des spartiates, des bottines, des sandales,
des ballerines, des sabots… Des femmes se sont retrouvées avec
des chaussures trop petites. D'autres en avaient de trop grandes…
Naïvement, elles sont allées vers le fond de la pièce dire aux
kapos, qui ne comprenaient d'ailleurs pas le français, que les
chaussures n'allaient pas. On les a alors violemment envoyées
promener… Nous avons fini par nous organiser entre nous et à
nous échanger tant bien que mal les paires qui pouvaient correspondre à notre pointure.

En fin de matinée, plusieurs femmes accompagnées d'une kapo
sont entrées dans la baraque avec un grand récipient de soupe.
Quand la kapo a soulevé le couvercle, une odeur nauséabonde
a envahi la pièce… Elle nous a distribué quelques gamelles et a
plongé une longue louche dans l'infâme liquide. Chaque gamelle
contenait un peu de soupe pour cinq, mais il n'y avait pas de cuillère. Celles qui voulaient avaler quelque chose ont dû laper comme
des bêtes. Mais certaines, comme moi, se sont permises de bouder
cette première soupe. Le lendemain, quand je ferai pareil et que
je refuserai de manger, une des jeunes filles de la même baraque

me dira : « Si tu veux revoir la France, tu as intérêt à avaler cette soupe. Ce n'est pas avec la petite ration de pain du soir que tu tiendras le coup ! »

« LES JEUNES FILLES COMME TOI, ON LEUR DONNE UNE SOUPE DE PLUS, ET APRÈS ELLES DISPARAISSENT »

Le soir-même, on nous a parquées dans un block dit « de quarantaine » où je ne connaissais plus personne. C'est alors que des déportées françaises bravant le couvre-feu sont venues nous voir pour recueillir des informations. Ce sont elles qui nous ont appris que nous étions à Auschwitz. Avant elles, cet endroit n'avait pas de nom. Parmi ces femmes, il y avait Suzanne Birenbaum[15], une femme de quarante ans. Elle m'a recommandé de ne jamais dévoiler mon âge réel. « Parce que les jeunes filles comme toi, on leur donne une soupe de plus, et après elles disparaissent, on ne les revoit pas. » Quand on me demanderait mon âge, j'ai donc décidé de répondre toujours « 16 ans ». C'était comme si je vieillissais de deux ans tout d'un coup…

À notre tour, nous avons interrogé nos visiteuses sur le sort des femmes de notre convoi qui étaient montées dans les camions. Elles nous ont expliqué sans ménagement qu'elles avaient toutes été gazées, puis brûlées dans les fours crématoires dont elles nous ont montré la fumée par les fenêtres du block. À cet instant, aucune de nous n'a voulu les croire. Comment aurait-on pu ? Il me faudra quatre ou cinq jours pour comprendre, et surtout pour reconnaître l'odeur de la chair que l'on brûle. De toute façon, les kapos se chargeaient de nous le rappeler quotidiennement : « Ici, on entre par la porte et on sort par la cheminée ! »

Dès le premier jour, les kapos nous ont mené la vie très dure. Elles nous démolissaient sans cesse, nous hurlaient dessus et nous

---

15. Suzanne Birenbaum a survécu. En 1989, elle publia *Une Française juive est revenue.*

frappaient sans raison. Elles auraient pu faire leur travail normalement, ne pas se conduire avec autant de brutalité. Mais elles faisaient du zèle, comme pour justifier leur fonction.

Moi, quand il y avait une bastonnade, je rampais par terre pour éviter les coups. Mais j'avais une amie, Claudine Chikman, qui était très grande et qui, parce que sa tête dépassait du groupe, se faisait frapper très souvent… Les parents de Claudine avaient été gazés à l'arrivée. Après la guerre, elle m'a avoué que pour tenir le coup, elle avait dû se forcer à ne pas y croire. Moi, j'ai continué à chercher ma mère, même après les trois semaines de quarantaine. Lorsque je croisais des femmes avec un numéro plus petit que le mien, je leur demandais si j'avais des chances de rencontrer quelqu'un du transport de ma mère. Personne n'en connaissait. Au bout de trois ou quatre mois, j'ai perdu l'espoir de la retrouver.

Si être petite était un avantage, comprendre les ordres l'était peut-être encore plus. Les Françaises qui ne parlaient pas le yiddish ne comprenaient pas non plus l'allemand. Or tous les ordres étaient en allemand, et quand on nous appelait, c'était par notre numéro de matricule et en allemand ! Il n'était pas seulement sur notre avant-bras, il était aussi inscrit sur un bout de tissu qu'on nous avait donné le lendemain de notre arrivée et qu'on a dû coudre à notre vêtement, précédé de l'étoile de David. En fait, nous portions sur nous notre carte d'identité. Et celles qui ne comprenaient pas quand on les appelait ne pouvaient donc pas répondre et étaient systématiquement battues. Si j'ai reçu moins de coup que les autres, c'est que je comprenais les ordres. J'essayais d'aider les filles qui ne connaissaient pas le yiddish, et comme nécessité fait loi, elles ont rapidement fait des progrès. Quant à moi, j'ai appris grâce à des Polonaises parlant yiddish quelques mots de polonais.

En quarantaine, nous restions dans les baraques. Sauf pour l'appel. C'était un moment que nous redoutions particulièrement. Le matin, nous devions sortir par – 10 °C et rester en colonnes, par cinq, au garde-à-vous, immobiles, le temps que les soldates SS nous comptent et nous recomptent. Le froid nous pétrifiait. Quand les gardiennes s'éloignaient, nous frottions le dos de la camarade devant nous, mais ça suffisait à peine à nous réchauffer. Pendant la première semaine, j'ai attrapé une angine. Comme, toute petite, j'avais eu une forme de diphtérie et que je me souvenais de la façon dont ma mère m'avait alors soignée, j'ai demandé à la chef de chambrée un petit pot d'eau chaude avec du sel et je me suis gargarisée. Au bout de deux fois, l'angine était enrayée ! À midi, on nous distribuait de la soupe, et après l'appel du soir, un bout de pain, un morceau de margarine ou une rondelle de saucisson.

Très vite, la saleté, la puanteur, l'absence d'hygiène et la faim ont commencé à nous miner. Les latrines étaient épouvantables, toutes les places étaient souillées de matières fécales. Nous n'avions aucun moyen de nettoyer et rien pour nous essuyer. Dans ces conditions, garder le moral était difficile : je n'ai jamais pu m'habituer à faire mes besoins devant tout le monde, à être sale, à être constamment insultée…

« SANS LA SOLIDARITÉ, JE NE SERAI PAS LÀ AUJOURD'HUI »

Après trois semaines de quarantaine, nous avons changé de block. Nous avons été affectées à différents kommandos. J'ai d'abord travaillé aux pierres ; je devais transporter d'énormes blocs sur une sorte de planche qu'on portait à deux au bout d'un long chantier. Le lendemain, nous devions faire le chemin inverse avec ces mêmes pierres… Ce kommando ne servait à rien qu'à nous abrutir, nous épuiser et à nous empêcher de penser.

J'ai ensuite été affectée au kommando « des patates » : là, je devais trier des pommes de terre pourries et gelées et mettre de côté celles dont on pouvait encore récupérer un morceau mangeable. Ces pommes de terre étaient ensuite mises dans des paniers qui partaient vers les cuisines pour être cuites avec des topinambours, des navets, des choux, des rutabagas… Mais nous triions des pommes de terre dont nous ne voyions jamais la couleur ! Car quand on nous apportait la soupe, dans de grands tonneaux, les rares légumes qui s'y trouvaient étaient déjà tombés au fond. Les kapos ne remuaient jamais, nous servaient le liquide et lorsqu'elles arrivaient au fond du tonneau, là où s'étaient accumulés les légumes qui auraient pu nous tenir au corps, elles s'arrêtaient. Elles laissaient ce tonneau de côté et en entamaient un autre avec lequel elles faisaient la même chose ! Les légumes, elles les gardaient pour leurs collègues, les autres kapos.

Quelque temps plus tard, j'ai été affectée à l'usine, dans la fabrique d'armement de l'Union Werke[16]. Nous fabriquions des grenades et là, au lieu des kapos, nous avions affaire à des contremaîtres civils. Les conditions de travail étaient un peu meilleures – je travaillais assise ! – et, surtout, nous étions entre copines.

Il faut dire que dès la quarantaine, des groupes s'étaient formés. Les filles d'à peu près le même âge s'étaient regroupées de façon quasi instinctive. J'étais notamment avec Suzanne et Léa Schwartzmann, deux sœurs originaires de Reims, et Claudine. C'était important d'être ensemble car nous nous entraidions beaucoup et nous soutenions constamment. Je me souviens de l'une des premières nuits : nous dormions à cinq ou six par châlit et nous n'avions qu'une seule couverture. Le lendemain matin, les filles aux extrémités nous ont dit qu'elles avaient eu froid. Suzanne, l'aînée des deux sœurs de Reims, a alors décidé d'instaurer un roulement pour que chacune puisse dormir à tour de rôle au milieu, où il faisait moins froid.

Grâce à Suzanne, nous avons aussi pu rester à peu près propres. Lorsque le soir nous arrivions aux lavabos, il y avait déjà plusieurs rangées de femmes qui attendaient. Un soir, Suzanne nous a dit que si nous ne nous lavions pas, nous risquions d'attraper des boutons. Or, quand on en avait, nous risquions d'être sélectionnées. Une ou deux fois par semaine, Suzanne nous entraînait donc, sa sœur Léa et moi, après le couvre-feu, aux lavabos. Nous aurions pu être surprises par une kapo ou recevoir une balle tirée par une sentinelle. Mais nous voulions tellement vivre qu'il fallait que nous nous lavions. Nous étions sans doute un peu inconscientes mais nous n'avons jamais eu de boutons !

Il faut dire que nous vivions dans la peur permanente d'une sélection. Périodiquement, les SS nous examinaient. Nous devions nous mettre complètement nues devant un médecin qui nous regardait sous toutes les coutures. S'il trouvait une femme malade, blessée ou trop maigre,

---

16. Ce kommando se trouve à Auschwitz I.

il considérait qu'elle était inapte au travail. Il relevait son numéro et les Allemands la conduisait au block 25, où elle restait sans boire ni manger pendant deux ou trois jours. Après la guerre, des hommes du Sonderkommando nous ont expliqué que pour gazer et pour brûler les corps, il valait mieux que les gens aient l'estomac vide…

À Birkenau, nous avions tout le temps froid, ou tout le temps chaud. Nous mourions aussi de faim. Et dans cet enfer, lorsque nous nous réveillions découragées, qu'on avait fait des cauchemars, qu'on pensait qu'on n'allait pas s'en sortir, si le matin, il n'y avait pas eu des filles pour trouver les mots qui donnaient du courage, s'il n'y en avait pas eu qui nous souriaient, qui nous aidaient moralement à tenir, nous aurions perdu l'envie de vivre. Nous n'avions rien à partager mais nous nous soutenions mutuellement. Sans la solidarité, je ne serai pas là aujourd'hui.

Je crois aussi que si j'ai survécu, c'est parce que j'étais jeune et que la vie à la campagne avait fait de moi quelqu'un de fort, de mûr. Après, le camp m'a fait grandir très vite. Et puis, à 14 ans, l'instinct de vie est très puissant. Avec inconscience, on s'accroche. Je crois que ça devait être plus difficile pour les femmes de 30 ou 35 ans. Et puis moi, j'avais encore l'espoir de retrouver mon père…

« C'EST TOI IDA ! TON PÈRE TE CHERCHE… »

À l'usine d'armement Union Werke où nous montions des détonateurs pour grenades, les toilettes étaient un peu moins sales que celles du camp. Nous y allions donc plus souvent mais toujours une par une. À la fin du mois d'août 1944, j'ai croisé en m'y rendant un jeune Français dont la tête ne m'était pas inconnue. C'était le fils d'un ami de mes parents, Jean Glaser. Il avait bien grandi depuis la dernière fois que je l'avais vu mais, malgré son crâne rasé, j'étais certaine que c'était lui. Le soir, en rentrant à la baraque, j'ai demandé à mes copines qui travaillaient au contact des prisonniers pour le travail de nuit de se renseigner sur la présence d'un certain Jean Glaser. L'information m'est revenue comme un boomerang : « Oui, Jean

Le block des latrines, à Birkenau (photographie prise après la guerre).

Glaser est là avec son père et son père te demande de venir le voir demain pendant la pause. »

Comme nous ne travaillions jamais entre 9 heures et 9 heures et quart pour permettre aux contremaîtres de manger leur sandwich, le lendemain j'ai pris le risque de me rendre dans la division où travaillait le père de Jean. C'était bien sûr interdit, mais personne ne m'a interpellée. Quand il m'a vue, il m'a immédiatement reconnue :
« C'est toi, Ida ! Ton père te cherche…
Le ciel m'est tombé sur la tête !
— Mon père est ici ?
— Oui, et il te cherche… Reviens demain. »

Moi qui croyais mon père à Paris, en liberté, j'apprenais tout d'un coup qu'il était dans le camp ! J'étais tétanisée, incapable de poser la moindre question. J'avais la gorge nouée, des spasmes, la même douleur qu'en apprenant l'arrestation de ma mère. J'ai réalisé que je ne pouvais rien faire pour lui. C'était horrible. J'ai fondu en larmes et repris le travail en sanglotant. En me voyant, le contremaître s'est approché et m'a demandé en allemand : « *Was ist denn loss ?* » (« Qu'est-ce qui se passe ? ») Il m'a dit qu'il ne fallait pas pleurer parce que ça rouillait le matériel ! Je lui ai répondu, dans un mauvais allemand : « Je viens d'apprendre que mon père est dans le camp. » Il a semblé touché. Gertrud, une contremaîtresse, une grande blonde, est arrivée à son tour et m'a posé la même question : « *Was ist denn loss ?* » À croire que c'était la question préférée des Allemands ! Le contremaître lui a tout dit à ma place… Un petit attroupement avait commencé à se former autour de moi.

De son bureau vitré, Monsieur Samson, le directeur civil de l'usine, nous a vus et s'est approché de nous : « *Was ist denn loss ?* » Le contremaître lui a répondu que je venais d'apprendre que mon père se trouvait dans le camp. « Qu'elle me procure le numéro de son père, je le ferai rentrer à l'usine, comme ça, elle pourra le voir ! » a tout de suite dit Monsieur Samson. Je n'en revenais pas… Et je me suis immédiatement arrêtée de pleurer. Finalement, je n'ai jamais revu papa. Nous n'avons pas pu faire la liaison car le père de Jean ne m'a jamais communiqué son numéro de matricule. En revanche, il m'a appris un jour que mon père avait attrapé la dysenterie, qu'il était au block de « convalescence », qu'il avait froid et qu'il avait besoin d'un pull-over... Le soir, en rentrant du travail, j'ai donc filé au block du « Canada »[17] où les détenues triaient les vêtements et les bagages des nouveaux arrivants. Une Française a accepté de me procurer un pull mais en échange de deux rations de pain ! Les filles du block m'ont aidée en me donnant une part de leur ration pour que je ne reste pas sans manger. Le lendemain, j'ai remis au père de Jean ce pull... et quelques jours plus tard, au détour de l'usine, j'ai aperçu Monsieur Glaser qui l'avait sur le dos ! Je lui ai demandé pourquoi il portait le pull destiné à mon père. Il m'a répondu qu'il était trop grand pour lui... Mais je suis certaine qu'il l'avait gardé pour lui ![18]

À Auschwitz, tout le monde ne s'est pas toujours conduit de façon très digne. Et le rester, c'était déjà une victoire.

L'HISTOIRE D'UNE RÉVOLTE

Il est faux de dire qu'il n'y eut aucune révolte dans les camps. Je me souviens de celle qui a eu lieu au mois d'octobre 1944 au Krematorium IV, celle du Sonderkommando[19]. Ces hommes étaient chargés de sortir les corps après le gazage et de les transporter sur des chariots vers les

---

17. Comme nous l'avons dit p. 40, dans la langue des camps, le « Canada », ou l'*Effekten-lager*, est le kommando dans lequel les détenus s'occupent de trier les bagages confisqués aux arrivants. Ils sont ensuite envoyés en Allemagne.

18. Ida ne revit jamais Jean et son père.

19. Le Sonderkommando d'Auschwitz a été le plus important numériquement : on estime que 2 000 personnes en ont fait partie. Les prisonniers étaient sélectionnés parmi les déportés les plus jeunes et les plus robustes, généralement immédiatement après leur immatriculation au camp et sans qu'on leur révèle l'activité à laquelle on les destinait, sortir les corps des chambres à gaz et les transporter vers les crématoires. Ils vivaient isolés des autres déportés, dans des blocks à part, puis, à partir de 1944, dans les bâtiments même du crématoire. Seuls les SS pouvaient communiquer avec eux. Certains membres du Sonderkommando ont enterré un témoignage écrit de leur expérience. Entre 1945 et 1970, six d'entre eux ont été retrouvés près des chambres à gaz. Ils constituent aujourd'hui des documents d'une extraordinaire valeur documentaire et historique. Une dizaine de membres du Sonderkommando ont survécu à la guerre.

crématoires. Comme les nazis ne voulaient pas laisser de témoins susceptibles de raconter cela un jour, ils éliminaient tous les trois mois environ les membres du Sonderkommando.

À l'automne, les hommes du Krematorium IV ont décidé de faire sauter la chambre à gaz. Des complices à l'usine d'armement de l'Union Werke ont demandé à des Juives polonaises qui travaillaient au dépôt de poudre de leur fournir des explosifs. Quatre d'entre elles ont accepté et ont sorti tous les jours de la poudre par petite quantité dans les ourlets de leur robe ou dans les poches de leur veste. Le 7 octobre, les hommes du Sonderkommando ont dû estimer qu'ils en avaient suffisamment... et ils ont fait sauter le crématoire. L'explosion a détruit un pan entier de l'installation et provoqué un terrible incendie. Plusieurs hommes ont essayé de couper les barbelés avec des cisailles qu'ils avaient récupérées et de s'enfuir mais ils ont tous été rattrapés et tués. Plus de 400 membres du Sonderkommando ont été assassinés[20].

Le chef du camp de l'époque, Richard Baer[21], a mené une enquête pour connaître l'identité de celles qui avaient aidé les révoltés. Un matin, une kapo est venue au block et a appelé les numéros des quatre filles qui avaient livré la poudre : il y avait trois jeunes Polonaises et une Tchèque. Elles ont été enfermées au block 11[22] et torturées pendant trois mois.

---

20. À la fin de l'été 1944, le mouvement de résistance d'Auschwitz mené par des prisonniers politiques de différentes nationalités ont renoncé à mettre en action le plan prévu de soulèvement général du camp, dont les hommes du Sonderkommando étaient les principaux organisateurs. C'est aussi ce qui explique leur révolte. Les 200 survivants ont été divisés en trois équipes et affectées aux trois crématoires restés en fonction.

21. Richard Baer a dirigé le camp d'Auschwitz du 11 mai 1944 au 27 janvier 1945, date de sa libération.

22. Lieu de répression et de torture, le block 11, à Auschwitz I, est isolé du reste du camp par une enceinte barbelée. Les détenus étaient entassés dans les cellules des premier et second étages. Dans la cave, il y avait des « petites cellules » aveugles et très basses dans lesquelles on faisait entrer par une trappe quatre détenus qui pouvaient à peine se tenir debout. Les détenus y mouraient en général d'asphyxie. Au sous-sol, les premiers gazages ont été expérimentés.

Puis, le 6 janvier 1945, alors que nous sortions de l'usine après le travail, la chef de baraque nous a emmenées sur la place d'appel. Une potence avec deux cordes y avait été installée. Baer a fait un long discours que je n'ai pas entièrement compris mais qui disait, en substance : « Il ne vous sera fait aucun mal si vous obéissez, voilà ce qui vous attend si vous désobéissez ! » Des soldats SS sont ensuite arrivées avec deux des jeunes femmes arrêtées, les mains entravées derrière le dos. Elles ont été pendues devant nous. C'est le pire souvenir que j'ai d'Auschwitz. Les deux autres filles ont été pendues le lendemain matin devant l'équipe de jour. Étaient-elles les seules à avoir sorti de la poudre ? Personne ne le sait… Ces femmes savaient ce qu'elles risquaient et leur acte, d'un courage extraordinaire, nous a redonné de la force et de l'espoir[23].

« Chaque pas était une affaire de survie »

En juin 1944, nous avons appris par des femmes qui venaient d'arriver que les Alliés avaient débarqué. Mais nous nous disions qu'ils en mettaient du temps à arriver jusqu'à nous… À part cela, nous n'avions pas beaucoup de nouvelles de l'extérieur. Au début de l'année 1945, nous avons commencé à entendre le canon et à comprendre que les Russes se rapprochaient. Il y avait une rumeur qui disait que les Allemands allaient faire sauter le camp pour effacer toutes les traces, mais rien ne se passait. Et puis, le 18 janvier, en rentrant du travail, le chef de baraque nous a annoncé que nous devions évacuer le camp. Malgré la fatigue, nous étions contentes de quitter Birkenau, même si

---

23. Mise à part la révolte des hommes du Sonderkommando, il y a eu d'autres tentatives de révoltes dans les camps de la mort. Le 2 août 1943, une centaine de détenus s'évadent de Treblinka. Puis, le 14 octobre de la même année, à Sobibór, un groupe de Juifs armés de hachettes prend d'assaut un nombre réduit de SS présent dans le camp. 400 prisonniers prennent la fuite, 80 périssent sous les balles mais 320 personnes parviennent à s'échapper. 170 d'entre eux ont ensuite été repris et assassinés. À la fin de la guerre, 53 étaient encore vivants.

nous n'étions pas du tout équipées pour affronter la neige qui tombait dru. Au moins, nous quittions ce camp par la porte et pas par la cheminée ! Et puis, nous avions l'espoir que, là où nous irions, il n'y aurait pas de chambres à gaz.

Une longue marche a alors commencé[24], en rang par cinq, pendant trois jours et trois nuits, dans le froid le plus extrême, sans pain et sans eau. Pour tenir, nous mangions de la neige. Nous n'avions eu le droit de n'emporter qu'une seule couverture mais je l'avais jetée dès la première halte car je la trouvais trop lourde. Nous ne nous arrêtions que quelques heures pendant la nuit. Celles qui n'avançaient pas assez vite étaient tuées et laissées sur place. Quand les SS voyaient qu'une femme ralentissait, ils la sortaient des rangs et l'abattaient devant nous à coup de crosse. Des filles tombaient. Nous entendions les balles siffler et devinions que certaines d'entre nous étaient tuées. Nous dépassions les corps de femmes étendus sur les bas-côtés que la neige commençait à recouvrir… Chaque pas était une affaire de survie.

J'avais des chaussures bien trop fines qui me serraient et me faisaient extrêmement mal. À un moment donné, j'ai commencé à ralentir. Mes camarades m'ont alors tout de suite mise au milieu du rang, m'ont donné le bras et soutenue pour que je ne m'écroule pas. Le lendemain, c'est moi qui ai eu la force d'aider celles qui étaient plus faibles. Pendant ces trois jours, nous avons toutes été là les unes pour les autres. La solidarité nous a sauvées. Le soir du troisième jour, au bout de soixante-dix kilomètres, nous sommes arrivées au nœud ferroviaire de Loslau, à la frontière de la Silésie et de la Moravie. À notre gauche, il y avait des wagons à charbon fermés et, à notre droite, des wagons découverts. Lorsque nous sommes arrivées devant eux, les Allemands, qui dirigeaient les femmes soit dans le convoi de gauche, soit dans celui de droite, nous ont orientées, les filles avec qui j'étais et moi,

---

24. Le 17 janvier, les SS évacuent plus de 58 000 prisonniers encore valides d'Auschwitz-Birkenau pour les camps plus à l'ouest. Ils se rendent pour la plupart à Wodzislaw, à une cinquantaine de kilomètres d'Auschwitz, et de là, rejoignent pour la plupart Bergen-Belsen, Dachau, Buchenwald, Gross Rosen, Mathausen ou Ravensbrück. Au total, 15 000 hommes et femmes évacués d'Auschwitz et de Birkenau ont péri pendant ces « marches de la mort ».

vers les wagons découverts où, malgré le froid, nous pouvions au moins happer des flocons de neige pour étancher notre soif. Une semaine plus tard, le 26 janvier, nous sommes entrées dans le camp de Ravensbrück[25].

Le camp était complètement désorganisé. Face à l'afflux massif des déportés, il n'y avait même plus assez de paillasses pour tout le monde et les Allemands avaient dû dresser d'immenses tentes. Beaucoup de femmes dormaient par terre sur un sol boueux… Pour ma part, j'ai eu plus de chance et je me suis retrouvée dans une baraque en dur.

Une fois sur ma paillasse, j'ai enlevé mes chaussures : j'avais trois doigts gelés à chaque pied. Comme ils se sont mis immédiatement à enfler, je ne pouvais plus remettre mes chaussures. Nous sommes restées à Ravensbrück près d'un mois, sans travailler, avec pour seule obligation de sortir pour l'appel. Et puis un matin, les Allemands nous ont dit qu'en raison de l'avancée des Russes, nous devions repartir.

« DANS LE CIEL CE JOUR-LÀ, UNE ÉTOILE A BRILLÉ POUR MOI ! »

Des femmes ont repris la route à pied. Si j'avais dû le faire, j'aurais sûrement été abattue puisque je ne pouvais plus marcher. J'ai eu la chance de monter dans un train de voyageurs où nous étions un peu moins entassées. Nous avons roulé toute la journée et

---

25. Situé à 90 kilomètres au nord de Berlin, près de Fürstenberg, le camp de concentration de Ravensbrück est le seul camp de concentration nazi presque exclusivement réservé aux femmes. Les 974 premières prisonnières arrivent dans le camp le 18 mai 1939. Parmi elles, il y avait des prisonnières politiques, communistes ou résistantes, et 137 Juives. En octobre 1942, à la suite de la directive d'Himmler de rendre le camp « *Judenfrei* », celles-ci sont presque toutes déportées à Auschwitz-Birkenau. Puis, en 1943 et 1944, le nombre de juives augmente en raison, notamment, de l'arrivée de Juives Hongroises. Au cours de cette dernière année, une *Kinderzimmer* accueillant les bébés des femmes venant d'accoucher est créée à l'intérieur du camp. 23 enfants français seraient nés à Ravensbrück. Seulement trois d'entre eux auraient survécu. En tout, on estime que 132 000 femmes et enfants, dont 18 000 Juives, ainsi que 20 000 hommes ont été incarcérés à Ravensbrück. 40 000 personnes ont survécu.

sommes arrivées le soir du 14 février à Neustadt, un camp satellite de Ravensbrück. Nous avons alors été parquées dans une sorte de grange au sol couvert de terre battue et de paille. J'ai passé la nuit à délirer car le typhus se déclarait. C'est à ce moment-là que j'ai retrouvé Liliane, une amie que j'avais rencontrée à Auschwitz. En voyant mon état, elle a décidé de m'emmener au *Revier*. Si j'avais été moins fiévreuse, j'aurais sûrement refusé… Je savais que le *Revier*, c'était l'antichambre de la chambre à gaz. Mais j'étais dans un tel état que j'ai écouté mon amie. Elle m'a donné le bras

Wanda Ossowska, l'infirmière qui soigna Ida au *Revier* de Neustadt. Ici, en 1967.

et m'a conduite à petits pas vers l'infirmerie. Comme j'étais d'une faiblesse extrême, on m'a acceptée. C'est là qu'une infirmière fabuleuse, une résistante polonaise qui s'appelait Wanda, s'est occupée de moi avec un soin et une gentillesse extraordinaire. Dans le ciel ce jour-là, une étoile a brillé pour moi !

Wanda était belle comme une madone, brune aux yeux marron, ce qui est assez rare pour une Polonaise. Quand elle était près de moi, elle me redonnait du courage. Elle m'a soignée d'une façon admirable. Elle allait à l'hôpital SS chercher de la pommade pour mes pieds, les plongeait dans des bassines d'eau froide et d'eau chaude, les bandait avec des pansements en papier, me donnait sa soupe en me disant que si je ne mangeais pas, je ne retrouverais pas ma maison. Grâce à Wanda, j'allais de mieux en mieux. Une nuit, alors que j'avais encore les pieds bandés, je me suis même levée et je me suis mise à crier « Vive la France ! »[26] Au bout de quelques semaines, Wanda a placé à côté de moi une jeune Française, Ginette. Mais sur le moment, comme je délirais encore un peu, j'ai protesté : « Moi, je ne parle pas français, je ne parle que polonais ! » Comble de joie, dans cette infirmerie, j'ai aussi retrouvé Claudine, mon amie d'Auschwitz, qui était dans le châlit du dessus ! Il n'y avait pas de sélection à Neustadt, et pendant deux mois et demi, j'ai été soignée de la meilleure façon possible sans être jamais inquiétée.

« J'AVAIS COMPLÈTEMENT OUBLIÉ QU'AVANT NOTRE ARRESTATION, NOUS DORMIONS DANS DES DRAPS... »

Le matin du 30 avril 1945, des déportées sont venues nous dire que les SS avaient déserté le camp et abandonné Neustadt parce que les Soviétiques étaient aux portes de la ville, à moins de deux kilomètres du camp. Des prisonniers de guerre sont entrés dans le camp et ont essayé de se rendre utiles. Par les fenêtres de l'infirmerie, nous avons vu des femmes courir dans tous les sens et sortir. Et puis Wanda nous a dit au revoir…

Plus tard, on m'a raconté que des soldats soviétiques avaient écrasé la porte du camp avec leurs chars, coupé le circuit d'alimentation électrique des fils de fer barbelés et, voyant des femmes valides sortir des baraques, étaient repartis occuper la ville en oubliant de vérifier s'il y avait aussi des femmes malades dans l'infirmerie. Moi et une trentaine d'autres filles sommes donc restées dans le camp

---

26. Wanda Ossowska confirmera cette anecdote à Ida dans une lettre qu'elle lui enverra 60 ans plus tard.

toutes seules à attendre des libérateurs qui étaient déjà là. Ce n'est que deux jours après, dans la soirée du 2 mai, que nous avons enfin vu trois superbes soldats américains entrer dans le *Revier* ! S'ils ont semblé étonnés de nous trouver là, ils nous ont tout de même gratifiées d'un « Hello » chaleureux… Nous n'avions pas la force de leur sauter au cou, mais nous leur avons tout de même répondu très faiblement : « Hello » !

Nous ne parlions pas un mot d'anglais, ils ne parlaient pas un mot de français. Nous ne pouvions rien nous dire mais ils semblaient bouleversés de voir l'état pitoyable dans lequel nous étions, toutes très maigres, affaiblies, blêmes, le crâne complètement rasé parce qu'à cause du typhus, il avait été préférable de nous tondre. Dans leur regard, l'étonnement s'est mué en compassion. Avant de partir, ils ont vidé leurs poches et nous ont laissé des bonbons, des chewing-gums et du chocolat pas très bon et tellement compact que nous avons eu un mal fou à l'émietter !

Ginette nous a rassurées, Claudine et moi, en nous disant que les Américains allaient revenir avec du secours. Mais deux jours plus tard, personne n'était revenu… Comme elle n'avait pas les pieds gelés et qu'elle pouvait marcher, Ginette a décidé qu'elle irait elle-même chercher de l'aide.

Elle a donc pris des chaussures dans un placard, a enfilé une veste et est sortie toute seule du camp. Quelques heures plus tard, nous avons vu arriver tout un régiment de soldats russes ! Nous les regardions les yeux ronds. Ils n'étaient peut-être pas aussi beaux que les Américains, pas aussi bien vêtus, mais comme nous étions contentes qu'ils soient là ! Les soldats portaient chacun une brouette. Ils nous ont embarquées deux par deux dans une brouette et nous ont emmenées avec eux. Et oui, nous avons été libérées en brouette !

Arrivées dans les rues de Neustadt, nous avons fait halte devant l'hôpital militaire allemand, une très belle bâtisse qui avait été réquisitionnée par les Soviétiques. Là, nous avons vu sortir de l'hôpital un groupe de soldats allemands en piteux état : les Soviétiques vidaient les lieux pour nous faire de la place… Le soir même de notre arrivée, une infirmière nous a installées dans de petites

Ida peu après son retour à Paris, le 18 juillet 1945.

Ida, au centre, en août 1945, lors de sa convalescence.

chambrées avec des lits individuels et des draps blancs. Moi, j'avais complètement oublié qu'avant notre arrestation, nous dormions dans des draps… Ma première sensation de liberté, ce fut ces lits tout propres ! Les médecins russes nous ont merveilleusement bien soignées. Ils nous ont réalimentées lentement, avec des flocons d'avoine, de la semoule, des fortifiants, notamment de l'extrait de foie de veau… une véritable potion magique !

Au bout de trois semaines, nous avons dû nous inscrire sur des listes pour être rapatriées. Le 28 mai, deux grands soldats américains sont venus chercher Claudine et moi en camion. Mais nous avions été à Auschwitz, et, pour nous, il était hors de question de monter dans des camions ! Plus d'un an après, nous étions encore traumatisées… L'un des deux soldats nous a alors rassurées en nous disant que la guerre était bien finie et que nous n'avions plus rien à craindre. Nous avons fini par accepter de monter et avons ainsi traversé l'Allemagne jusqu'à Lüneburg, dans la zone franco-britannique. Nous entendions enfin parler français et cela nous ravissait !

Le 30 mai, nous sommes arrivées près de Lüneburg ; là, un médecin français nous a dit qu'il envisageait de nous hospitaliser… ici ! Que n'avait-il pas dit là ! Claudine, Ginette et moi avons éclaté en sanglots et l'avons supplié de nous rapatrier en France. Mais il était hors de question pour lui que nous rentrions en train car notre état était encore trop préoccupant. Il nous a alors fait une promesse : « Vous voyez, en face, c'est un aérodrome. Si, aujourd'hui, un avion se pose et qu'il peut partir pour la France, vous monterez à bord. En avion, je veux bien que vous rentriez, mais pas en train ! »

Par chance, en fin de soirée, un vieux Dakota est arrivé et deux grands Canadiens francophones nous ont proposé de nous faire voyager avec eux sur des brancards. Les infirmières russes nous avaient fait des turbans pour que nous soyons présentables, nous ont offert à chacune une veste et nous ont laissées partir en avion, direction Le Bourget, où nous arriverions dans la soirée !

À peine une demi-heure après le début du vol, un soldat canadien s'est approché de mon brancard, m'a souri et m'a demandé en m'offrant une cigarette, une Players :
« Vous fumez mademoiselle ?

Je ne pouvais ni lui avouer que je n'avais que 15 ans et demi, ni lui dire que je n'avais jamais fumé ! Alors je lui ai répondu :
– Oui, bien sûr ! »

Je ne sais pas ce que j'ai fait, si j'ai aspiré, si j'ai soufflé, si j'ai mordu… mais j'ai immédiatement été très incommodée et j'ai bien

Du mois de juin 1945 au mois d'août 1946, Ida (à gauche)
est en convalescence en Suisse. Elle est ici entourée d'Hélène,
une de ses amies, et de Claudine (à droite).

failli vomir ! Me voilà donc en train d'écraser ma première cigarette
sur le bois de mon brancard. Par la suite, à chaque fois qu'on m'a
offert une cigarette, j'ai systématiquement refusé !

Deux heures plus tard, le même soldat est revenu nous dire que
nous étions en train de survoler la France. Ce fut un bonheur tel que
jamais je ne l'ai oublié ! Nous avons atterri au Bourget dans la soirée
du 30 mai. Comme cet avion avait été annoncé avec des déportés
à bord, la Croix-Rouge et un véritable « cordon sanitaire » nous
attendaient.

Un médecin s'est approché de moi et m'a dit, paternellement :
« Mon petit, on vous emmène à l'hôpital.

J'ai refusé catégoriquement.

– Mais qu'est-ce que vous voulez faire ? m'a-t-il répondu.

– Docteur, je voudrais qu'on m'emmène chez moi car j'aimerais savoir si mon père est de retour.

– Mais vous n'êtes pas en état d'aller chez vous toute seule. Nous allons vous conduire à l'hôpital pour vous soigner et nous allons essayer de retrouver votre famille. »

Une ambulance m'a emmenée à Broussais, un vieil hôpital avec des salles communes, où, heureusement, Claudine, qu'on venait de ramener de l'hôpital Bichat où il n'y avait plus de place, a été mise près de moi. Comme nous étions heureuses d'être ensemble, libres et ensemble !

De là, j'ai envoyé un pneumatique à mon frère et un télégramme à Alice, qui est venue me voir quelques jours après notre arrivée. Ma nourrice, toute de noir vêtue, a eu du mal à me reconnaître. Je me souviens de son cri quand elle m'a vue : « Ma petite Idaaaa ! »

Mon frère est venu également, et lui aussi, il ne m'a pas reconnu tout de suite… Il m'a appris qu'il avait été caché pendant toute la durée de la guerre près de Montfermeil, mais que mon père avait, lui, été dénoncé par une Russe, puis arrêté et déporté le 31 juillet 1944[27].

Claudine et moi sommes restées presque deux mois à l'hôpital Broussais. Vers la fin du mois de juillet, à cause d'un problème pulmonaire, nous avons été toutes les deux autorisées à partir en convalescence à la montagne, dans les maisons créées par Geneviève

27. Jankiel Fensterszab a été déporté par le convoi n° 77, le dernier qui partit de Drancy, le 31 juillet 1944.
Ce convoi transportait environ 1 300 personnes, dont plus de 300 enfants immédiatement gazés. 726 hommes et femmes le furent également. 291 hommes et 283 femmes ont été sélectionnés pour le travail. 68 hommes et 146 femmes ont survécu, mais pas le père d'Ida.

Ida Fensterszab à la fin des années 1940.

de Gaulle et son association, l'ADIR[28], qui accueillaient les déportées résistantes.

« Nous avons été brisées »

Nous avons passé quatorze mois formidables en Suisse. Nous avons rencontré des femmes extraordinaires qui sont devenues par la suite des amies. Elles avaient fait de la résistance et avaient plein de choses à nous raconter. Elles étaient passionnantes ! Ce séjour a été pour moi une véritable thérapie…

À mon retour de Suisse, j'avais 17 ans et seulement le certificat d'études. Je n'ai pas eu la force de reprendre le chemin de l'école. J'ai tout de même essayé de suivre des cours accélérés pour devenir secrétaire. J'ai passé un test, ai été admise, mais l'école n'a jamais ouvert, faute de financement. Je me suis donc installée chez mon frère et me suis dirigée vers la confection, même si je n'ai jamais aimé coudre. Il fallait bien faire quelque chose…

---

28. L'Association nationale des anciennes déportées et internées de la Résistance est née en 1945 de la rencontre de deux projets : la création de l'Amicale des prisonnières de la Résistance en 1944 et la volonté de plusieurs résistantes de Ravensbrück de fonder une association permettant d'honorer la mémoire des disparues et de prolonger les liens noués dans les camps.
Avec Geneviève de Gaulle, Jane Sivadon, Germaine Tillion, Marie-Claude Vaillant-Couturier firent notamment partie de l'ADIR, qui après la guerre, organise des séjours de repos et aide de nombreuses rescapées dans leurs formalités d'obtention et de reconnaissance de leurs droits.

J'ai survécu à la déportation, mais Auschwitz m'a privé de la vie que j'aurais pu avoir. Au camp, nous avons été brisées. On le reste quand on revient seule, que nos parents ont disparu. J'ai longtemps attendu mon père avant de réaliser, de comprendre… J'étais jeune, j'avais envie de vivre, mais il y avait quelque chose d'irrémédiablement cassé.

« SI VOUS RENTREZ, IL FAUDRA LEUR DIRE »

Dès mon retour, j'ai éprouvé le besoin de parler. Mais mon frère ne m'a posé aucune question ; de toute façon, à lui, je n'aurais pas pu en parler. Je ne pouvais rien lui raconter alors que nos parents avaient été déportés et qu'ils n'étaient pas revenus… Alice ne m'a pas interrogé non plus. Quand les gens du village de Lié, où je suis retournée plus tard, m'ont posé des questions, je leur ai toujours répondu, mais ils ne m'écoutaient pas longtemps. C'était comme si les réponses les effrayaient…

Or, si depuis vingt ans, et encore aujourd'hui, je témoigne dans les collèges et les lycées,

Ida Grinspan a souvent accompagné des groupes d'élèves à Auschwitz-Birkenau. Ici, au mois d'octobre 2005.

c'est pour que chacun prenne conscience que le racisme, sous toutes ses formes, peut mener à des catastrophes. Le danger totalitaire ne sera jamais écarté de façon certaine et définitive. Il faut donc être vigilant, ne jamais accepter qu'on nous prive de nos libertés, à chaque instant, se demander si ce qui est en train de se passer est juste, à chaque instant, lutter contre l'intolérance et l'exclusion. C'est le sens que je donne à mon histoire. À Birkenau, avant de partir pour le *Revier*, des femmes me disaient : « Si vous rentrez, il faudra leur dire. Ils ne vous croiront pas, mais il faudra leur dire. »

L'école élémentaire de Sompt, dans les Deux-Sèvres,
où Ida fut scolarisée lors de son séjour au Jeune-Lié,
porte aujourd'hui son nom.

Et après...

Ida Fensterszab se marie en 1953 et donne naissance, huit ans plus tard, à Sophie. Comme ses parents avant elle, Ida et son mari travaillent à domicile dans la confection. En 1980, elle divorce et se dirige vers la vente.

Ida n'a jamais oublié toutes ces femmes qui l'ont accompagnée, soutenue, sauvée : sa mère, qui est dans chacun de ses mots, Alice Marché, qui meurt en 1954, Madame Picard, son institutrice, qu'Ida retrouve en 2001, à Melle, le regard toujours aussi lumineux, et puis Wanda Ossowska, qui lui écrit mais qui s'éteint avant qu'Ida ait eu le temps de la revoir.

Depuis les années 1990, Ida Grinspan fait, enfin, ce qu'elle aime : toujours entre deux trains, elle sillonne la France et, devant des classes de collégiens et de lycéens, accomplit la mission sacrée qu'on lui a confiée : dire l'horreur pour que jamais plus on ne s'attaque à l'humanité.

En 2002, elle écrit avec Bertrand Poirot-Delpech son histoire dans le livre *J'ai pas pleuré*.

1126	ROHLOT Marguerite	26. I.84	Ohne	I7920
1127	ROOS Estelle	I4. 9.72	Ohne	I8I5I
1128	ROOS Moise	I4. 6.73	Ohne	I8I50
1129	ROSENBERG Caroline	3. I.74	Ohne	I8826
1130	ROSENBERG Marceline	I9. 5.28	Ohne	I8763
1131	ROSENBERG Szlama	7. 3.0I	Kaufmann	I8762
1132	ROSENFELD Alfred	I6.I0.99	Chemiker- Ingenieur	3824
1133	ROSENGARTEN Mathilde	I.II.79	Ohne	I7739
1134	ROSENGARTEN Moise	2I.I0.89	Uhrmacher	I7738
1135	ROSENROTH Lzare	I2.I0.73	Lederarbeiter	I8824
1136	ROSENSTEIN Ernestine	29. 7.79	Ohne	I84I7
1137	ROSENSTIEL Max	I9. I.64	Ohne	I7634
1138	ROSENTHAL Céline	2.11.84	Ohne	I8770
1139	ROSENWALD Elvire	I0. 4.87	(Ohne) Geschäftsleiterin	I8556
1140	ROSENWALD Georges	2I. 6.36	Ohne	I8560
1141	ROSENWALD Léon	25. 9.93	Getreidehändler	I8558
1142	ROSENWALD Lucienne	I8. 9.23	Studentin	I8557
1143	ROSENWALD Reine	I9. I.02	Ohne	I8559
1144	ROTH Annette	28. 5.09	Krankenpflegerin	I8842
1145	ROTH Flore	I6. I.04	Ohne	I824I
1146	ROTH Louis	5. 8.8I	Markthändler	I7827
1147	ROTH Mina	I5. 3.77	Ohne	I8240
1148	ROVINSKY Jacques	7.11.36	Ohne	I76I2
1149	ROWINSKY Simon	I9. 2.30	Ohne	I76II
1150	ROZENBERG Peretz	23.I0.92	Schneider	I8598

Sur cette liste du convoi n° 71, on peut lire à côté du numéro 1130 le nom, le prénom, la date de naissance, la profession et le matricule de Drancy de Marceline. « Ohne » signifie « sans profession ». En dessous, on peut lire le nom de son père. « Kaufmann » veut dire « marchand ».

MARCELINE LORIDAN-IVENS

Déportée à 16 ans le 13 avril 1944 par le convoi n° 71

S'il ne fallait retenir qu'une seule chose, serait-ce sa flamboyante chevelure rousse et bouclée ? Ou bien sa voix, chaude et rauque, son sourire, triste mais terriblement franc, la colère qui ne la quitte plus ou le dragon au-dessus de son canapé qui nous rappelle qu'elle est née sous le signe de cet animal, sous le signe du feu ? Marceline Loridan-Ivens a 86 ans. Elle est petite et un peu frêle, mais elle marche vite, rit, plaisante, parle fort... Et alors qu'on l'écoute, notre gorge se serre peu à peu.

« La France, c'était Balzac, c'était Zola, c'était la liberté »

Je m'appelle Marceline Loridan-Ivens. Ce sont les noms des deux hommes qui ont partagé ma vie. Je m'appelle aussi Marceline Rozenberg. C'est le nom de mes parents, Salomon et Fernande, tous les deux originaires de Łódź[1], en Pologne. Au début du XXᵉ siècle, l'antisémitisme y était extrêmement virulent. Mon père me racontait les pogroms qui avaient dévasté la ville, comment, en 1900, les Cosaques tuaient les Juifs et brûlaient les synagogues. Puis il m'avait expliqué que, dans les années 1920, le général Jozef Piłsudski, le tout premier président de la Pologne indépendante[2], avait demandé à deux millions et demi de Juifs de quitter le pays…

Conscient qu'il n'y avait pas d'autre avenir que l'exclusion et la pauvreté, mon père a quitté la Pologne à 19 ans en laissant derrière lui sa femme et Henri, leur premier enfant. Deux de ses frères avaient déjà quitté leur terre natale, l'un pour la Palestine, l'autre pour la France. Mon père s'est d'abord arrêté en Allemagne, puis il est arrivé en France. Il cherchait un endroit où sa famille et lui pourraient vivre décemment, et la France, à cette époque, c'était Balzac, c'était Zola, c'était la réhabilitation d'Alfred Dreyfus, c'était

---

1. Au début du XXᵉ siècle, Łódź est une des villes de Pologne où la population juive est la plus importante. À partir du mois d'octobre 1939, elle devient le deuxième plus grand ghetto de Pologne après celui de Varsovie. 100 000 Juifs sont transférés en quelques semaines dans un quartier de taudis où 62 000 Juifs habitaient déjà avant la guerre. Dès le mois d'octobre 1941, le ghetto de Łódź sert de centre de transit pour les Juifs déportés du Reich ainsi que pour un certain nombre de Tsiganes. Au cours de l'année 1942, 55 000 hommes, femmes et enfants y sont raflés et déportés vers les camps de la mort. De 1939 à 1944, année de sa liquidation, 200 000 personnes ont été internées au ghetto de Łódź dans des conditions infâmes. Les survivants ont tous été déportés à Auschwitz-Birkenau. La mise en place des ghettos a correspondu à la première phase d'un plan génocidaire visant à réduire la population juive d'Europe.

2. À la suite du traité de Brest-Litovsk en 1918 (voir le témoignage de Charles Palant p. 66), la Pologne est de nouveau indépendante. Jozef Piłsudski devient le premier chef d'État de la Deuxième République de Pologne. Artisan de l'indépendance et de la souveraineté retrouvée du pays, il lutte activement contre le bolchevisme. Il quitte le pouvoir en 1922. En 1926, il est nommé président du Conseil, puis ministre de la Guerre et gouverne la Pologne de façon autoritaire, jusqu'à sa mort en 1935.

Salomon et Fernande Rozenberg, les parents de Marceline,
à l'époque où ils vivaient à Nancy.

De gauche à droite, Henri, l'aîné de la famille, Marceline, Fernande sa mère, Jacqueline, Salomon son père et Henriette, à Berk-Plage, en 1935.

la liberté qu'il n'avait pas en Pologne. Ma mère l'a rejoint et ils se sont installés à Épinal, dans les Vosges.

Maman était bobineuse, papa manœuvre dans la manufacture des Coton DMC à Belfort. Ils faisaient les marchés pour pouvoir mettre de l'argent de côté. Puis ils ont fait venir Henri et Henriette, leurs deux enfants restés en Pologne. Je suis née le 19 mars 1928, Jacqueline six ans plus tard, et Michel en 1937. À cette époque, nous vivions à Nancy.

Mon père et ma mère avaient rapidement appris le français. Pourtant, entre eux, ils parlaient yiddish, polonais, russe, des langues qui me semblaient tellement mystérieuses… Car à nous, ils ne s'adressaient qu'en français. Ils voulaient que nous soyons de « vrais » Français. Ils voulaient s'intégrer, que leurs enfants s'intègrent, qu'ils réussissent, qu'on les accepte, qu'ils soient heureux. À Nancy, mon père est parvenu à ouvrir sa propre usine de tricot qu'il a baptisée « Au pilote des affaires ». Contrairement à ses aïeuls, très pieux, il était athée, éloigné de la tradition et imprégné des nouvelles idées sionistes. Et mis à part les grandes fêtes juives que nous respections, nous n'étions pas pratiquants.

« JE ME SENTAIS DIFFÉRENTE »

Petite, même si je n'ai pas souffert directement de l'antisémitisme, je me sentais un peu exclue, différente des autres. Il y avait comme un écart entre les Juifs français et les Juifs immigrés. Ils refusaient de se mêler à nous parce que nous étions apatrides et pauvres. D'après eux, nous étions même responsables de l'antisémitisme. Nous n'étions d'ailleurs presque jamais reçus dans ces familles israélites françaises.

À cette époque, au début des années 1930, la montée du nazisme en Allemagne inquiétait mes parents. Un Juif allemand qui était venu se réfugier chez nous avait donné des informations effrayantes sur ce qui se passait de l'autre côté de la frontière. Un peu après, mon père est retourné en Pologne avec Henri, qui avait alors 13 ans, pour rendre visite à sa famille. Ils ont traversé l'Allemagne nazie alors tapissée de drapeaux portant une croix gammée et de banderoles haineuses clairement antisémites. Si mes parents savaient que les Juifs étaient en danger en Allemagne, ils n'ont jamais imaginé qu'en France, des évènements identiques pourraient se produire. Ils étaient même persuadés qu'en cas de guerre, la France serait victorieuse ! Et puis, lors de l'été 1937, les paysans chez qui nous passions habituellement les vacances ont commencé à afficher des opinions clairement antisémites, à nous regarder d'un air suspicieux et méprisant. L'atmosphère changeait.

À la fin de l'année, en raison des difficultés financières rencontrées par mes parents, nous sommes retournés vivre à Épinal. J'ai fait ma rentrée au collège. L'année suivante, c'était la guerre.

UN NOUVEL EXODE

De l'année 1939, je me souviens des masques à gaz que nous avons dû apprendre à enfiler, des papiers bleus collés sur les fenêtres des classes et des maisons pour que la lumière ne perce pas, et des caves où nous allions nous réfugier lors des alertes et des bombardements.

Après la défaite de la France en mai 1940, la Lorraine a immédiatement été occupée par les Allemands, qui ont réquisitionné la Citroën que mon père venait d'acheter. C'est dans une autre voiture que nous avons alors quitté Épinal pour Limoges en laissant derrière nous tout ce que nous possédions[3].

Le voyage fut long et pénible. Les routes étaient encombrées de gens qui avaient emporté sur des charrettes tout ce qu'ils pouvaient. Nous restions parfois bloqués pendant des heures et devions régulièrement nous arrêter pour nous protéger des bombardements ou trouver de quoi manger. Au bout de trois semaines d'un interminable voyage, nous sommes arrivés à Limoges. Nous avons vécu à douze dans une pièce, plusieurs familles ensemble, car il était devenu très difficile de se loger. Cette vie en communauté me plaisait bien mais elle n'a pas duré. Comme les Allemands avançaient, nous avons repris la route vers le sud et nous nous sommes installés à Lyon.

Mes parents, Henriette, Michel, Jacqueline et moi vivions tous à l'hôtel des Terreaux. Mais en octobre 1940, les premières lois antijuives[4] ont décidé mes parents à nous envoyer, ma petite sœur, mon

---

3. Après la défaite de la France en 1940, entre 8 et 9 millions de Français (soit un quart de la population française) fuient les zones progressivement occupées par l'armée allemande dans le chaos le plus total. Les gares et les trains étant très vite saturés, c'est en vélo, en voiture, en charrette, que les familles s'en vont vers le sud. Alors que 10 000 personnes sont tuées sous les bombes des Allemands, 90 000 enfants perdus sont recensés par la Croix-Rouge. Des départements entiers se retrouvent surpeuplés. D'après l'article 16 de la convention d'armistice, c'est au gouvernement français de procéder au rapatriement de la population en accord avec les services allemands. Or, rapatrier des millions de Français en zone occupée constitue une gageure alors que le réseau ferroviaire est très endommagé et que les routes sont encombrées de matériel cassé et de véhicules en panne. Les retours en train et en automobile s'étalent de mi-juillet à début septembre. Les dernières vagues de retour ne se font qu'en octobre.
Mais les habitants du Nord et de l'Est apprennent l'existence d'une « zone interdite » et ne retrouvent pas leur domicile ; il en va de même pour les Juifs dont l'occupant ne veut pas : le 16 juillet 1940, les Allemands expulsent tous les Juifs lorrains et alsaciens vers la zone non-occupée.

4. Le premier statut des Juifs est promulgué le 3 octobre 1940. Il définit juridiquement les Juifs, les exclut de la fonction publique et leur interdit l'accès aux professions médicales, culturelles et juridiques (voir le document 1 en annexe). Le lendemain, une loi autorise les préfets à interner les Juifs étrangers dans des camps prévus à cet effet.

petit frère et moi, qui avions entre 3 et 11 ans, dans une pension à Messimy, à une vingtaine de kilomètres de Lyon. Ils pensaient que là-bas, nous serions à l'abri en attendant qu'ils trouvent une maison, quelque part, où nous pourrions vivre tous ensemble. C'est à ce moment-là que mon frère Henri, âgé de 22 ans, est revenu du front. À ce moment-là aussi que mon père a acheté à un général un domaine de soixante hectares à Bollène[5]. En

La famille Rozenberg, en septembre 1939. Salomon et Fernande sont entourés, de gauche à droite, de Jacqueline, Henriette, Henri et Marceline. Le dernier-né, Michel, est sur les genoux de son père.

tant qu'étranger, il ne pouvait pas l'acquérir lui-même. Le château de Gourdon a alors été mis au nom d'Henri, qui avait été naturalisé français à 18 ans. Nous nous y sommes tous installés, heureux d'être enfin à nouveau réunis.

« NOUS ÉTIONS UNE FAMILLE DE COMBATTANTS »

Mon père et ma mère se sont remis à travailler. Ils ont appris à cultiver de la vigne, des abricots, des pêches, des asperges… Ils étaient très occupés mais ils étaient là, à la maison, et nous passions beaucoup de temps avec eux. Pendant plus de deux ans, nous avons vécu sereinement, presque

---

5. Jusqu'aux 11 novembre 1942 (date de l'annexion par les Allemands de la moitié Sud de la France), Bollène se situe en zone dite « libre ».

En vacances à Longemer, avant la guerre : Jacqueline est la plus petite,
Marceline est la troisième en partant de la gauche.

tranquillement. Bien sûr, nous nous sentions en danger, mais à la
campagne, dans son château, mon père pensait que nous serions épargnés. Pourtant, il y avait sur nos cartes d'alimentation et nos papiers
d'identité le tampon « Juif »[6]. Et puis nous avions entendu dire que
des Juifs avaient été arrêtés. Mon père écoutait régulièrement Radio
Londres et je me souviens avoir entendu les Anglais dire qu'on massacrait les Juifs, qu'on les gazait dans des camions[7]. Après la guerre, mon

---

6. Depuis le 11 décembre 1942, une loi impose aux Juifs de faire apposer la mention
« Juif » en rouge sur leurs papiers d'identité.

7. L'assassinat des Juifs dans des camions à gaz est mis au point en 1941. Les victimes étaient
tuées par intoxication suite à l'introduction à l'intérieur de tuyaux de gaz d'échappement.
C'est Himmler, qui lors d'une visite sur le front de l'Est, a ordonné la recherche de « procédés
de mise à mort plus humains » que les fusillades pour les kommandos d'exécution. Les
premiers camions à gaz sont alors testés sur des prisonniers de guerre soviétiques dans le
camp de Sachsenhausen. Le premier gazage dans un camion a lieu le 8 décembre 1941 au
camp de Chelmno, où, contrairement aux autres camps d'extermination, ce procédé de mise
à mort a été employé de manière exclusive. Le nombre de personnes assassinées dans les
camions à gaz est difficile à évaluer. Il est de l'ordre de quelques centaines de milliers. Dans le
seul camp de Chelmno, plus de 160 000 personnes, principalement des Juifs, ont été tuées.

frère aîné, qui revenait des Forces françaises libres, m'a raconté qu'il avait lu de telles choses dans des journaux publiés par des résistants mais que, à ce moment-là, personne, et pas même lui, n'y avait cru...

À cette époque déjà, j'étais une rebelle ! Au lycée d'Orange, moi et d'autres filles nous disions même gaullistes. La directrice avait beau être une radical-socialiste en désaccord avec les décisions de Vichy, tous les matins, il fallait lever les couleurs et chanter « Maréchal nous voilà ! » Et bien nous, nous entonnions plus volontiers « Général, nous voilà ! » Plus tard, je suis allée jusqu'à écrire « Vive de Gaulle » sur les murs... Dans ma chambre, j'avais même accroché des portraits de Foch, Hoche et Clemenceau. Je ne connaissais pas vraiment leur histoire, mais c'était ma façon à moi de résister...

En 1942, cette audace m'a valu d'être renvoyée de l'école d'Orange. Je suis alors entrée dans un pensionnat à Montélimar. Un jour, la directrice a prévenu mon père que les autorités françaises commençaient à arrêter les enfants juifs dans les écoles. Mon petit frère et ma petite sœur ne vivaient déjà plus au château. Ils étaient cachés à quelques kilomètres, chez une Parisienne qui, comme nous, s'était réfugiée en zone « libre ». Pour me protéger, mes parents m'ont envoyée dans une ferme où se refugiaient de jeunes garçons voulant échapper au STO[8] (Service du travail obligatoire), qui prévoyaient de rejoindre le maquis. L'ancien colonel qui gérait cette ferme n'était pas un homme méchant, mais il se montrait très dur. Je devais me lever à 4 heures du matin pour éplucher les légumes et nourrir tout le monde. Cette vie ne me plaisait pas. Je suis restée deux mois, et puis je suis rentrée à Bollène. Mon frère aîné avait déjà quitté la maison pour rejoindre les Forces françaises libres en Algérie où il servait comme médecin. Ma sœur Henriette et trois de mes oncles étaient eux aussi entrés dans la Résistance. L'un d'eux est mort à Auschwitz, l'autre a été arrêté et déporté à Birkenau, mais est parvenu à s'enfuir du ghetto de Varsovie où il avait été envoyé

---

8. Le Service du travail obligatoire est institué par le gouvernement de Pierre Laval en février 1943 pour fournir la main-d'œuvre imposée par Fritz Sauckel et participer à l'effort de guerre allemand. On estime que si 650 000 hommes ont effectivement rejoint l'Allemagne, environ 200 000 réfractaires auraient pris le maquis.

pour déblayer les ruines après la grande révolte des Juifs en 1943[9]. Le troisième, c'est Bill, le frère de ma mère. Il a, lui aussi, été arrêté, puis conduit rue des Saussaies à Paris, au siège de la Gestapo. Un jour, pendant un interrogatoire, alors qu'il était seul avec un officier allemand, il s'est emparé de son arme et l'a abattu. Puis il s'est suicidé en se jetant par la fenêtre du quatrième étage. Nous étions vraiment une famille de combattants !

« VITE, MARCELINE, ILS SONT LÀ ! »

Le maire avait garanti à mon père que s'il entendait parler d'une rafle, il le préviendrait. Je sais qu'il l'a fait une fois. Il l'a aussi fait la veille du 29 février 1944, ce jour étrange qui dans le calendrier n'existe pas vraiment… Ma sœur Henriette nous avait elle aussi prévenus et nous avait poussés à partir. Mon père m'avait demandé d'aller avertir les réfugiés qui logeaient dans le voisinage. Je suis partie à vélo et j'ai dit à tout le monde de ne pas dormir chez eux la nuit prochaine. Deux jeunes filles juives parisiennes, Marie et Suzanne, qui vivaient chez leur tante car leurs parents avaient été arrêtés lors de la rafle du Vél' d'Hiv[10] en juillet 1942, sont venues se réfugier au château. Ce soir-là, nous étions donc six à la maison, mon père, ma mère, ma sœur, les deux Parisiennes et moi. Ma mère avait préparé un pot-au-feu. Comme elle avait très mal à la tête, nous avons décidé de ne pas quitter la maison et de rester encore une nuit.

---

9. Le soulèvement du ghetto de Varsovie débute le 19 avril 1943, le jour de la Pâque juive. Le 16 février, Heinrich Himmler avait ordonné la liquidation du ghetto. Après les déportations massives de l'été 1942, la résistance clandestine (organisée autour de l'Organisation juive de combat) publie des affiches où est inscrit le message suivant « l'heure approche. Vous devez vous préparer à résister. Plus un seul Juif ne doit monter dans les trains. Qui n'est pas capable de résister activement doit le faire passivement en se cachant. Notre mot d'ordre doit être : Nous sommes tous prêts à mourir en êtres humains. » Le 19 avril, les habitants du ghetto, armés de grenades et de pistolets, tiennent tête à 2 000 Allemands munis de chars et de canons. La liquidation qui devait durer trois jours dure trois semaines, jusqu'à la mi-mai. 7 000 habitants du ghetto ont été tués et 6 000 brûlés vifs ou gazés. Les survivants ont tous été déportés.

10. Voir le témoignage d'Ida Grinspan p. 116 et de Sarah Montard p. 217.

La classe de sixième au collège d'Épinal, en 1939, un peu avant l'exode.
Marceline est assise au premier rang, à droite du professeur de latin.

Je suis allée me coucher après le dîner. Je dormais. Aux environs de minuit, mon père s'est écrié : « Vite, Marceline, ils sont là ! » J'ai donc rapidement attrapé quelques vêtements et mes faux papiers. Ça tirait de partout, les Allemands hurlaient, donnaient des coups violents sur les portes, leurs chiens aboyaient. Dans ce chaos, je suis sortie, la peur au ventre, pour rejoindre la porte dérobée au fond du parc qui donnait sur les bois. Mon père était derrière moi. Ma mère et ma sœur se sont réfugiées derrière un fourré. Papa et moi courions comme des fous vers le fond du parc, dans le noir. Nous avons ouvert la porte. Je me souviens avoir dit « Ça y est, papa, nous sommes sauvés ! » quand un homme, un milicien français, revolver au poing, nous a bloqué le passage. Il a roué mon père de coups de crosse de pistolet. Il ne pouvait plus rien faire. Marie et Suzanne se trouvaient derrière moi.

Nous avons tous dû retourner au château. Dans la salle à manger, le pot-au-feu était encore posé sur le poêle… Il y avait aussi une douzaine de miliciens français de Bollène et d'Avignon, d'Allemands de la Gestapo, de la mafia de Marseille. Ils portaient tous des mitraillettes. Ils m'ont interrogée toute la nuit avec violence et me giflaient sous les yeux de mon père impuissant qui souffrait des coups qu'ils lui avaient porté.

Quand je suis allée aux toilettes, un milicien a tenté de me violer[11]. « C'est interdit de toucher à cette sale race ! » Voilà ce qu'a dit un des officiers allemands. Voilà les mots qui m'ont évité d'être violée. J'avais 15 ans.

Le château s'est alors transformé en centre d'arrestation. On y amenait des paysans accusés de cacher des résistants et même un homme soupçonné d'employer un Juif. Ils ont tous été relâchés faute de preuve mais nous, mon père, Suzanne, Marie et moi, les seuls Juifs, avons été gardés.

J'ai su plus tard que dans la confusion qui régnait, ma mère et Henriette étaient parvenues à sauter par-dessus le mur du parc et, profitant de la nuit, à s'enfuir dans les bois. Il fallait qu'elles retrouvent Michel et Jacqueline. Les Allemands les ont cherchées mais ne les ont jamais retrouvées.

Le lendemain midi, nous avons été embarqués dans un camion et le château a immédiatement été réquisitionné. Plus tard, j'ai appris qu'il était devenu un centre de commandement allemand.

J'ai su également que le soir de l'arrestation, un paysan avait été cherché Michel et Jacqueline à la demande de « Monsieur Rozenberg », qui voulait que ses deux enfants reviennent au château. En l'absence d'une quelconque lettre, la dame qui les gardait a refusé et a mis vingt-quatre heures avant de leur trouver un nouvel asile. Cette femme a sauvé mon petit frère et ma petite sœur…

---

11. Il s'agit d'Alfred André, un milicien responsable de l'arrestation d'un grand nombre de Juifs dans le Vaucluse. À la fin de la guerre, Marceline est témoin à charge dans son procès, à Nîmes. Alfred André est condamné à mort et exécuté.

« Tu es jeune, tu t'en sortiras peut-être, mais pas moi »

Mon père et moi avons été conduits à la prison Sainte-Anne, à Avignon. Nous avons immédiatement été séparés et moi, mise au secret. Puis j'ai été interrogée par des membres de la Gestapo qui cherchaient à avoir des renseignements sur mon grand frère Henri, ma grande sœur Henriette et d'autres résistants. Je n'ai évidemment rien dit…

Puis je me suis retrouvée dans la même cellule que Suzanne et Marie. Je crois que c'est là, enfermée durant quinze jours, que j'ai écrit sur un des murs : « C'est un immense bonheur de savoir à quel point on peut être malheureux ! »

Un jour, un garde autrichien à qui je rappelais sa petite fille, rouquine comme moi, m'a permis de revoir mon père.

Papa a même demandé à ce garde de nous aider à nous évader. Mais il a refusé car toute sa famille risquait d'être arrêtée s'il prenait ce risque, mais il nous a tout de même dit : « Faites tout ce que vous pouvez pour ne pas partir, car là où vous allez, vous ne reviendrez jamais. »

En 1942, Marceline a 13 ans.

Quinze jours plus tard, le 15 mars, papa et moi avons été transférés en car à la prison des Baumettes[12], à Marseille. À mon retour de déportation, j'ai su par Henriette qu'elle était au courant de ce transfert et qu'elle avait alors demandé aux résistants qu'elle connaissait de préparer une attaque. Ces derniers avaient refusé, estimant qu'il n'y avait pas assez de « personnalités » importantes à bord. Nous sommes restés là quinze jours, parqués dans un espèce de réfectoire gardé par une Autrichienne extrêmement dure. Et puis au début du mois d'avril, nous sommes repartis, mais pour Paris cette fois. Dans le train, du wagon où je me trouvais, je voyais mon père attaché par le poignet à un autre homme. À plusieurs reprises, j'ai tenté d'aller lui parler même si nous ne pouvions pas circuler librement. Quand j'ai enfin pu l'approcher, il m'a dit de tout faire pour m'évader et de ne pas m'occuper de lui. Je lui ai obéi, j'ai essayé de m'enfuir avec un jeune garçon de mon âge, mais lorsque nous avons voulu sauter, un SS est arrivé…

C'est en autobus que nous avons traversé la capitale. Pour moi, c'était la première fois ! Puis nous sommes arrivés à Drancy[13]. Rétrospectivement, je vois ce camp presque comme un paradis, même si la promiscuité et le manque de nourriture nous rendaient la vie très difficile. Et puis, à nouveau, j'ai été séparée de mon père. Nous pouvions seulement nous croiser dans la cour ou nous retrouver dans les chambrées. Un après-midi, dans la cour de Drancy, j'ai entendu murmurer mon nom. Un prisonnier qui se trouvait dans la prison m'appelait. J'ignore comment il était parvenu à me reconnaître : « Va demander des cigarettes à ton père et passe-les moi par les trous ! » Je l'ai fait, avec tous les risques que ça comportait. De son côté, mon père tentait de prolonger notre détention, en vain.Le jour du départ de Drancy, j'ai essayé de rassurer mon père en lui disant, bien naïvement : « Peut-être que là où nous allons, nous travaillerons très dur, mais que nous pourrons nous voir le dimanche. » Il m'a répondu : « Toi tu

---

12. Commencée en 1933, la prison des Baumettes est achevée en 1939. Située au sud de Marseille, elle comporte quatre bâtiments destinés aux hommes et un aux femmes.

13. Voir les témoignages de Charles Palant p. 82 et d'Ida Grinspan p. 122.

reviendras peut-être parce que tu es jeune, mais moi je ne reviendrai pas. » Il avait raison. Cette phrase m'a obsédée toute ma vie… Le 13 avril 1944, nous étions donc 1 500 à quitter le camp[14]. Au moment de partir, un silence de plomb que jamais je n'oublierai s'est abattu sur nous. Personne ne savait ce qu'il allait advenir. Moi, j'avais très peur. J'étais rebelle, mais j'étais surtout une gamine, une enfant qui venait d'avoir 16 ans et qui ne savait pas grand-chose…

À la gare de Bobigny, des soldats allemands nous ont brutalement fait monter dans des wagons à bestiaux. Et nous sommes partis. Le voyage fut abominable. L'unique tinette du wagon a rapidement débordé, l'odeur était épouvantable. Nous avions chacun un litre d'eau, mais c'était insuffisant. Nous avons eu soif, terriblement soif, et faim. Pendant tout le voyage, je tenais fermement la main de mon père. À un moment donné, le convoi s'est arrêté à Kattowitz[15]. Moi, je ne savais pas où c'était, mais mon père, lui, a compris que nous étions en Pologne. Retour à la case départ. Il ne m'a rien dit, mais il a dû penser qu'on le renvoyait dans le pays qu'il avait tant voulu fuir…

« ET PUIS SOUDAIN, DES CRIS DE FUREUR, UN BRUIT D'ENFER »

Nous sommes arrivés dans la nuit et avons attendu pendant des heures dans le train immobile. Nous ne savions ni où nous étions, ni ce qui se passait. Aux premières lueurs du jour, nous avons essayé de regarder par la lucarne grillagée ce qu'il y avait à l'extérieur. Nous avons tous vu la même chose : des femmes habillées de façon identique avec des tissus rayés et des foulards rouges sur la tête…

---

14. Marceline et Salomon Rozenberg sont déportés dans le convoi n° 71. Selon Serge Klarsfeld, 1 500 personnes, dont 635 hommes et 865 femmes sont effectivement déportés ce jour-là. 300 enfants ont moins de 19 ans. 1 265 personnes sont gazées à l'arrivée. En 1945, 39 hommes et 70 femmes sont revenus, dont Simone Jacob, plus connue sous le nom de Simone Veil (voir p. 173).

15. Katowice (*Kattowitz* en allemand) est la dixième plus grande ville de Pologne et le chef-lieu de la Silésie, région où le camp d'Auschwitz-Birkenau est situé.

Et puis soudain, des cris de fureur, des aboiements, un bruit effroyable, un bruit d'enfer. La porte du wagon s'est ouverte et des hommes en habits de bagnard sont apparus. Dans une pagaille indescriptible, les Allemands nous ont fait mettre en rangs, les femmes d'un côté, les hommes de l'autre. J'ai immédiatement été séparée de mon père. Il y en avait qui parlaient français et qui hurlaient : « Laissez vos bagages ! », « Les vieillards, les enfants et les gens fatigués, montez dans les camions. » Je me suis d'abord dirigée vers l'un d'eux parce que j'avais mal aux pieds. C'est alors que Françoise, une copine que je m'étais faite à Drancy, m'a ordonné de ne pas y aller et de rester avec elle. « Je ne veux pas que tu me quittes, nous allons marcher pour nous dégourdir les jambes. » Tout au long du chemin vers la tête du convoi, je pestais et lui répétais qu'on aurait dû monter dans un camion. Un des bagnards m'a dit en français : « Surtout, dites que vous avez dix-huit ans. » Nous ne le savions pas, mais ce jour-là, lors de la première sélection, Françoise m'a sauvé la vie. Nous étions entre Auschwitz[16] et Birkenau[17]…

Les SS ont regroupé les jeunes femmes entre elles, celles qui avaient entre 18 et 35 ans. Ils nous ont examinées, regardées à plusieurs reprises, fait ouvrir la bouche. Je me souviens m'être demandée avec angoisse s'ils vérifiaient que j'avais bien mes dents de sagesse…

Et puis nous avons commencé à marcher. Deux kilomètres. Des étendues désertes, juste quelques silhouettes. Nous sommes entrées dans une baraque, on nous a mises en rang, on nous a tatoué un numéro. Puis on nous a rasées. Les cheveux, le pubis, les aisselles. Nous étions nues. J'étais une petite fille, c'était la première fois que je voyais des corps nus, la première fois que j'étais nue devant des hommes. Nous étions transies de froid.

---

16. Jusqu'en mai 1944, les convois de déportés s'arrêtent à l'extérieur de Birkenau, sur la *Judenrampe* (la rampe de sélection).

17. Birkenau est le nom allemand du village polonais Brzezinka qui signifie « la petite prairie aux bouleaux ». C'est le titre qu'en 2003 Marceline Loridan-Ivens donne au film qui évoque sa déportation (*La Petite Prairie aux bouleaux*).

On nous a fait passer sous la douche. Glacée, puis brûlante. Sans savon, sans serviette. Des kapos nous ont lancé des vêtements et des chaussures dépareillées. Nous nous sommes habillées comme nous pouvions, avec les haillons que nous avons trouvés. Je me suis retrouvée avec une chaussure à talon et l'autre sans.

Des femmes ont alors demandé où étaient passés tous ceux qui étaient montés dans les camions. Les anciennes, qui étaient déjà dures comme du bois, comme de la pierre, nous ont montré du doigt une cheminée : « Ils sont au kommando du ciel ! » Nous n'avons pas saisi tout de suite ce qu'elles voulaient dire. Il nous faudra beaucoup de temps pour comprendre cette horreur. Et alors que nous attendions, une SS, Margot Drexler, a demandé s'il y avait des couturières parmi nous. Personne n'a répondu. « Et est-ce qu'il y a des musiciennes ? » L'une d'entre nous a alors levé la main : « Moi, j'étais petit rat de l'Opéra ! » C'était Laurette. Drexler lui a ordonné de montrer ce qu'elle savait faire. La jeune fille, le crâne rasé, vêtue de bric et de broc, un numéro tatoué sur le bras, s'est mise à danser. Soudain, une voix s'est élevée pour accompagner ses pas. Nous découvrions l'enfer, et dans cet enfer, une jeune femme, tout d'un coup, s'était mise à chanter.

« Nous vivions comme des animaux »

Nous n'avions rien mangé depuis des jours et étions complètement affamées. Une kapo nous a servi une gamelle de soupe pour cinq, sans cuillère. Il fallait laper si nous voulions avaler quelque chose. Puis nous avons rejoint le Lager A, le camp de la quarantaine. Le premier matin, vers 4 heures, j'ai entendu qu'on criait « *Kaffee holen !* » Mais ce n'est pas ce que j'ai compris. Moi, je pensais qu'on nous apportait du « Café au lait » ! En fait, on nous ordonnait d'aller chercher le café… qui n'était rien d'autre qu'un brouet marron et sans goût !

Nous étions perdues, nous ne savions plus quoi faire. Nous nous sentions prises dans un étau. Rapidement, nous avons eu très faim, et puis très soif. C'est devenu obsessionnel, ça nous montait à la

À Birkenau, un kommando de terrassement chargé de creuser des tranchées (photographie prise en 1944).

tête. Nous ne pensions qu'à boire et à manger. Nous attendions que le pain arrive, que la soupe arrive, mais nous n'étions jamais rassasiées parce qu'il y en avait jamais assez. Au bout de quelques semaines, nous étions toutes très maigres. Et puis le manque d'eau, c'est aussi le manque d'hygiène. Pour se laver, il fallait se battre, arriver aux robinets avant qu'une autre nous prenne la place. Aux toilettes, il y avait toujours une kapo qui nous obligeait à faire vite et à nous lever alors qu'on n'avait pas terminé. Je n'ai jamais pu m'habituer à ne pas m'essuyer. Alors je déchirais chaque jour un bout de mon caleçon long. Nous vivions comme des animaux. Est-ce qu'on l'est devenu ? Peut-être un peu…

Je crois que les kapos méprisaient particulièrement les Françaises, les « Mademoiselles de Paris ». Elles nous tapaient dessus en permanence. Même quand on s'endormait dans la journée, elles nous frappaient. Il a fallu qu'on s'habitue à dormir de moins en moins…

C'est au Lager A que j'ai fait la connaissance de Simone, de sa sœur Milou et d'Yvonne leur mère[18]. Elles se trouvaient toutes les trois dans la *coya*[19] presque en face de la mienne. Simone et moi sommes rapidement devenues très amies. Ensemble, nous avons essayé de transgresser les ordres, d'échapper aux corvées humiliantes, de comprendre comment fonctionnait le camp, bref de survivre ! D'ailleurs, les femmes qui étaient là depuis plus longtemps savaient se débrouiller. Elles parvenaient à franchir les doubles portes des Lager et à entrer dans les baraques pour voir s'il n'y avait pas, parmi les arrivantes, des membres de leur famille. C'est ainsi que Suzanne et Marie, les deux jeunes filles arrêtées chez moi, ont retrouvé leur mère déportée en juillet 1942. Celle-ci les a fait venir dans son block et s'est occupée d'elles. Toutes les trois ont d'ailleurs survécu.

« C'ÉTAIT ÇA LE SYSTÈME DU CAMP, DU TROC, DES TRAFICS... »

Pendant la période de quarantaine, les SS nous obligeaient à faire des corvées qui n'avaient d'autres buts que de nous humilier et de nous épuiser. Nous devions transporter des briques à bras nus d'un endroit à un autre, puis les reprendre et les rapporter à l'endroit où nous les avions prises, tâches affreusement inutiles et harassantes...

---

18. En 1946, Simone Jacob épouse Antoine Veil : elle devient Simone Veil.
Simone est arrêtée à 16 ans le 30 mars 1944 à Nice. Dans les heures qui suivent, ses parents, André et Yvonne, son frère Jean et sa sœur Madeleine (« Milou ») la rejoignent à l'hôtel Excelsior, où les Juifs sont rassemblés avant d'être déportés. Denise, sa sœur aînée, engagée dans la Résistance, a été arrêtée et déportée à Ravensbrück en juillet 1944. Jean et André partent par le convoi n° 73 en Lituanie (c'est le seul convoi à destination des Pays baltes). Simone, Madeleine et Yvonne sont déportées, comme Marceline, par le convoi n° 71. Au mois de juillet 1944, elles sont transférées à Bobrek, à cinq kilomètres de Birkenau, un camp satellite créé par la compagnie Siemens pour les besoins de l'industrie de guerre allemande. En janvier 1945, les marches de la mort les mènent à Bergen-Belsen, où Yvonne meurt du typhus deux mois avant la libération du camp. Comme Madeleine et Simone, Denise est revenue. Jean et André Jacob sont morts en déportation.

19. *Coya* est le nom polonais utilisé pour désigner les châlits de trois étages construits dans les baraques.

Après la quarantaine, nous avons été transférées au Lager B et j'ai été affectée à un kommando de terrassement. Les filles de mon block et moi construisions des routes. Avec mon amie Dora, qui était arrivée après moi à Birkenau, nous chantions en portant les pierres. Les vieilles déportées, c'est-à-dire celles qui avaient en fait plus de 20 ans, nous réprimandaient : « Mais comment pouvez-vous chanter ici ! » Moi, je préférais ça qu'échanger des recettes de cuisines comme les femmes dans les baraques le faisaient toutes. Dire que c'est au camp que j'ai appris à faire la blanquette ! Bien plus tard, mes copines m'ont dit que je racontais aussi des histoires, de belles histoires. Pour tenir. Mais je les ai toutes oubliées…

Durant l'été 1944, j'ai été affectée au « Canada »[20]. C'était un kommando dont tout le monde rêvait et où je me suis refait une santé. Nous devions trier les vêtements et les effets personnels des nouveaux arrivants. Parfois, nous trouvions des morceaux de pain rassis, des objets ou des médicaments au milieu des monceaux d'habits. Un jour, j'ai même trouvé une pièce d'or cousue dans la doublure d'une veste ! Bien sûr nous étions surveillées, mais nous arrivions quand même à chiper des vêtements plus chauds, une cuillère… et à échanger ce qu'on trouvait sur la place du Lager B. Car c'était ça le système du camp, du troc, des trafics… une sorte d'économie parallèle qui nous permettait de survivre.

Je ne suis restée que quinze jours au « Canada » car un soir, alors qu'on revenait au camp, les premiers rangs ont été fouillés et les SS ont découvert que des filles avaient volé des bricoles. Elles, nous ne les avons jamais revues. Nous, les autres, avons toutes été envoyées au kommando des pommes de terre, l'un des plus durs. En cas de vol, nous étions battues à mort. Puis j'ai de nouveau été affectée à un kommando de terrassement pour creuser des tranchées. Comme la première fois où j'y avais travaillé, c'était épuisant et très éprouvant…

---

20. Comme nous l'avons dit p. 40 et p. 137, ce kommando est chargé de récupérer, trier et stocker tous les objets que les déportés ont avec eux à leur arrivée au camp (voir les témoignages d'Henri Borlant et Ida Grinspan).

L'HISTOIRE DE MALA

À Birkenau, comme j'étais petite, je me retrouvais toujours au premier rang, même si j'essayais de l'éviter. Le jour de l'exécution de Mala[21], au mois de septembre 1944, ce fut aussi le cas.

Un soir, à la fin du mois de juin, l'appel a duré des heures. Les SS nous comptaient et nous recomptaient à l'infini : il manquait deux personnes dans le camp. Le bruit courait que Mala s'était évadée avec son amant polonais, Edward Galinski[22]. Habillés en SS, ils avaient dérobé une voiture allemande et étaient sortis du camp. Cette double évasion, nous l'avons payée cher car désormais, l'appel durait systématiquement des heures qui n'en finissaient pas. Mais qu'est-ce que nous étions contentes ! Quelqu'un, enfin, avait réussi à se sauver de cet enfer[23].

Malheureusement, trois semaines plus tard, Mala a été dénoncée par des paysans polonais et rattrapée par les SS. Edward n'était pas là quand Mala s'est fait arrêter mais il s'est rendu aussitôt après pour qu'elle ne pense pas qu'il l'avait dénoncée. Mala a été

---

21. Mala Zimetbaum est née en 1918 à Brzesco, en Pologne. En 1930, sa famille, d'origine juive, émigre en Belgique et se fixe à Anvers. Mala est arrêtée le 22 juillet 1942 et internée au camp de transit de Dossin-Saint-Georges à Malines (Belgique) quelques mois avant ses parents et déportée le 15 septembre 1942. Comme Mala parle huit langues, dont le polonais, le serbe, le français et l'allemand, elle sert d'interprète aux SS, qui semblent lui faire confiance, et peut circuler plus ou moins librement dans le camp.

22. Edward Galinski, un jeune Polonais de 20 ans, et Mala Zimetbaum se rencontrent à Birkenau à la fin de l'année 1943. Arrêté avec un groupe d'étudiants au printemps 1940, celui qu'on surnomme Edek fait partie du premier convoi de prisonniers politiques polonais et porte un « petit numéro », le matricule 531. Les deux amoureux ont été protégés par les détenus qui les ont aidés à préparer leur évasion. Ils sont repris le 7 juillet dans les Beskides, en Tchécoslovaquie, torturés pendant des semaines mais ne dénoncent jamais ceux qui les ont aidés. Durant son séjour au block 11, où il passe d'une cellule à l'autre, Edek grave des inscriptions inspirées par son amoureuse, que l'on peut encore observer : un portrait de Mala, son nom, ses initiales, ou bien une date, le 6 juillet 1944, celle de leur dernier jour de liberté.

23. 802 tentatives d'évasion ont été répertoriées de l'ouverture d'Auschwitz à sa liquidation en janvier 1945, dont 144 ont été un succès. Parmi elles, celle du Polonais Witold Pilecki (un officier polonais s'étant fait volontairement arrêter lors d'une rafle en 1940 pour constituer un réseau de résistance à Auschwitz) en 1943 et du Tchèque Rudolf Vrba en 1944.

enfermée dans le bunker, une prison dont les cellules étaient comme les « fillettes » de Louis XI : tellement étroites qu'on ne pouvait ni s'asseoir, ni tenir debout[24]. Elle a été interrogée et torturée pendant trois semaines mais n'a jamais dénoncé ceux qui l'avaient aidée.

Et puis, un soir, alors que nous rentrions au camp, toutes les Juives ont été appelées sur la place d'appel de Birkenau où une potence avait été dressée. Nous devions nous mettre par ordre de taille et comme j'étais une des plus petites, je me suis retrouvée tout devant.

Par la *Lager Strasse* (la rue principale du camp), nous avons vu arriver une charrette tirée par des détenues sur laquelle Mala, vêtue de noir, les mains liées derrière le dos, se tenait fièrement. Elle est montée sur la potence et, pendant ce court laps de temps, Josef Kramer, le chef du camp[25], a fait un discours en allemand traduit en plusieurs langues pour que tout le monde comprenne. En substance, il disait qu'ici, à Birkenau, nous étions très bien traitées, que si quelqu'un essayait de s'échapper, il serait exécuté de la même manière que notre héroïne, que nous étions de la vermine, que nous ne sortirions jamais vivantes de ce camp…

Quatre SS et quelques kapos entouraient Mala. Quelqu'un avait dû lui faire passer un objet tranchant car, pendant que Kramer parlait, la jeune femme a coupé ses cordes et s'est ouvert les veines ! Nous voyions du sang couler sur les planches de la potence. Un SS s'en est aperçu et a violemment attrapé le bras de Mala, qui, dans un dernier effort, lui a assené une paire de gifles tellement violentes qu'il est tombé par terre !

---

24. Il s'agit du block 11, « le block de la Mort », à Auschwitz I. Voir le témoignage d'Henri Borlant p. 36 et d'Ida Grinspan p. 138.

25. Du mois de mai 1940 au mois de novembre 1943, le lieutenant-colonel Rudolf Höss dirige le camp d'Auschwitz. Arthur Liebehenschel lui succède jusqu'en mai 1944, date à laquelle il prend la direction de Maïdanek. Puis c'est Richard Baer qui gère le camp jusqu'à sa libération, le 27 janvier 1945. À Birkenau, Josef Kramer (voir p. 184) succède à Friedrich Hartjenstein en mai 1944.
Jugé en mars 1947, Rudolf Höss a été pendu le 16 avril près du crématoire d'Auschwitz et de la maison qu'il avait occupée en tant que commandant du camp.

Mala a profité de la stupéfaction qu'avait engendré son acte pour nous dire, à nous, en français, qu'elle avait essayé de s'évader pour crier au monde ce qui se passait ici, que la guerre serait bientôt finie, que les Russes étaient tout près, que les Alliés avaient débarqué en France… et que nous devions absolument tenir le coup, vivre le plus longtemps possible pour raconter ce que les nazis étaient en train de nous faire. En refusant d'être humiliée, Mala nous encourageait, nous rendait un peu de notre dignité. Ses paroles nous ont redonné de la force et de l'espoir…

Après cet épisode incroyable, les SS nous ont forcées à rejoindre nos blocks. J'ai appris plus tard qu'ils avaient remis Mala dans la charrette et l'avaient jetée vivante dans les flammes du crématoire. Mais on a aussi dit qu'elle avait été gazée ou pendue ailleurs… Personne ne sait avec certitude comment Mala est morte. Mais elle n'a pas été tuée pour rien : son acte nous avait donné le courage de continuer à nous battre.

« IL FALLAIT TENIR, C'EST TOUT »

Le froid, la faim, la soif permanente, l'épuisement… Ça vous détruit, ça vous brise à jamais. On ne savait plus trop qui on était, ni où. Je ne me souvenais plus du visage de ma mère, je ne me souvenais plus du nom de mon petit frère. Nous étions « déconnectées » de la vie, ne vivions plus que dans l'instant, par pulsions successives. Je ne sais pas comment j'ai survécu. Il n'y a pas de réponse, pas d'explication rationnelle. Il fallait tenir, c'est tout.

Et puis il y avait les gaz. Cette odeur permanente que je n'ai jamais oubliée. Une odeur âcre semblable à celle d'un cochon dont on brûle les poils. Elle se répandait partout dans le camp, même dans la petite ville d'Auschwitz. Les habitants devaient savoir qu'il se passait des choses dans ces camps. Il y avait des paysans qui travaillaient dans les champs tout autour. Il y avait des civils polonais qui arrivaient le matin et qui rentraient le soir chez eux. Tous ces gens savaient… Moi, la peur d'être envoyée à la chambre à gaz me rongeait.

J'étais terrorisée à l'idée d'aller au *Revier*, cette soi-disant infirmerie, ce lieu où, à tout moment, on pouvait être sélectionnée. Je ne voulais même pas m'en approcher. Je préférais être rouée de coups que d'aller au gaz. Combien de fois j'ai voulu me jeter sur les barbelés, « aller au fil », pour éviter de mourir gazée[26]... Je me souviens qu'une nuit, nous sommes restées enfermées dans notre block sans pouvoir sortir alors qu'à l'extérieur avait lieu une sélection terrible. Nous entendions hurler les femmes qui montaient dans les camions. Je suis restée tétanisée pendant des heures.

Être avec des gens qu'on aimait, et qui nous aimaient, ça ne suffisait peut-être pas, mais ça nous aidait à tenir. Quand une de nos copines disparaissait, nous nous attachions à une autre. Nous oubliions rapidement celles qui partaient. Je ne sais pas si on s'habitue à la mort, en tout cas, à Auschwitz, elle était banale. Aujourd'hui encore, j'en garde une trace indélébile : la mort ne me fait pas peur...

Dans cette violence permanente et terrifiante, il y avait des gestes d'humanité très simples mais d'une force incroyable ! Lorsque j'étais au kommando de terrassement, au mois de juin, je suis tombée malade et j'ai eu beaucoup de fièvre. Je n'arrivais même plus à travailler. J'ai découvert un trou et je m'y suis allongée. Des copines m'ont alors recouverte d'une planche pour que la kapo ne me voie pas. J'ai pu ainsi rester quelques heures et me reposer. Lors de l'appel, il y avait également toujours une fille qui me soutenait pour que je ne m'écroule pas. Mon amie Françoise, qui, à l'arrivée au camp, m'avait empêchée de monter dans un des camions, est même allée échanger mon pain contre de la quinine pour calmer ma fièvre. Et puis dans les blocks, nous vivions

---

26. L'assassinat dans les Krematorium est une des « méthodes » utilisées par les nazis pour exterminer les Juifs et les Tsiganes (voir le témoignage d'Henri Borlant p. 33). Chacun est constitué d'une à quatre chambres à gaz de 210 à 240 mètres carrés, d'une salle de déshabillage et de plusieurs fours crématoires. Les Krematoriums II, III, IV et V possédaient un seul niveau. Il fallait donc un ascenseur pour monter les cadavres du sous-sol au niveau des fours situés au rez-de-chaussée. Les crématoires pouvaient théoriquement brûler, en 24 heures, 4 550 corps. À Birkenau, les SS pouvaient assassiner jusqu'à 12 000 personnes en une seule journée. Le zyklon B utilisé dans les chambres à gaz est un pesticide puissant produisant de l'acide cyanhydrique efficace à partir de 27,5 °C, température à laquelle les cristaux se transforment en gaz mortel. Il est utilisé pour la première fois à Auschwitz à l'automne 1941.

Les fours crématoires à l'intérieur des chambres à gaz de Birkenau. Ils témoignent de l'organisation industrielle implacable avec laquelle les nazis assassinaient les détenus.

presque en binôme, nous nous attachions aux filles qui partageaient notre paillasse, nous veillions les unes sur les autres. Ces actes de solidarité, ces gestes fondamentaux, c'était notre façon à nous de résister. De les « emmerder » ces SS ! Je n'étais ni croyante, ni pratiquante ; pourtant, cette année-là, le 25 septembre 1944, le jour de Kippour, j'ai jeûné[27] pour

27. Yom Kippour (ou le Jour du Grand Pardon) est une des fêtes traditionnelles juives les plus importantes et les plus solennelles. Ceux qui la respectent doivent, entre autres, observer un jeûne de 24 heures, ne pas travailler et prier. Symboliquement, cette journée permet de se libérer de ses péchés et d'honorer la mémoire des disparus. Ce jour-là, 2 000 garçons se voient promettre une ration supplémentaire de pain. En réalité, 1 000 d'entre eux ont été sélectionnés par Mengele pour aller dans les chambres à gaz.

la première fois de ma vie. Les nazis ne m'auraient pas, ne m'annihile-raient pas, ne nous tueraient pas complètement, nous le peuple juif ! Pour certains, continuer à croire et à pratiquer, c'était affirmer leur judaïsme. Pour moi, c'était peut-être aussi, dans l'état de faiblesse où j'étais, une façon de m'en remettre à Dieu…

« J'AVAIS UN OIGNON ET UNE TOMATE DANS LA MAIN »

Un soir, alors que j'étais au kommando de terrassement, j'ai croisé mon père en rentrant au camp. Il était à Auschwitz[28] et moi à Birkenau. Nous nous sommes jetés dans les bras l'un de l'autre. Un SS est tout de suite intervenu et m'a battue à mort, jusqu'à ce que je perde connaissance.

Quand je suis revenue à moi, j'avais un oignon et une tomate dans la main. Mais comment avait-il donc fait mon père pour trouver cet oignon et cette tomate ? Le lendemain, je l'ai à nouveau aperçu mais il n'a pas osé s'approcher de peur qu'on me frappe encore. Je ne l'ai plus jamais revu.

Plusieurs mois plus tard, j'ai reçu une lettre de sa part. C'est un électricien qui pouvait circuler à peu près librement entre Auschwitz et Birkenau qui me l'a transmise. Il est venu dans mon block, a appelé « Rozenberg », et m'a remis la lettre. Moi, je lui ai donné la pièce d'or que j'avais récupérée au Canada et que je gardais précieusement dans un bout de chiffon. Je lui ai dit que même s'il gardait la pièce d'or pour lui, qu'il donne au moins la moitié de sa valeur à mon père. Je ne sais pas s'il l'a fait car je ne l'ai jamais recroisé.

Cette lettre, je l'ai gardée longtemps. Je l'avais encore quand j'ai été transférée de Birkenau à Bergen-Belsen à la fin du mois de novembre 1944. Je l'ai perdue ensuite, et je ne me souviens même plus de ce que mon père m'avait écrit.

---

28. Auschwitz I, le camp souche.

« JE SUIS RESTÉE IMMOBILE TOUT LE TEMPS DE LA SÉLECTION, SANS CHANGER DE PLACE, SANS BOUGER D'UN MILLIMÈTRE »

La dernière sélection que j'ai subie, c'était devant Mengele[29]. Nous nous tenions toutes nues devant trois SS. Mengele examinait nos dents, notre corps, vérifiait que nous n'étions pas trop maigres, que nous n'avions pas de plaies. En général, nous utilisions notre urine pour soigner nos blessures, pour qu'elles cicatrisent plus vite. D'ailleurs, je ne sais toujours pas si c'était vraiment recommandé ! Je suis restée immobile tout le temps de la sélection, sans changer de place, sans bouger d'un millimètre. Et je n'ai pas été sélectionnée pour la chambre à gaz.

Quelques semaines plus tard, un millier d'entre nous sont parties en train à bestiaux. J'ai fait partie des premiers transports à quitter Birkenau[30] alors que les Russes étaient à soixante-dix kilomètres du camp. Nous avons voyagé à 120 par wagon dans des conditions abominables. Beaucoup de femmes sont mortes de faim et d'épuisement pendant le transport et nous, les vivantes, superposions les cadavres pour avoir un peu plus de place…

« AU MOINS, IL N'Y AVAIT PAS DE CHAMBRE À GAZ… »

Après être descendues du train, nous avons marché une dizaine de kilomètres au milieu d'une immense forêt de pins. Puis nous sommes arrivées à Bergen-Belsen. Nous avons été parquées dans une partie

---

29. En mai 1943, le docteur Josef Mengele est nommé médecin-chef de Birkenau. Il participe avec un zèle et un sadisme peu commun à la sélection des déportés dès l'arrivée au camp. Au *Revier,* il choisit les détenus destinés à être gazés et pratique des expérimentations médicales particulièrement cruelles sur les prisonniers, auxquels il inocule des produits chimiques ou des maladies comme le typhus. Les jumeaux ont notamment fait partie de ses nombreuses victimes. À la libération, n'ayant pas été identifié comme criminel de guerre, Mengele est parvenu à s'enfuir en Amérique du Sud, où il meurt en 1979 sans avoir été jugé.

30. Comme nous l'avons dit p. 41, les premières évacuations commencent au mois d'août 1944 et se poursuivent jusqu'au mois de novembre. Henri Borlant quitte Birkenau à la même période.

du camp où rien n'était construit, ni organisé. Nous avons dormi sous de grandes tentes sur des paillasses posées à même le sol[31]. La première nuit, il y a eu une tempête et tout s'est effondré. Nous étions trempées.

Nous avons ensuite été transférées dans un block où il y avait déjà plusieurs centaines de Françaises. Là, nous avons élu nous-même notre chef de block, Anne-Lise Stern[32], une femme d'origine autrichienne qui avait été arrêtée à Pau. Les SS ne nous obligeaient plus à travailler, à moins que nous traînions entre les blocks et qu'ils nous désignent pour une corvée. Les appels étaient moins nombreux, moins rudes aussi. Par contre, nous avions encore plus faim qu'à Auschwitz ! Car à Bergen-Belsen, aucun troc n'était possible.

À partir du mois de décembre, à cause des conditions d'hygiène épouvantables, nous avons été couvertes de poux. J'ai vu des milliers de jeunes femmes mourir du typhus. Moi, je me roulais dans la neige pour tuer les poux et me réchauffer. Parce que j'avais grandi dans les Vosges, j'étais sans doute mieux préparée à affronter un tel hiver.

---

31. Le camp de Bergen-Belsen, à quarante kilomètres de Hanovre, en Allemagne, est créé en 1940. Jusqu'en 1943, il est essentiellement un camp de prisonniers de guerre. En avril 1943, une partie du camp est transformée en « camp de résidence » pour les Juifs susceptibles de servir de monnaie d'échange contre des Allemands retenus par les Alliés (voir le témoignage de Victor Pérahia p. 271). À partir du mois de décembre 1944, Bergen-Belsen devient un des lieux de regroupement des détenus évacués des camps d'Auschwitz et de Birkenau.
Parmi les huit « sous-camps » de Bergen-Belsen, le camp des tentes, où est parqué le transport de Marceline, sert au transit de nombreux convois de femmes en provenance de Pologne. En novembre 1944, 8 000 femmes évacuées d'Auschwitz y sont détenues. La tempête évoquée par Marceline a détruit les tentes et les détenues ont alors été parquées dans des baraques déjà bondées.

32. Anne-Lise Stern est la fille du psychiatre Henri Stern. Elle a été déportée à Auschwitz en avril 1944 après avoir été dénoncée comme Juive. Jusqu'en juin 1945, date de son retour en France, elle transitera par les camps de Bergen-Belsen, Buchenwald et Theresienstadt. Devenue psychanalyste, Anne-Lise Stern a construit son système de pensée autour de la reconstruction après les camps. « Naître, c'est naître après », disait-elle, c'est-à-dire après Auschwitz. En 2004, elle a écrit un ouvrage intitulé *Le Savoir-déporté. Camps, histoire, psychanalyse*. Anne-Lise Stern est décédée en mai 2013.

Lors de la libération de Bergen-Belsen en avril 1945, les Britanniques mettent le camp en quarantaine pour éviter la propagation du typhus.

Et puis, malgré tout, j'étais soulagée d'être dans un camp où, si l'on continuait à mourir par milliers et dans des conditions atroces, au moins, il n'y avait pas de chambre à gaz... C'est à la fin du mois de décembre 1944, quand Kramer, le chef de Birkenau, est

183

arrivé à la tête du camp, que Bergen-Belsen est devenu un endroit aussi terrifiant qu'Auschwitz[33]. Je me souviens d'un Noël terrible où les SS nous ont fait passer toute la nuit dehors, dans la neige, pour nous compter et nous recompter une à une...

À partir du mois de janvier, des milliers et des milliers de déportés sont arrivés en masse[34]. Nous étions de plus en plus nombreux... de plus en plus nombreux à mourir de faim, de plus en plus nombreux à mourir de froid. C'est là que j'ai revu Simone et sa mère, détenues dans des conditions encore pires que les miennes parce qu'il n'y avait plus de place et qu'elles étaient obligées de dormir collées les unes aux autres sur des paillasses à même le sol.

Un jour, un SS est venu dire à notre chef de block qu'il valait mieux s'en aller et que des transports partaient vers des usines. L'Allemagne manquait de main-d'œuvre. À la fin du mois de février, j'ai donc été transférée dans une usine de fabrication de moteurs d'avion destinés aux Junkers, les avions de chasse, à Raguhn, à une trentaine de kilomètres de Leipzig.

« C'EST REDEVENU L'ENFER »

Ragun était dirigé par des paysannes des alentours. Dès qu'elles nous ont vues, elles nous ont donné des robes rayées et même du fil et des aiguilles pour que nous puissions les ajuster à notre taille. J'étais si contente de porter enfin une robe à rayures ! Puis elles nous ont

---

33. En 1934, la « bête de Belsen », Josef Kramer, est un simple garde au camp de Dachau. Il gravit les échelons et, dès 1940, devient l'assistant de Rudolf Höss à Auschwitz. Un an plus tard, il est commandant en chef du camp du Struthof, en Alsace. Après avoir dirigé Birkenau de mai à décembre 1944, il est nommé commandant de Bergen-Belsen. Il y fait montre de la même férocité et de la même cruauté envers les détenu(e)s, leur infligeant entre autres des appels interminables. Kramer est jugé en 1945 à Lüneburg pour crime de guerre. Il est pendu le 13 décembre 1945.

34. Au mois de janvier 1945, plus de 66 000 prisonniers hommes et femmes, dont une très grande majorité de Juifs, ont été évacués d'Auschwitz-Birkenau vers les camps plus à l'ouest (voir le témoignage de Victor Pérahia p. 275).

donné à chacune un pain entier, ce qui ne nous était jamais arrivé. Ce qu'elles ne nous avaient pas dit, c'est que c'était en fait la ration hebdomadaire. Nous avons donc tout mangé d'un coup et nous avons eu très faim pendant toute la semaine !

Nous travaillions douze heures pas jour, sans appel, sans sélection. Quand nous entendions siffler les bombes, nous étions folles de joie ! Au début, les Allemands et les travailleurs libres descendaient dans les caves. Nous, nous restions sur place. Et puis très vite, face à la violence des bombardements, les paysannes nous ont fait descendre avec elles. Au début du mois d'avril, ce camp, qui dépendait de Buchenwald, a à son tour été repris en main par Kramer. Et c'est redevenu l'enfer…

Quand les Américains se sont trouvés à moins de vingt kilomètres, les SS ont été pris de panique et ont décidé de nous faire évacuer. À nouveau. Mais je ne voulais pas repartir une fois de plus. Je voulais attendre les Américains. Alors je me suis cachée dans un cercueil avec une copine qui s'appelait Renée. Nous sommes restées quelques heures comme ça, tête bêche, avant que les Allemands ne nous retrouvent. Pour nous punir, des SS nous ont battues à mort et nous ont mises, Renée et moi, dans le wagon des typhiques.

La marche de la mort, nous l'avons donc faite en wagon, mais c'était aussi terrible. Autour de nous, les gens n'arrêtaient pas de mourir. Les monceaux de cadavres se collaient à moi. À cause des bombardements qui endommageaient les voies de chemin de fer, le train stationnait pendant des heures. Comme nous n'avions rien à manger et rien à boire, nous buvions l'eau des machines et cherchions des pissenlits dans l'herbe.

« JE N'ÉTAIS PAS HEUREUSE, J'ÉTAIS TRISTE, J'ÉTAIS ANGOISSÉE, J'ÉTAIS ÉPUISÉE »

Vers le 20 avril, nous sommes enfin arrivées dans le camp de Theresienstadt, en Tchécoslovaquie. C'était le dernier endroit où les Allemands se battaient encore. Il n'y avait plus de SS car ils s'étaient déjà tous enfuis. Quand ils nous ont vues arriver, les gens du ghetto nous ont apporté du pain. Mais les filles qui sont descendues du wagon ont commencé à se battre pour la nourriture. C'était épouvantable... Nous avons été parquées dans une caserne avec des dortoirs. Même si nous étions un peu mieux traitées, le typhus se répandait à grande vitesse. Si je ne l'ai pas eu, Renée, elle, l'a attrapé, et elle en est morte[35].

Le 10 mai 1945, je me souviens avoir vu un soldat russe avec un drapeau rouge arriver à moto. C'est le souvenir que je garde de la libération. C'était fini. Nous étions libres. Mais qu'allais-je faire, à présent, de cette liberté ? Et où était mon père ? Je n'étais pas heureuse, j'étais triste, j'étais angoissée, j'étais épuisée.

À cause de l'épidémie de typhus, les Soviétiques ont mis le camp en quarantaine. Des filles sont alors venues me prévenir que des prisonniers de guerre partaient en camion pour la zone américaine. Vingt-deux Françaises et moi nous sommes jointes à eux. Ensemble, nous nous sommes dirigés vers Prague, sans savoir que la ville avait en fait été libérée par les Soviétiques ! En plus, nous roulions dans le sens contraire des troupes russes... Comme nous gênions la circulation, les soldats nous ont arrêtés, ont renversé notre véhicule et nous ont dit que si nous voulions continuer, il fallait le faire à pieds ! Nous avons donc marché pendant soixante

---

35. Le camp de Theresienstadt (*Terezin* en tchèque), près de Prague, est ouvert au mois d'octobre 1942 dans la forteresse historique de la ville, transformée en prison par la Gestapo en 1940. Theresienstadt est un camp de transit pour les Juifs tchèques destinés à être déportés. Le camp héberge aussi des Juifs célèbres, qui, probablement, devaient servir d'otages et permettre la libération d'officiers ou de soldats allemands. Mais le camp sert aussi de « vitrine » pour ne pas affoler l'opinion internationale et faire croire que les Juifs étaient bien déportés pour aller travailler à l'Est. Lors d'une visite de la Croix-Rouge en juin 1944, le camp est même aménagé et rénové pour donner l'impression que les détenus vivent décemment. Un film de propagande sous la direction de Kurt Gerron y est tourné : *le Führer offre une ville aux Juifs*. En fait, les Juifs étaient parqués dans des conditions atroces. 33 000 personnes sur les 144 000 détenus sont mortes à Theresienstadt. En 1942, les nazis y avaient même installé un four crématoire. De Theresienstadt, 88 000 Juifs ont été déportés dans d'autres camps de concentration et d'extermination.
Néanmoins, le rassemblement d'artistes et d'intellectuels (dont le français Robert Desnos et le compositeur tchèque Hans Krasa) fait émerger à Theresienstadt une véritable vie culturelle, une « résistance par la culture » : des conférences y sont données, des concerts et des pièces de théâtres y sont organisés. Une école est même ouverte pour les 15 000 enfants du ghetto, dont 90 % n'ont pas survécu.

À l'hôtel Lutetia, des prisonniers libérés regardent les photographies des personnes déportées que l'on recherche encore.

kilomètres, jusqu'à Prague. Une fois dans la ville, nous avons été hébergés dans un lycée. Je souffrais d'une éventration que je cachais depuis longtemps aux Allemands pour échapper au *Revier*. On m'a bandée, soignée, et, un jour, j'ai entendu dire qu'un train partait pour Plzeň (Pilsen), une ville tchèque qui était, cette fois, bien en zone américaine. J'ai donc sauté sur l'occasion pour repartir ! Le train était bondé mais les Russes qui voyageaient avec nous étaient très attentionnés. Et puis, tout d'un coup, le train s'est arrêté. Les troupes russes refusaient d'aller plus loin : « Ceux qui veulent aller avec les Américains iront à pied et ceux qui veulent rentrer à Prague viennent avec nous. » Quelques prisonniers de guerre, quatre autres femmes rescapées de Birkenau et moi sommes descendus et, à nouveau, avons dû traverser ce no man's land à pieds, avant de croiser des soldats américains qui ont accepté de nous emmener avec eux. Et c'est comme ça que nous sommes enfin arrivés à Plzeň !

Si le centre de rapatriement dans lequel nous avons été accueillis a immédiatement pris en charge les prisonniers de guerre qui étaient avec nous, il a refusé de nous rapatrier, nous les cinq déportées juives. Les personnes qui y travaillaient n'avaient pas reçu d'ordre et ne semblaient même pas savoir ce qu'était un camp d'extermination ! Mais les prisonniers de guerre ont insisté et ont menacé de ne pas partir si nous n'étions pas du voyage. Après de longues négociations, les autorités ont finalement accepté de nous rapatrier avec eux. J'ai d'abord pris un camion, puis un train, et c'est en wagon à bestiaux que je suis arrivée à la gare de l'Est, à Paris.

« NE LEUR RACONTE PAS, ILS NE COMPRENNENT RIEN »

Une fois à Paris, nous sommes montés dans des autobus, les mêmes que ceux qui nous avaient emmenés à Drancy. Puis nous avons été conduits à l'hôtel Lutetia[36]. J'étais complètement perdue, épuisée. Et puis je pensais à mon père, je ne pensais qu'à lui. Des gens nous montraient des photographies et nous harcelaient de questions : « Mes petits-enfants sont partis et ne sont pas encore revenus. Les reconnaissez-vous ? » Je répondais systématiquement : « Les enfants sont tous morts. Aucun ne reviendra. » J'étais devenue dure moi aussi, dure comme de la pierre…

Nous avons été bien accueillis, mangions bien, dormions dans des grandes chambres et dans des draps blancs. Je suis restée près de trois semaines au Lutetia, jusqu'à ce que les autorités retrouvent ma mère. Quand je l'ai eue au téléphone, elle m'a demandé de rentrer. Mais je voulais d'abord savoir si mon père était là. À la façon évasive qu'elle a eue de me répondre, j'ai compris que mon père n'était pas revenu. « Je ne veux pas rentrer si papa n'est pas là. »

---

36. Voir le témoignage de Charles Palant p. 101.

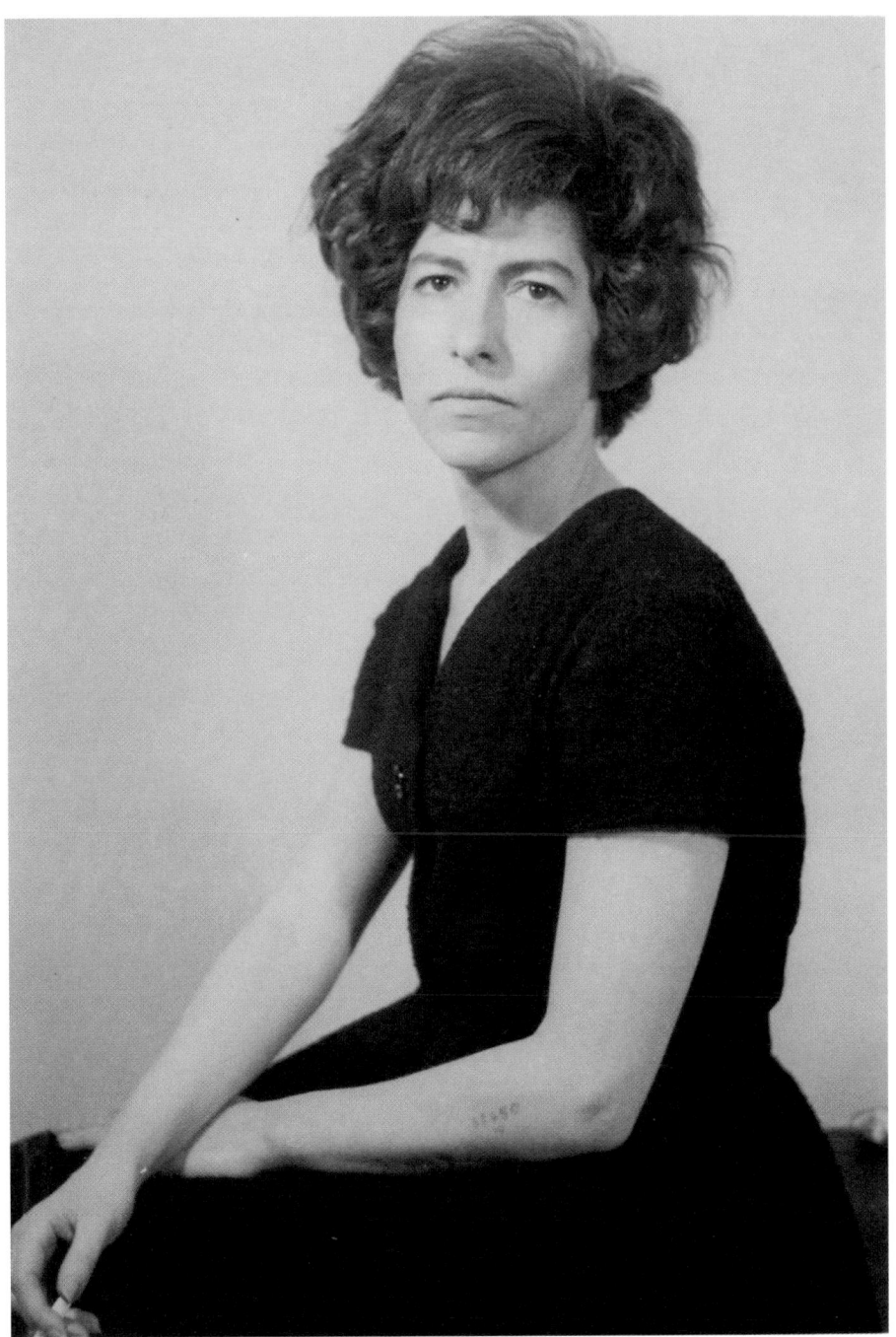

Marceline à la fin des années 1950.

Michel, le petit frère de Marceline, Henri, son frère aîné, et Jacqueline, sa petite sœur, pendant l'été 1946.

Je ne voulais pas retourner à Bollène. Je ne pouvais pas, pas sans mon père. Mais il était aussi impossible que je reste au Lutetia. Je me suis donc retrouvée dans un train qui a roulé dix-huit heures avant d'arriver à Bollène. À la gare, un de mes oncles qui revenait lui aussi de Birkenau m'attendait. Il avait essayé de décrire ce que s'était passé à Auschwitz-Birkenau mais personne n'avait voulu le croire. Alors en m'accueillant, il m'a dit : « Ne leur raconte pas, ils ne comprennent rien. » Il y avait aussi Michel, mon petit frère qui avait maintenant 7 ans. « Tu me reconnais ? » lui ai-je dit. « Oui, je crois que tu es Marceline... » Quand je suis arrivée à la maison, j'ai très vite compris que je ne pourrais pas rester. Ma mère a insisté. Je lui ai obéi, mais je n'arrivais plus à vivre normalement. Je ne supportais plus les gens. J'étais sauvage, je dormais par terre, je faisais des cauchemars abominables. Et personne ne le comprenait. Je ne pouvais parler de rien. J'étais vivante, mais brisée.

Et puis je pensais que ce n'était pas moi qui aurais dû revenir, mais mon père. Parce qu'un père, c'est fondamental, c'est ce qui tient une famille, c'est beaucoup plus important qu'une sœur. Sa disparition l'a tuée, elle a tué Michel et Henriette, qui ont tous les deux mis fin à leur jour, l'un en 1979, l'autre en 1981. Jacqueline m'a raconté qu'elle et Michel étaient restés cachés pendant toute la durée de la guerre chez des paysans des Cévennes. Ils s'en étaient sortis, certes, mais ils étaient cassés eux aussi.

Je n'ai jamais repris des études. Je me suis mise à voler, à trafiquer. Je dévorais des livres, je n'avais pas de culture mais j'étais attirée par tous ceux qui en avaient. J'ai erré pendant longtemps, à Bollène, Paris, j'ai essayé de me suicider, deux fois. C'était le bazar dans ma vie et dans ma tête[37]. Je me suis mariée à 20 ans avec un très beau garçon, Francis Loridan, mais ça n'a pas duré. J'ai découvert Saint-Germain-des-Prés, le jazz, le swing, la liberté, de nouvelles façons de penser. Bref, je me suis enfuie…

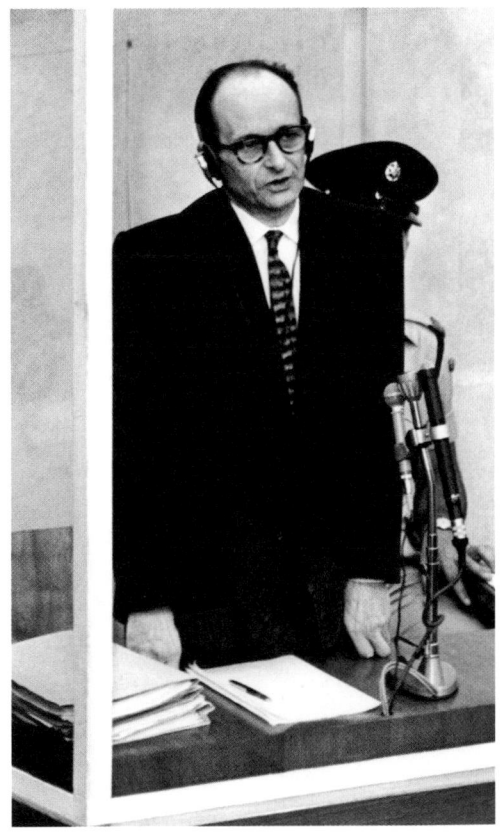

Adolf Eichmann est jugé à Jérusalem en avril 1961.

Au lendemain de la guerre, De Gaulle, misant sur l'unité nationale, refusait d'évoquer le sort fait aux Juifs. Seul comptait les résistants qui avaient été déportés. Et puis, on a oublié qu'il y avait eu, en France, des gens pour dénoncer les Juifs.

J'ai été frappée qu'après la guerre, il y ait encore de l'antisémitisme. Je me souviens avoir dû me déchausser pour prouver à une jeune fille que les Juifs n'avaient pas les pieds crochus ! Et puis,

---

37. En 2008, Marceline Loridan-Ivens évoque son histoire dans un livre qu'elle intitule *Ma vie balagan*. « Balagan » signifie « désordre », « bazar » en yiddish et en hébreu.

en 1961, le procès d'Adolf[38] Eichmann a attiré l'attention de l'opinion sur ce qu'avaient subi les Juifs. Dix ans plus tard, la décision de Georges Pompidou d'instaurer la parité des pensions entre Juifs et résistants a réellement commencé à faire changer les choses. Ce n'était pas une question d'argent, mais une question de principe. Ce n'est qu'après, enfin, qu'on a bien voulu nous entendre…

Aujourd'hui, quand j'entends qu'on assassine encore des Juifs pour ce qu'ils sont, quand je vois la violence et l'ignominie dont l'homme est encore capable, je suis en colère. En colère et inquiète. Je me demande comme un peuple de 12 millions de Juifs va survivre à notre monde…

Chaque acte antisémite, chaque slogan, est un poignard, une offense faite à l'histoire et à ces 6 millions d'hommes, de femmes et d'enfants assassinés. Pendant longtemps, j'ai cru qu'on pouvait changer le monde et l'améliorer. Que ce n'était pas trop tard. Aujourd'hui, je ne sais plus…

« J'AI UN CAMP DANS LA TÊTE »

Birkenau n'est pas derrière moi. On n'en sort pas, jamais. Aujourd'hui encore, beaucoup de choses m'y renvoient. Les corps, les trains, les cheminées d'usine, les douches, les vêtements rayés. J'ai un camp dans la tête.

---

38. Adolf Eichmann entre dans la SS en 1931. Après l'Anschluss en 1938, il est envoyé en poste à Vienne, où il déploie ses talents d'organisateur dans la spoliation et l'émigration massive des Juifs autrichiens. En décembre 1939, il est nommé à la tête de la section IVB4 du Service central de sécurité du Reich en charge des questions juives. C'est à ce poste, peu élevé dans la hiérarchie mais capital dans la mise en œuvre de la Shoah, qu'Eichmann organise les déportations des Juifs de toute l'Europe vers les camps d'extermination de Pologne. Après la guerre, Eichmann parvient à échapper à toutes les recherches, et émigre en Argentine sous le nom de Ricardo Klement. Le Mossad, les services secrets israéliens, l'enlève et le conduit en Israël en mai 1960. L'année suivante, il est jugé à Jérusalem. Condamné à mort, il est pendu le 1er juin 1962 (voir le témoignage d'Henri Borlant p. 56 et de Victor Pérahia p. 283).

Marceline Loridan-Ivens et Anouk Aimée, le personnage central
de la Petite Prairie aux bouleaux, à Birkenau, en 2002.

Certains survivants n'ont pas pu reprendre la vie où ils l'avaient laissée, et se sont suicidés. J'ai finalement peut-être eu plus de chance…

Aujourd'hui, ce dont je souffre peut-être le plus, c'est de la mort de ma culture. La culture juive d'Europe centrale, la Mitteleuropa, celle de mes origines, celle qui a tant apporté à la pensée occidentale. Je ne l'ai pas assez connue, et elle ne m'en manque que davantage. Sur ce point, les nazis ont gagné. Ils l'ont tuée. Et toute l'Europe a été complice.

Je ne suis jamais retournée à Łódź, mais je suis revenue en Pologne, et même à Auschwitz, en 1991. Je devais aller présenter *Une Histoire de vent* au festival de Varsovie, le film que Joris Ivens et moi avions réalisé. Au début, je ne voulais pas y aller, puis j'ai fini par donner mon accord, mais à une condition : que je puisse me rendre à Auschwitz, là où 50 membres de ma famille ont été assassinés…

Quand je suis arrivée, j'ai été frappée par l'immensité de ce lieu terrifiant. Le camp me semblait tellement plus petit quand j'avais 16 ans. J'ai tout de suite reconnu les baraques dans lesquelles j'avais vécu. J'ai entendu les bruits, j'ai revu les corps meurtris, la violence, les coups, tous ces visages disparus. J'ai ressenti la haine, le mal qu'on nous a fait. Et puis je me suis dit que Primo Levi avait raison, les vrais témoins sont absents. « Nous, les survivants, nous sommes une minorité exiguë mais anormale. Ceux qui l'ont fait, qui ont vu la Gorgone, ne sont pas revenus pour raconter, ou sont revenus muets. »[39]

Marceline Loridan-Ivens lors de la présentation de son spectacle *Ma vie balagan*, en 2014.

39. Primo Levi, *Les Naufragés et les Rescapés*, 1989.

Et après...

Quand on lui demande si elle a été heureuse, Marceline Loridan-Ivens répond comme un des personnages de *Chronique d'un été*, dans lequel elle tient, en 1960, un rôle important : « Oh vous savez, dans la vie, j'ai eu du bonheur, j'ai eu du malheur, il faut bien partager les deux. »

Dans les années 1960, Marceline devient cinéaste. Une cinéaste engagée, indépendante et rebelle qui prend fait et cause pour l'indépendance algérienne et réalise en 1963 avec Jean-Pierre Sergent *Algérie, année zéro*.

En 1963 toujours, Marceline rencontre et épouse le réalisateur Joris Ivens. Pendant 28 ans, ils s'aiment passionnément et vont où leur cœur et leur caméra les guident. En Chine, pendant la Révolution culturelle, au Viêt Nam, déchiré par la guerre, et au Laos. Ensemble, ils réalisent dix-huit films, qui portent tous la marque de leur combat pour l'émancipation des peuples. En 1989, *Une Histoire de vent* les rassemble une dernière fois. Quelques mois plus tard, celui qui aimait tant filmer les éléments, l'eau, la pluie, le vent, s'éteint. C'est seule que Marceline Loridan-Ivens réalise en 2003 *la Petite Prairie aux bouleaux*, et qu'elle retourne encore une fois à Birkenau, sur les traces de sa famille, assassinée par les nazis, et de son père, qui est dans chacun de ses mots et de ses douleurs. C'est pour lui qu'elle écrit *Et tu n'es pas revenu* en 2015.

526	LEVY	Gilberte	7. 3.39	Ohne	23278
527	LEVY	Henri	27. 3.99	Mechaniker	22693
528	LEVY	Henri	I7. 7.23	Pelzer	22893
529	LEVY	Josué	26. 2.92	Apotheker	22484
530	LEVY	Julien	II. 7.98	Vertreter	22695
53I	LEVY	Léon	30. I.93	Markthändler	23350
532	LEVY	Léonie	27. 8.43	Ohne	23280
533	LEVY	Lucie Rosalie	5. 2.73	Ohne	22599
534	LEVY	Madeleine	20. 8.00	Pelzmacherin	22892
535	LEVY	Marcel	7. 3.I0	Hutmacher	23432
536	LEVY	Marie	I5. 2.42	Ohne	227II
537	LEVY	Maurice	3I. 3.I5	Buchhalterin	22936
538	LEVY	Naura	7. I.03	Ohne	22694
539	LEVY	Robert	4. 4.27	Elektriker	22894
540	LEVY	Salomon	2. 5.88	Pelzer	2289I
54I	LEVY	Simha	24.I0.03	Ohne	23275
542	LEVY	Suzanne	26. 4.4I	Ohne	23279
543	LEVY	Zumbul	I5. 6.08	Schneider	227I0
544	LEWIN	Georges	I. 7.9I	Dreher	222I8
545	LEWINSKI	Jules	I3. I.97	Vertreter	23II4
546	LEWISSOHN	Ludwig	I. 2.8I	Ingenieur	23396
547	LICHSZTEIN	Maria	I2.I2.04	Näherin	2324I
548	LICHSZTEIN	Sarah	I6. 3.28	Ohne	23242
549	LICHTENSTEIN	Bernard	24.I2.77	Gastwirt	2307I
550	LINDEMANN	Arthur	20. 2.99	Arbeiter	22603

Sur cette liste du convoi n° 75, on peut lire à côté du numéro 548 le nom,
le prénom, la date de naissance, la profession et le matricule de Drancy
de Sarah. « Ohne » signifie « sans profession ». Au-dessus, on peut lire le nom
de Maria, sa mère. « Näherin » veut dire « couturière ».

SARAH MONTARD

DÉPORTÉE À 16 ANS LE 30 MAI 1944 PAR LE CONVOI N° 75

Ce jour-là, il pleut. Sarah Montard, 86 ans, a encore bien peu dormi la nuit précédente. Fatiguée mais le regard malicieux et les yeux si bleus, elle nous ouvre pourtant sa porte avec chaleur. Elle est enthousiaste et prête à raconter, une fois encore, son histoire. Tout de suite, sa voix nous enveloppe. Tout de suite, nous sommes en 1928.

« Le rêve, c'était la France »

Je m'appelle Sarah Montard, née Lichtsztejn. Je suis venue au monde le 16 mars 1928 dans la ville libre de Dantzig[1] – aujourd'hui Gdaňsk –, en Pologne.

Mes parents et moi sommes arrivés en France en octobre 1930. Mon oncle Joseph était venu avant nous. Moïse, mon père, a rejoint son frère à Grenoble avant de monter à Paris pour préparer notre arrivée, quelques mois plus tard. Ses nombreux frères et ses sœurs, et leurs familles restés en Pologne ont tous été exterminés par les nazis pendant la guerre.

Maria, ma mère, était d'une famille de huit enfants, sept filles et un garçon. En 1930, trois de ses sœurs sont parties en Palestine. Elles ont ainsi participé à la construction de Tel Aviv. Une autre sœur de ma mère, Annette, s'est installée à Paris en 1935.

Pendant deux ans, jusqu'à notre départ pour la France, nous avons vécu chez mes grands-parents maternels, dans un petit village près de Brest-Litovsk, à Maloryta. Quand mes parents sont nés, la zone était sous obédience russe, puis en 1918, après le traité de Brest-Litovsk, ce territoire est devenu polonais[2].

Mes parents avaient quitté la Pologne car la situation économique était très difficile et l'antisémitisme épouvantable. Pourquoi avaient-ils choisi la France ? À leurs yeux, c'était le pays de la Révolution et des Droits de l'Homme. Le rêve, c'était la France.

---

1. À l'issue de la Première Guerre mondiale, le traité de Versailles, établi en 1919, fait du territoire de Dantzig (qui appartenait à la Prusse) une ville libre dotée d'un statut international sous mandat de la Société des nations. Sa souveraineté est toutefois limitée au profit de la Pologne. Le couloir de Dantzig, qui sépare l'Allemagne de la ville libre, est accordé à la Pologne afin que l'État puisse avoir un accès à la mer Baltique. Dès son arrivée au pouvoir en 1933, Hitler réclame la restitution de Dantzig. Son annexion par l'Allemagne en 1939 sera à l'origine de l'entrée en guerre de la France et du Royaume-Uni en septembre 1939.

2. Rappelons que depuis la signature du traité de Brest-Litovsk le 3 mars 1918 entre les Empires centraux, c'est-à-dire l'Allemagne, l'Autriche-Hongrie, la Bulgarie, l'empire Ottoman, et la Russie soviétique, la Pologne n'est plus sous domination russe et a retrouvé son indépendance.

Pour mon père, anarchiste, et ma mère, militante communiste ralliée à ses idées, ce choix s'était imposé ! Et puis, de toute façon, ils n'avaient pas assez d'argent pour partir ailleurs, comme aux États-Unis par exemple.

« Mon père, un des premiers clandestins »

En arrivant à Paris, nous avons d'abord habité le XVe arrondissement. Puis, très vite, nous sommes partis dans le XXe, entre Belleville et les Buttes Chaumont, où les loyers étaient moins chers et où les familles juives pauvres étaient nombreuses. Dans ces quartiers, on parlait essentiellement le yiddish.

À cette époque, il n'y avait ni jardins d'enfants ni crèches. On allait à l'école maternelle à 4 ans. Je n'ai donc pas parlé le français jusqu'à cet âge. Mes parents, qui voulaient absolument connaître cette langue, allaient prendre des cours du soir à l'Alliance française. Ma mère était

Sarah, 6 mois, entourée de ses parents,
Maria et Moïse Lichtsztejn, et de sa tante Reyzl, la sœur de son père,
à Maloryta, près de Brest-Litovsk, en Pologne.

ouvrière à domicile dans la confection pour dames. Mon père, lui, était un intellectuel ! Il était poète, il était écrivain, il était journaliste, il était instituteur pour les écoles juives… Bref, il n'avait pas de travail, mais des petits boulots. Il publiait des poèmes et des articles dans différents journaux juifs. Il n'avait donc pas de carte de travail. Dans les années 1930, il était expulsé très souvent ! Il recevait, tous les six mois environ, un papier de la Préfecture signifiant son expulsion. Chaque fois, il était conduit, soit à la frontière espagnole, soit à la frontière italienne… mais chaque fois, il revenait clandestinement.

« Les Juifs que je connaissais étaient tous pauvres »

À cette époque, nous commencions à souffrir de l'antisémitisme. Depuis l'affaire Dreyfus, les Français étaient partagés. Mes parents étaient de gauche, et même chez les gens de gauche, il y avait de l'antisémitisme. Pour les marxistes, la religion, quelle qu'elle soit, devait être rejetée car ce n'était rien du tout. À tel point que des militants ont fondé le club anarchiste juif[3], auquel mes parents ont adhéré. En 1936, les actes chauvins, voire antisémites, se sont multipliés. À l'école des filles, nous étions traitées de « sales juives ». Certaines camarades nous tiraient même les cheveux ! Dans les écoles de garçons, les Juifs et les non-Juifs se battaient entre eux. Je me souviens qu'un jour, alors que j'avais 8 ans, mon institutrice nous a fait chanter *la Marseillaise*. Moi, je fredonnais l'air, mais je ne connaissais pas bien les paroles. Elle m'a alors demandé :
« Pourquoi tu ne chantes pas les paroles ?
– Je ne les connais pas…
– Comment ! Tu n'as pas honte ! Tu ne connais pas l'hymne national du pays qui nourrit tes parents ! »

---

3. Dans *les Libertaires du Yiddishland* (Éditions Alternative Libertaire, 2013), Jean-Marc Izrine a publié des photos des parents de Sarah Lichtsztejn et des groupes anarchistes qui réunissaient jusqu'à trois cents personnes à Paris. Le livre montre l'implication des anarchistes juifs au sein de tous les combats révolutionnaires du XIXe et du XXe siècle.

À 8 ans, je ne pouvais pas lui répondre : « Mes parents travaillent pour gagner de quoi manger ! »

Je me souviens également des événements de 1936, du Front populaire. Mon père me portait sur ses épaules dans les manifs. Les fins de mois étaient très difficiles à cette époque, et nous vivions grâce au salaire de ma mère, qui, comme beaucoup d'autres, demandait à notre épicière de noter les courses sur l'ardoise. Et les commerçants faisaient des remarques : « Ces Juifs se croient tout permis ! Ils veulent tout avoir gratuitement alors qu'ils sont riches ! » Mais moi, les Juifs que je connaissais étaient tous pauvres. C'était des artisans, des ouvriers, des intellectuels…

Sarah à Maloryta.

En 1933, l'année où Hitler devint chancelier du Reich après avoir été appelé par le président de la République allemande, le maréchal Paul von Hindenburg, beaucoup de gens ont émigré en France, et pas seulement des Juifs. Une amie de ma mère, une Berlinoise antihitlérienne, mariée très jeune et divorcée, avait ainsi quitté son pays en laissant son enfant à ses parents. Il y avait aussi des Juifs qui arrivaient d'Allemagne et qui nous racontaient toutes les exactions[4]. Mais nous n'arrivions pas à y croire vraiment. Pour nous, ils exagéraient. Mon

---

4. Voir le témoignage d'Ida Grinspan p. 112.

père disait qu'un peuple qui avait vu naître Beethoven et Goethe ne pouvait pas faire des choses pareilles, même si nous avions entendu parler de la Nuit de Cristal[5], ce pogrom perpétré contre les Juifs en Allemagne, dans la nuit du 9 au 10 novembre 1938. Pour ces Juifs qui pensaient être des Allemands à part entière et qui ne parlaient même pas le yiddish, de telles persécutions étaient vraiment épouvantables !

En 1937, mon grand-père maternel est mort de maladie en Pologne. Ma mère, ma tante Annette et moi sommes donc parties pour voir ma grand-mère. Le voyage pour Varsovie a duré deux jours et deux nuits. À Berlin, j'ai eu comme un mauvais pressentiment. Nous étions en queue de convoi, à l'extérieur, sur une espèce de viaduc qui surplombait une place ronde. De chaque côté, il y avait une pelouse très bien tondue et un avion de chasse avec une croix gammée sur les ailes. Je n'avais que 9 ans mais ça m'a fait une impression terrible… Heureusement, au même moment, Rachel, une autre sœur de ma mère qui vivait en Palestine, était également venue en Pologne et a ramené ma grand-mère avec elle, lui permettant d'échapper au massacre qui allait être perpétré[6]. Après la guerre, j'ai pu ainsi la revoir...

De 1936 à 1939, la guerre civile en Espagne a fait des ravages. Elle opposait les partisans du gouvernement républicain espagnol du Front populaire aux militaires nationalistes emmenés par le général Franco. À Paris, mes parents connaissaient beaucoup de réfugiés républicains espagnols. Au cinéma, pendant les actualités, on voyait des enfants tués sous les bombes… À la maison, j'en entendais parler tout le temps.

---

5. À la suite de l'expulsion du Reich des Juifs polonais en octobre 1938, un jeune Juif de 17 ans, Herschel Grynzpan tire sur un secrétaire de l'ambassade d'Allemagne, Ernest vom Rath. En représailles, Joseph Goebbels, en accord avec Hitler, organise, dans la nuit du 9 au 10 novembre 1938, un des plus grands pogroms ayant eu lieu en Allemagne et en Autriche. Il donne l'ordre d'incendier toutes les synagogues du Reich. En tout, 319 synagogues sont détruites pendant la Nuit de Cristal. 7 500 magasins juifs sont pillés, des centaines de Juifs sont battus et 118 sont assassinés dans la rue. 30 000 Juifs sont arrêtés et déportés.

6. 2 700 000 Juifs polonais ont été assassinés pendant la Seconde Guerre mondiale.

Sarah entourée de ses parents, le 21 mars 1934.

« Tout a été rationné »

À l'école primaire, j'étais une très bonne élève. J'ai réussi l'examen d'entrée en sixième, qui était pourtant difficile. Je le dis d'ailleurs quand je témoigne aujourd'hui devant les jeunes, les troisièmes, les premières et les terminales : « Je ne suis pas sûre que je pourrai repasser cet examen, mais vous, sûrement pas ! » Le niveau en orthographe, comme en calcul, était terriblement exigeant.

Les cours commençaient le 1er octobre. Mais le 3 septembre 1939, quand la France a déclaré la guerre à l'Allemagne, par crainte des bombardements, la mairie du XXe arrondissement, avec l'accord des parents, a envoyé les écoliers à Mers-les-Bains et au Tréport, à côté de Dieppe, dans des colonies de vacances[7]. Nous sommes restés là pendant trois ou quatre semaines. Il commençait à faire froid et les locaux n'étaient pas

---

7. En tout, en 1939, 16 000 enfants parisiens sont évacués et envoyés dans des colonies de vacances.

équipés pour recevoir des enfants en cette saison. Il n'y avait pas assez de matelas, pas assez de couvertures... il n'y avait rien ! On nous a donc envoyés chez des religieuses à Etrépagny, dans l'Eure. J'y suis restée deux semaines.

À la fin du mois d'octobre, mon père, mobilisé dans l'armée polonaise – un accord franco-polonais datant du 9 septembre 1939 avait mis sur pied une division polonaise recrutée parmi les citoyens polonais résidant en France et notamment stationnée à Parthenay, dans les Deux-Sèvres –, a profité d'une permission pour venir me chercher parce que je m'ennuyais de mes parents. Il m'a ramenée à Paris et j'ai fais ma rentrée, avec un mois de retard, au lycée de Jeunes Filles du cours de Vincennes, qui est, depuis 1944, le lycée Hélène Boucher. C'est là que, par hasard, je rencontrerai en 1947 mon mari, et c'est aussi dans ce lycée que ma fille enseigne aujourd'hui ! Plusieurs élèves avaient, comme moi, un peu de retard. J'ai fait un premier trimestre en sixième. Je faisais donc du

Sarah et Maria en 1937. Sarah a 9 ans. Cette photographie a été conservée par Sarah avant qu'elle déchire son passeport.

français, du latin et de l'anglais en première langue. J'aimais vraiment beaucoup avoir des professeurs différents pour chaque cours...

Puis, très vite tout a été rationné. Des cartes d'alimentation ont été distribuées. Il y avait des queues immenses devant les commerces. Et il fallait se contenter des produits qui arrivaient. Les files d'attente se formaient à partir de 5 heures du matin. En général, les parents faisaient la queue avant d'aller travailler. Puis les enfants prenaient la place des parents jusqu'à l'heure de l'école. Ensuite, c'étaient les grands-parents qui arrivaient. Vous attendiez ainsi pendant des heures et des heures et, quelquefois, quand vous arriviez devant le comptoir, il n'y avait plus rien dans les rayons. À cette époque, nous avons aussi reçu un masque à gaz que l'on nous a appris à utiliser. Il était rangé dans un étui en métal avec une bandoulière et il fallait penser à l'emmener partout. Je me souviens que c'était très lourd. Il n'y avait que les petits de l'école maternelle qui en étaient dispensés. D'ailleurs, ils n'auraient pas su s'en servir car c'était bien trop compliqué...

UNE ENFANT DE L'OSE

Le frère de mon père avait deux enfants, Bassia et Abraham. Pour nous protéger des bombardements, nos parents ont décidé de nous envoyer, mes cousins et moi, sur la Côte d'Azur, dans une maison de l'OSE, l'Œuvre de secours aux enfants[8], où j'ai passé une année entière. Nous étions hébergés à Boulouris-sur-mer, à côté de Saint-Raphaël, au bord de la mer, et le lycée était à Draguignan. Comme on ne pouvait pas détacher un moniteur ou une monitrice pour m'y conduire et pour venir me rechercher, on m'a « recollée » en CM2, à l'école du village, alors que

---

8. L'OSE est une organisation juive créée en Russie avant la Première Guerre mondiale. Pendant toute la durée de la Seconde Guerre mondiale, l'OSE aide les Juifs venus d'Allemagne et d'Autriche et essaie de soustraire les enfants à la déportation. Jusqu'en 1942, les maisons d'enfants de l'OSE, situées principalement dans le sud de la France et dans la Creuse, accueillent environ 1 080 enfants. À partir de l'été 1942, l'œuvre de secours aux enfants organise clandestinement le sauvetage d'environ 5 000 enfants juifs.

j'étais en sixième ! Mais nous avions une institutrice extraordinaire qui me donnait des cours particuliers d'algèbre...

Ce fut une année très agréable. Les filles et les garçons étaient réunis, c'était le temps des premières amourettes, même si tout cela restait très chaste. Il y avait bien un tunnel où nous nous retrouvions pour des petits baisers, mais c'était amusant, insouciant... Plus tard, ce tunnel a servi au débarquement en Provence. L'un de nos camarades du village y a d'ailleurs été tué...

Notre institutrice nous faisait parcourir la garrigue pour les leçons de choses. Elle nous montrait les plantes et les animaux. En février, c'était formidable, il y avait des mimosas, des forêts de mimosas, ça sentait bon, c'était merveilleux ! Pendant ce temps-là, mon père était toujours mobilisé et ma mère travaillait. On s'écrivait bien sûr, mais je m'ennuyais d'eux.

Nous entendions souvent parler de la guerre parce que les moniteurs et les monitrices écoutaient la radio et en parlaient entre eux.

Un jour, au mois de juin, notre institutrice nous a dit : « Ne vous asseyez pas, j'ai quelque chose de très grave à vous dire... Les Allemands sont entrés dans Paris. » Elle pleurait. Nous étions le 10 juin 1940.

Les Allemands ont tout de suite partagé la France en deux, la zone Nord et la zone Sud. Une fois, ma mère est venue me voir. Elle n'avait pas de laissez-passer mais elle est tout de même parvenue à traverser la ligne de démarcation à Châlons-sur-Saône.

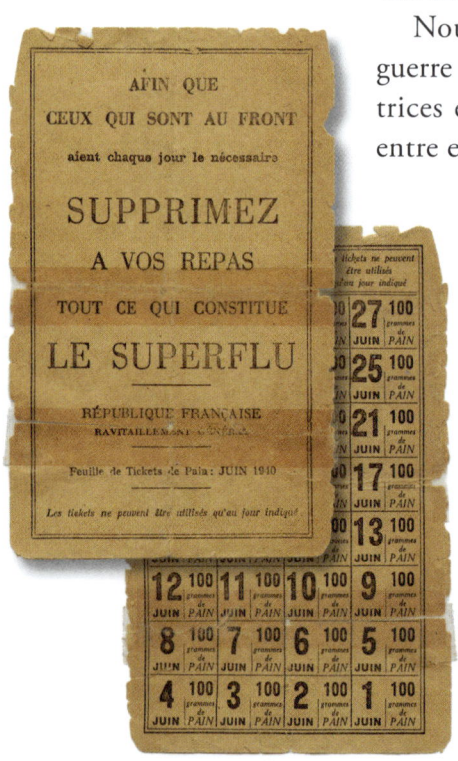

Carte de rationnement pour le pain édité au mois de juin 1940.

J'ai passé mon certificat d'études à Saint-Raphaël. J'ai perdu le diplôme, mais je l'ai eu, signé par Albert Lebrun, le président de la République de l'époque ! Et puis, à la fin de l'année scolaire, ma mère est venue me chercher et m'a ramenée à Paris.

« TOUT ÉTAIT DE LA FAUTE DES JUIFS »

Alors que Paris était occupée, le maréchal Pétain a mis fin à la Troisième République et a instauré l'État français. Il disait qu'il voulait rendre l'Occupation moins pénible aux Français et est allé au-devant de ce que demandaient les Allemands… À Paris, il n'y avait pas encore d'arrestations, mais il y avait quand même des exactions. Un premier statut des Juifs a été édicté le 3 octobre 1940[9]. Il excluait tous les Juifs de la fonction publique, les instituteurs, les professeurs, les policiers, les postiers, tous les fonctionnaires. Il a ensuite été « amélioré » en juin 1941. Ce deuxième statut radiait tous les Juifs des professions libérales, les médecins, les avocats, les infirmières…

Pendant l'Occupation, les publicités dans les journaux – les « réclames » – et au cinéma, entre les actualités et le film, avaient, elles aussi, de lourds relents antisémites. Je me souviens de « Lissac n'est pas Isaac ». Parce qu'Isaac était juif, les manuels d'Histoire *Mallet et Isaac* d'Albert Mallet et Jules Isaac ont même été retirés.

Depuis notre arrivée en France, nous sentions que les Juifs étaient considérés comme la lie de la terre. Il faut dire que certains théologiens chrétiens avaient décrété que les Juifs étaient collectivement coupables du supplice de Jésus-Christ, oubliant de préciser que Jésus et sa mère étaient Juifs. Certains ne savaient pas non plus que la Cène, peinte par Léonard de Vinci, qui réunit Jésus et ses apôtres, est la célébration de la Pâque juive…

---

9. Le statut des Juifs du 3 octobre 1940 définit le Juif comme une catégorie raciale spécifique. Article premier : *Est regardé comme juif (…) toute personne issue de trois grands-parents de race juive ou de deux grands-parents de la même race, si son conjoint lui-même est juif.* Les exclusions de la fonction publique ont touché 3 000 personnes (voir le document 1 en annexe).

En 1941, l'Institut d'études des questions juives, le fer de lance de la propagande nazie, a même organisé une exposition intitulée « Le Juif et la France » au palais Berlitz, boulevard des Italiens. Elle voulait montrer la supposée emprise des Juifs sur les institutions, la politique, les médias[10]... En fait, tout était de la faute des Juifs. Ils étaient coupables de tout !

LA PREMIÈRE RAFLE

Le 27 septembre 1940, une ordonnance allemande enjoignit les Juifs de la zone Nord, français comme étrangers, à se faire recenser avant le 20 octobre dans les mairies et les commissariats. Les autorités devaient aussi apposer le tampon « Juif » sur leurs papiers d'identité provisoires. Les gens y sont allés. Mon père, qui était démobilisé, y alla aussi. Sur sa fiche, on indiqua que nous vivions dans le XXe arrondissement – nous habitions rue des Pyrénées –, qu'il était marié et qu'il avait un enfant.

Ce fichier de recensement a permis à la Préfecture de police de Paris de convoquer individuellement, le 14 mai 1941, les Juifs étrangers pour, soi-disant, « régulariser » leur situation. Ce fut en fait la première rafle, celle dite du « billet vert »[11] en raison de la couleur de la lettre de convocation. Quand ils sont arrivés au commissariat, ces hommes ont été arrêtés et immédiatement envoyés dans les camps du Loiret, à Pithiviers et à Beaune-la-Rolande. Heureusement, mon père ne s'était pas présenté...

---

10. L'exposition commence le 5 septembre 1941 et se termine le 15 janvier 1942. Des photographies et des maquettes prétendaient démontrer en quoi les Juifs possédaient bien les caractéristiques physiques caricaturales qu'on leur attribuait (un nez crochu par exemple !).

11. Le 14 mai 1941, la préfecture de police et les autorités allemandes en zone occupée organisent la première arrestation massive d'hommes juifs. Cette rafle est unique par sa méthode puisqu'elle est opérée par convocation individuelle. Le « billet vert » est remis à domicile, la veille, par des agents de la police française. Mêlant des termes de courtoisie, le souci d'exactitude, puis la menace de « sanctions les plus sévères » contre les réfractaires, le billet « invite à se présenter en personne, accompagné d'un membre de sa famille ou d'ami pour examen de la situation », à 7 heures du matin, muni d'une pièce d'identité. De la gare d'Austerlitz où une noria d'autobus les dépose le même jour, sous bonne garde de gendarmes français, quatre trains spéciaux les mènent en direction des camps du Loiret. 2 140 hommes sont internés à Beaune-la Rolande, 1 570 à Pithiviers.

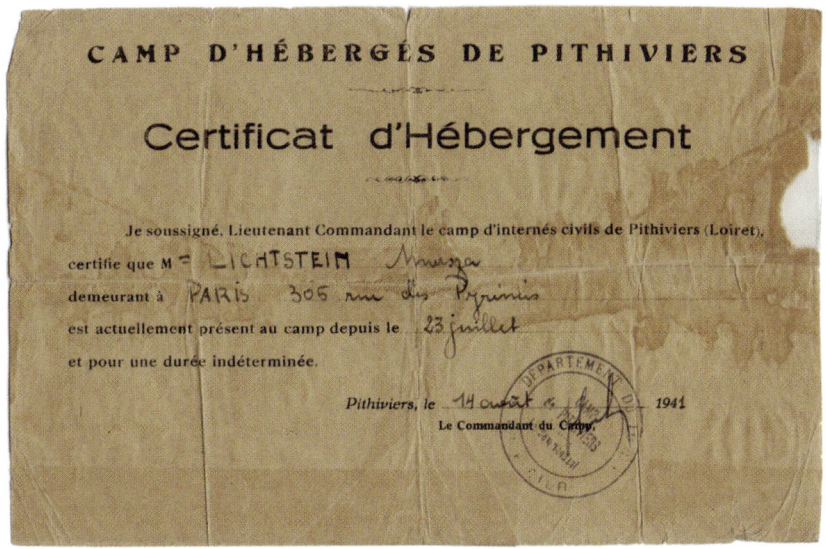

Certificat remis à Moïse Lichtsztejn au camp de Pithiviers où il est interné
depuis le 23 juillet 1941

Un jour, une voiture de pompiers est arrivée rue des Pyrénées. À l'époque, avec mes camarades, nous jouions souvent dans la rue car il y avait alors peu de voitures. Nous avons vu les pompiers « sortir » d'un immeuble un homme qui avait tenté de se pendre. Plus tard, nous avons appris que c'était un Juif allemand réfugié en France. Au moment du recensement, il avait compris que les exactions allaient se multiplier en France, comme cela avait été le cas en Allemagne. On aurait peut-être dû le laisser mourir, après tout… Mon père a été arrêté dans la rue en 1941, lors d'un contrôle d'identité, un contrôle au faciès… Il a été « hébergé », comme le précise la fiche d'enregistrement, à Pithiviers[12],

---

12. Le fonctionnement du camp de Pithiviers, comme celui de Beaune-la-Rolande, relève des autorités françaises à travers la préfecture du Loiret à Orléans, sous la tutelle des autorités allemandes. D'une superficie de cinq hectares situés dans les faubourgs de la ville, Pithiviers compte dix-neuf baraques en bois. Les conditions sont précaires malgré l'intervention des associations d'assistance et d'entraide. Les internés sont assujettis à des corvées ou travaillent à l'extérieur. Près de 250 hommes sont ainsi placés dans des fermes des alentours et plusieurs centaines travaillent en usine. Deux premiers convois de déportation vers Auschwitz quittent Pithiviers le 25 juin, puis le 17 juillet 1942.

dans l'ancien camp de prisonniers de guerre où étaient regroupés des Juifs étrangers victimes de la « rafle verte ». Il nous écrivait des lettres clandestines en yiddish, qu'il confiait à des gens qui partaient pour Paris pour se faire soigner les dents ou aller chez un médecin et qui revenaient au camp parce qu'ils avaient peur des représailles contre leur famille[13]. Comme les soldats, il avait aussi le droit d'envoyer une carte par semaine, en français, qui passait sous les griffes de la censure. Un jour, il nous a écrit : « Ça sent très mauvais, je ne resterai pas là ! » Et il s'est évadé au début du mois de septembre !

Après la guerre, le Cercil d'Orléans (le Centre d'étude et de recherche sur les camps d'internement dans le Loiret) a mené l'enquête et a découvert que les autorités locales étaient venues dans le camp chercher des jardiniers. Mon père, qui n'avait jamais touché une pelle ou une pioche de sa vie, avait levé la main. Il avait été affecté dans une propriété privée, sous la surveillance de deux gendarmes. L'un d'eux avait dû fermé les yeux quand mon père s'était évadé.

Ce n'est pourtant pas ce qu'il nous a raconté à son retour. Il nous a dit qu'il avait repéré un buisson, qu'il s'y était caché et qu'il n'était pas rentré au camp. Il a rejoint Paris, toujours en clandestin.

Ma mère avait deux sœurs à Paris, Annette et Jachat, la plus jeune, en France depuis 1938. Elles avaient toutes les deux épousé un non-Juif. Elles portaient donc des noms français et, en principe, ne craignaient rien. L'un de mes oncles connaissait une employée de mairie qui établissait de « vrais » faux papiers d'identité : la carte et le tampon étaient officiels, mais les noms et prénoms étaient faux. Évidemment, elle se faisait payer. Mon père a ainsi pu se faire passer pour un notaire

---

13. En cas de « désobéissance », les Allemands arrêtaient les familles et les interrogeaient. Toutefois, à Pithiviers, une résistance clandestine s'est formée parmi les internés, favorisant la création de journaux, le développement d'activités culturelles ou entretenant des contacts avec l'extérieur.

alsacien, né à Colmar. À l'époque, on racontait d'ailleurs souvent cette blague juive :

C'est l'histoire d'un homme à qui on a fait de faux papiers parce qu'il doit passer en Suisse ou en zone libre… On lui dit : « Si on t'arrête, ne parle pas, ne dis rien du tout parce que tu as un accent terrible. Tu réponds simplement "oui" ou "non" en hochant la tête… » Il prend le train et il est contrôlé. Le gendarme lui dit : « Vous avez un drôle de nom… Vous êtes du Midi ? L'homme hoche la tête de gauche à droite ! Vous êtes d'Auvergne ? Il hoche la tête de gauche à droite… Vous êtes Alsacien ? L'homme s'exclame « Oototot »… C'est le terme juif pour dire « Ah voilà ! »

« ON NOUS A MARQUÉS COMME DES BESTIAUX »

Le 20 janvier 1942, lors d'une conférence à Wannsee, dans la banlieue de Berlin, les nazis ont mis au point la « solution finale ». Ce qui voulait dire, sans qu'on le sache encore, l'extermination de tous les Juifs d'Europe. Suite à cette décision, une ordonnance allemande datant du 29 mai et mise en application par décret le 7 juin décréta que tout Juif à partir de l'âge de six ans devait porter une étoile jaune sur le côté gauche de la poitrine. Nous devions acheter trois étoiles, à coudre sur trois vêtements différents, et donner en plus des tickets de textile. Pour une jupe, il fallait cinq tickets, pour une étoile, un ticket. Trois tickets étaient donc nécessaires pour avoir les étoiles, lesquels allaient nous manquer pour acheter autre chose…

Mon père ne vivait pas loin de nous, mais pas avec nous. On le voyait pourtant tous les jours. Il ne m'aurait jamais abandonnée ! Il ne portait pas l'étoile puisqu'il était clandestin, mais ma mère et moi

L'étoile jaune est remise aux Juifs à partir du 7 juin 1942.

la portions. Je me sentais tellement humiliée qu'on nous ait marquées comme ça, comme des bestiaux...

Nous habitions toujours rue des Pyrénées. Comme c'est la deuxième rue la plus longue de Paris après la rue de Vaugirard et que nous étions au n° 306 et le lycée au n° 1, je devais prendre l'autobus. Le premier jour, l'étoile cousue sur mon manteau, j'étais malheureuse comme tout. Dans le bus, des filles du lycée

Sarah en 1942.

me regardaient d'un air bizarre. Moi, j'étais debout et je tenais la barre de l'autobus. Il y avait une dame assise dans le fond. Soudain, elle s'est levée, est venue vers moi et m'a dit : « Vous êtes courageuse, je tiens à vous serrer la main. » J'avais 14 ans et sur le moment, je n'ai pas très bien compris. Puis, plus tard, je ne suis dit que c'était une femme bien. Les enfants juifs n'étaient pas nombreux au lycée. La plupart étaient déjà partis en province ou, pour les familles qui le pouvaient, à l'étranger…

D'autres mesures avaient aussi été adoptées : nous n'avions plus le droit de monter dans le métro, sauf dans le dernier wagon. Dans l'autobus, il fallait se mettre au fond. Nous n'avions le droit de rien faire : nous ne pouvions aller ni au cinéma ni au théâtre, ni sortir après 20 heures[14]. Les Juifs n'avaient le droit de faire leurs courses qu'entre

---

14. Le 7 février 1942, la 6ᵉ ordonnance allemande interdit aux Juifs de quitter leur lieux de résidence entre 20 heures et 6 heures du matin. Le 8 juillet, la 9ᵉ ordonnance leur interdit de fréquenter les lieux publics comme les restaurants, les cafés, les salles de concert, les parcs ou les théâtres.

15 heures et 16 heures. Comme à 11 heures du matin, il n'y avait déjà plus rien dans les rayons, je me demandais comment les mères juives faisaient pour nourrir leurs enfants… Souvent, mes camarades de classe, très gentilles, montaient avec nous dans le dernier wagon du métro et faisaient des pieds de nez aux soldats allemands sur le quai…

« CE JOUR-LÀ, MON ENFANCE A BASCULÉ »

Le 15 juillet 1942, le jour de la fin des cours, une camarade de classe juive m'a dit : « Mes parents connaissent un commissaire de police qui les a avertis qu'il se prépare une arrestation massive de femmes, de vieillards et d'enfants pour ces jours-ci. Il nous a conseillé de quitter l'appartement. Nous, on s'en va. Tu devrais dire à ta mère d'en faire autant. »

Quand je suis rentrée ce soir-là, j'ai raconté cela à ma mère, qui m'a répondu qu'arrêter des femmes et des enfants, en France, ce n'était pas possible ! « Toi tu te couches et moi je resterai assise sur une chaise toute la nuit. Si on frappe, je ne répondrai pas. » Comme nous habitions au rez-de-chaussée, elle m'a rassurée en me disant que nous pourrions nous sauver « par la fenêtre de la cuisine – qui donnait sur une petite cour – et là on verra, on demandera du secours, peut-être que quelqu'un nous aidera ! » À l'aube, elle s'est finalement assoupie. À 6 heures du matin, on a cogné à la porte. Ma mère s'est réveillée en sursaut :

« Qu'est-ce que c'est ?
– Police, ouvrez !
Un inspecteur de police en civil est entré, en imperméable et chapeau mou, comme les détectives dans les films américains. Il s'est adressé à ma mère.
– Vous êtes bien Madame Lichtsztejn ?
– Oui.
– Et la petite jeune fille ?
– C'est ma fille.
– Mais elle n'est pas sur ma liste…

Et il m'a rajoutée. Ma mère a protesté :
– Alors pourquoi vous l'inscrivez si elle n'est pas sur votre liste ? C'est comme si vous ne l'aviez pas trouvée ! C'est une enfant, laissez-là… »
Elle l'a presque supplié à genoux. Moi, j'avais honte.
Le policier lui a dit : « Madame, si vous faites un scandale, j'appelle Police secours ! »

J'étais terrifiée à l'idée d'être embarquée dans une de leurs voitures. À l'époque, c'était des paniers à salade, avec des petites cages grillagées à l'intérieur. Nous n'avons donc pas fait de scandale. Nous avons préparé une valise en prenant nos objets les plus précieux. Ma mère a même emporté les couverts en argent que sa mère lui avait donnés lorsqu'elle avait quitté la Pologne. Le policier nous a aussi conseillé de prendre quelques vêtements chauds. Puis il nous a fait sortir dans la cour. Là, il y avait six ou sept personnes. La concierge, qui nous connaissait bien et qui était complètement affolée, a voulu me donner du café. Le policier a refusé net. Pas de café au lait, rien du tout… Nous sommes sorties dans la rue et là, c'était épouvantable.

Des familles entières arrivaient de toutes les rues. C'était un quartier très pauvre et certaines familles n'avaient même pas de valise. Elles avaient mis quelques affaires dans des draps qu'elles portaient en baluchon sur l'épaule. Certains avaient mis sur leur dos des matelas d'enfant. Les parents étaient hagards, tenant à bout de bras des petits mal réveillés qui pleuraient… Nous étions entourés de policiers, comme si nous étions des criminels. C'était tellement inhumain, tellement injuste ! Ce jour-là, mon enfance a basculé.

Les autorités nous ont regroupés dans un garage au coin de la rue des Pyrénées et de la rue de Belleville, où nous sommes restés une heure. Puis nous sommes montés dans des autobus de ligne et avons traversé tout Paris, jusqu'au XVe arrondissement, près de la station de métro Grenelle. Nous sommes alors arrivés rue Nélaton, devant le Vél' d'Hiv.

Je dois dire que, ce jour-là, je n'ai vu aucun soldat allemand dans les rues. Ils devaient avoir reçu pour consigne de ne pas quitter leur caserne ou leur logement. En revanche, la police nationale française était omniprésente. Quand je pense qu'autrefois le

Les 16 et 17 juillet 1942, les autobus parisiens transportent les Juifs de leur domicile jusqu'au Vélodrome d'Hiver.

En 1945, après leur libération, des prisonniers de guerre français seront provisoirement hébergés à l'intérieur du Vélodrome d'Hiver.

Vélodrome d'Hiver était un lieu de réjouissance où avaient lieu des courses cyclistes comme les Six jours de Paris et où des artistes se produisaient aussi, comme Charles Trenet ou Maurice Chevalier…

Ce jour-là, les autobus arrivaient les uns derrière les autres et déversaient leur « cargaison de juifs ». Des policiers nous ont poussées à l'intérieur du Vél' d'Hiv. Ma mère a voulu se sauver, m'a pris par le bras mais un policier nous a interpelées :

« Mais où allez-vous comme ça ?

– Je veux faire déjeuner ma fille.

Elle s'est dirigée vers un café à l'angle de la rue Nélaton, qui existe toujours d'ailleurs.

– Je vous suis, je vous attendrai à la porte. »

Le policier a effectivement attendu qu'on finisse le petit-déjeuner et nous a ramenées dans l'enceinte du Vélodrome. Il y avait un vacarme assourdissant. Il était à peu près 9 heures, et nous étions déjà environ 5 000 personnes. Il n'y avait que des gens avec des enfants. Les célibataires et les couples sans enfant avaient été envoyés directement au camp de Drancy.

« SI JE COURS, ILS VONT TIRER »

Le Vél' d'Hiv était surmonté d'une grande verrière peinte en bleue selon les consignes de la Défense passive. Car il ne fallait pas que les avions voient l'éclairage. Cette peinture donnait à l'intérieur du Vélodrome[15] une lumière glauque et tous les gens assis sur les gradins ressemblaient à de petits fantômes verts. J'en ai d'ailleurs pendant longtemps fait des cauchemars.

Nous sommes restées toute la journée là, sans boire ni manger. Des infirmières de la Croix-Rouge circulaient pour donner du lait aux plus petits, mais c'était tout. Il y avait une dizaine de toilettes, celles des sportifs, qui ont tout de suite été bouchées. Il faisait chaud et il régnait une incroyable puanteur. Les enfants et certains adultes faisaient leurs besoins où ils pouvaient, un peu partout. Quand nous demandions aux policiers ce qu'on allait faire de nous, ils répondaient : « On va vous envoyer travailler en Allemagne. » Ma mère me rassurait : « Les enfants iront à l'école pendant que les parents travailleront et ils se retrouveront le soir. » Vers 17 heures, nous avons soudain vu arriver des personnes en fauteuils roulants, des amputés, des moribonds sur des civières. Ces gens allaient mourir. Ma mère m'a alors dit qu'il était impossible que ces gens aillent travailler. « On nous a menti, il se prépare quelque chose de très

---

15. Plusieurs rapports rédigés par la Résistance ont décrit l'état d'abandon des populations laissées sans véritables soins et sans eau potable, dans des conditions épouvantables et assourdies par les appels incessants des haut-parleurs. Le Vélodrome d'Hiver a été détruit en 1959, mais demeure un lieu de commémoration. Un monument a été construit sur le quai de la Seine, à côté du métro Bir Hakeim. C'est là que le 16 juillet 1995, le président Jacques Chirac a reconnu la complicité de l'État français dans la persécution des Juifs (voir le témoignage d'Ida Grinspan p. 116 et les documents 2 et 3 en annexe).

mauvais, il ne faut pas qu'on reste là. On va filer. Tu vas t'évader la première et quand je t'aurai vue dehors, je partirai à mon tour. » Elle m'a donné ma carte d'alimentation et 100 francs, une grosse somme à l'époque.

J'étais très timide mais je me suis tout de même dirigée vers le grand porche d'entrée rempli de policiers, et j'ai tenté de me glisser derrière eux. Chaque fois que j'essayais de me faufiler dehors, un policier me repoussait à l'intérieur. Ma mère me regardait d'un air suppliant. Dans la rue, les gens étaient aux fenêtres. Comme il y avait un petit attroupement à quelques mètres du grand porche, j'ai réussi à passer derrière un policier et à marcher à reculons vers le groupe de badauds, comme si j'en sortais. Alors que j'étais à un mètre d'eux, un policier m'a interpellée : « Vous là, qu'est-ce que vous voulez ? » J'ai pu seulement répondre que je n'étais pas juive et que je venais voir quelqu'un. Il m'a alors dit de foutre le camp !

Je me suis mise à marcher tout doucement. J'évitais de courir car j'avais entendu d'affreux témoignages dans le Vél' d'Hiv. Une femme racontait que sa voisine avait essayé de se sauver, qu'on lui avait tiré dessus et qu'elle avait été blessée à la jambe. Je me disais : « Si je cours, ils vont tirer... »

J'ai traversé la route et pris une rue perpendiculaire, la rue Nocard, qui donne sur les quais de Seine. Au bout de cette rue, il y avait deux policiers qui demandaient un justificatif de domicile aux gens qui sortaient des immeubles, une quittance de loyer, par exemple. À moi, ils ne m'ont rien demandé et m'ont laissé passer. Le policier qui m'a laissé sortir du Vél' d'hiv m'avait-il crue ? J'ai tout de suite su que non. Je portais en effet une robe d'été, mais sur mon bras, plié en trois, un manteau en lainage léger au revers duquel mon étoile était cousue. Ces trois policiers m'ont sauvé la vie. Puis, vingt minutes plus tard, ma mère a fait la même chose que moi...

Une camarade de classe, qui avait un an de moins que moi puisque j'avais perdu une année scolaire sur la Côte d'Azur, a été arrêtée avec son père et son petit frère de 9 ans. Sa mère était alors hospitalisée à Tenon, dans le XXe arrondissement de Paris, près de la station de

Carte d'éducation physique et sportive délivrée par le lycée du Cours de Vincennes. Le nom de Sarah a été « abrégé ».

métro Gambetta. Dans la rue, l'un des policiers a dit à ma camarade de se sauver. Elle a couru chez la directrice du lycée de Jeunes Filles du Cours de Vincennes, qui l'a cachée chez des religieuses à Saint-Mandé, lui permettant ainsi de continuer ses études. Huit jours après l'arrestation, sa mère est sortie de l'hôpital. Quand elle est arrivée chez elle, les voisins lui ont dit que son mari et ses enfants avaient été arrêtés. Elle s'est jetée du cinquième étage dans la cage d'escalier et est morte sans savoir que sa fille était vivante et libre. Des drames comme ça, il y en a eu beaucoup…

« Je m'appelais Liliane Sarraut »

Mes parents ont absolument tenu à ce que je retourne au lycée. À la rentrée, le 1er octobre 1942, la directrice, Madame Fontaine, m'a convoquée dans son bureau. Mais que me voulait-elle ? Qu'avais-je

« Vraie » fausse carte d'identité délivrée
au père de Sarah, Moïse, en avril 1943.
Le tampon et le cachet de la mairie
de Vourey (Isère) sont officiels.

fait pour qu'elle m'appelle dans son bureau ? Elle m'a tout simplement dit : « Sarah, je vous ai fait venir parce que je peux vous jurer que jamais vous ne serez arrêtée au lycée. » Et effectivement, je suis restée en classe sous mon vrai nom, mais un peu abrégé, « Lichtein ». Pourtant, toute une aile du lycée était occupée par des soldats allemands, les services du STO notamment, le Service du travail obligatoire. Dans la cour, il y avait un mot d'ordre qui circulait : mes camarades et moi leur faisions des pieds de nez, ou les cornes... Mon havre de paix, c'était en fait le lycée. Car j'étais sûre, en effet, de ne pas y être arrêtée.

Comme mon père, nous avions de « vrais » faux papiers. Je m'appelais Liliane Sarraut parce que mon père voulait que je garde mes initiales. Mais nous restions quand même à la merci d'un contrôle d'identité. Nous étions tout le temps sur le qui-vive. Il y avait toujours des alertes. Quand les avions alliés survolaient Paris, il fallait descendre dans les abris.

Nous avons ainsi passé deux ans dans la clandestinité pendant lesquels mon père, inconscient du danger, m'emmenait à l'opéra ou au théâtre… quand il avait de l'argent ! Il m'a aussi fait suivre des cours de dessins – lui-même dessinait très bien – à la Grande Chaumière, rue Vavin, dans le VIᵉ arrondissement de Paris. On sortait souvent boire des verres avec les peintres à la Rotonde, au Dôme et dans tous les cafés de Montparnasse. Je menais une vie passionnante, mais toujours à la merci d'un contrôle.

« LA DERNIÈRE NUIT OÙ NOUS AVONS DORMI DANS DES DRAPS BLANCS… »

Je partais chaque jour pour le lycée à 7 heures 15… Mais le 24 mai 1944, à 7 heures du matin, deux jeunes policiers sont venus nous arrêter. Ma mère leur a montré nos faux papiers mais rien n'y a fait. Nous avions été dénoncées[16]. Ils nous ont, une fois encore, demandé de préparer une valise… Puis ils m'ont questionnée sur ce que je voulais faire plus tard. Moi, je voulais devenir médecin ou chirurgien. Ils m'ont répondu que là où nous allions, je pourrai continuer mes études. Je ne sais pas si c'était de la naïveté ou du cynisme de leur part. Je préfère croire que c'était de la naïveté…

Nous avons fait notre valise et sommes descendues dans la rue. Soudain, nous avons aperçu mon père qui arrivait en face de nous. Ma mère m'a dit en yiddish : « Pourvu qu'il ne nous voie pas, parce que sinon il va s'approcher et être arrêté aussi. » Il avait le soleil dans les yeux et est passé à côté de nous sans nous voir. Papa n'a donc pas été arrêté. Il était sans doute né sous une bonne étoile !

Les policiers nous ont emmenées dans le métro. Les gens ne semblaient pas étonnés de voir des femmes avec une valise… parce que, bien sûr, c'est nous qui la portions ! Ils nous ont conduites à la Préfecture de police et nous ont montré la lettre de dénonciation.

---

16. L'histoire de Sarah et de sa mère Maria est relatée dans le film documentaire de David Korn-Brzoza et de l'historien Laurent Joly *Dénoncer sous l'Occupation* en 2011.

Ma mère leur a dit qu'elle était malade. C'est vrai qu'elle avait été souffrante tout l'hiver et qu'elle avait des ordonnances. L'employé de la Préfecture lui a dit qu'elle pouvait les garder car celles-ci pourraient toujours lui servir…

Des policiers nous ont ensuite envoyées au dépôt du Palais de justice. À cette époque, les prisons parisiennes étaient tenues par des religieuses assez brusques. Il y avait des voleurs, des gens qui trafiquaient au marché noir, des prostituées… La religieuse parut avoir pitié de nous : « Ah, vous aussi on vous a arrêtées ! » Ma mère a négocié avec elle en lui donnant un peu d'argent pour qu'on nous place dans une cellule à part, avec des draps. C'est la dernière nuit où nous avons dormi dans des draps blancs.

Le lendemain, nous avons été appelées – nous étions inscrites sur une liste – et nous sommes reparties. C'était le matin du 25 mai. Cette fois nous sommes montées dans le « vrai » panier à salade, avec les fameuses petites cabines brunes qui me terrorisaient et où nous étions complètement coincées. Le parcours fut épouvantable. On ne pouvait pas respirer.

Drancy était un camp constitué d'HLM inachevés en forme de « U ». Le quatrième côté était fermé par des fils de fer barbelés. La cour était immense, et au milieu, il y avait une petite baraque en bois où nous sommes entrées et où l'on nous a dépouillées de tout : bijoux, montre, papiers, argent… Des gendarmes français nous ont donné un reçu en nous disant que nous serions remboursées plus tard, là-bas[17]… Ce n'était, encore une fois, qu'un mensonge !

À Drancy, les autres jeunes gens et moi passions la journée à nous promener et à discuter. C'est là que j'ai rencontré Serge, un garçon de 17 ans. Nous avons flirté, mais ne sommes pas allés plus loin… Lui, il n'est pas revenu.

Il y avait aussi Clara Browsky – elle se faisait appeler Claire – avec laquelle j'avais été en classe au CP et au CE1. Tuberculeuse, elle est

---

17. Voir le témoignage de Charles Palant p. 82, et d'Ida Grinspan p. 122, à qui on retire aussi 360 francs à l'arrivée à Drancy.

morte à 17 ans au camp de Dora[18], neuf jours après la Libération. À l'époque, je me disais que si un jour je me mariais et que j'avais une fille, je l'appellerais Claire. C'est ce que j'ai fait.

Ma mère et moi savions très bien qu'on ne nous enverrait pas dans un hôtel cinq étoiles, ni même quatre, ni même trois, mais nous ne pensions pas qu'on nous conduirait vers la mort…

Le 29 mai, quatre jours après notre arrivée, les gendarmes nous ont annoncé que nous étions sur la liste du convoi du lendemain qui partait pour la haute Silésie. Nous ne savions pas où c'était… Nous pensions que c'était en Allemagne. Ce jour-là, ma mère m'a fait écrire une lettre pour la famille que j'ai jetée, sans enveloppe, par-dessus la fenêtre d'un des bâtiments. J'y précisais que la personne qui la trouverait serait très gentille de la faire parvenir à l'une des

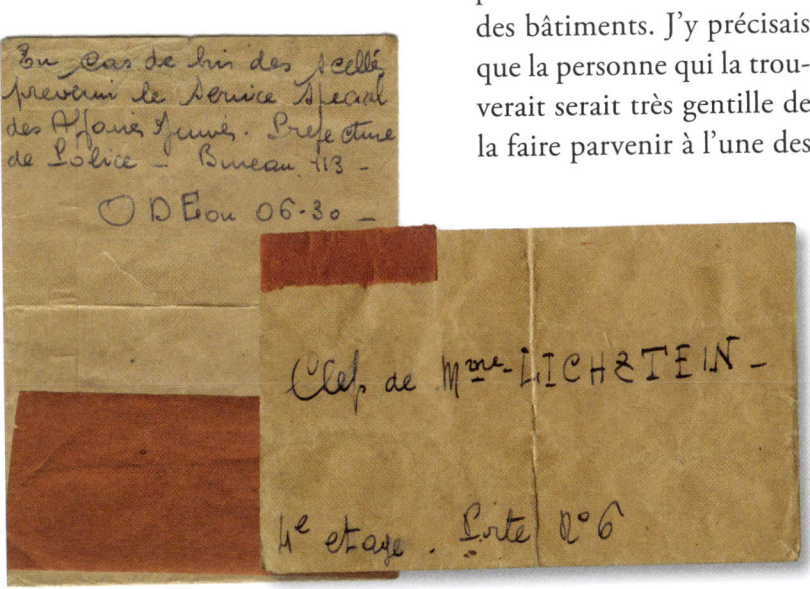

Enveloppe dans laquelle la clef de l'appartement de Sarah et Maria a été rangée lors de leur arrestation par la police française. Elle fut confiée à la concierge de l'immeuble le 25 mai 1944.

---

18. Le camp de Dora-Mittelbau, en Allemagne centrale, ouvre en 1943. Il est dans un premier temps rattaché à Buchenwald. Les détenus sont chargés de fabriquer dans la grande usine souterraine qu'ils ont eux-mêmes aménagée les fusées V1 et V2. En 1944, Dora devient un camp de concentration autonome. 26 500 déportés y sont morts. 1 100 personnes sont décédées au moment des évacuations.

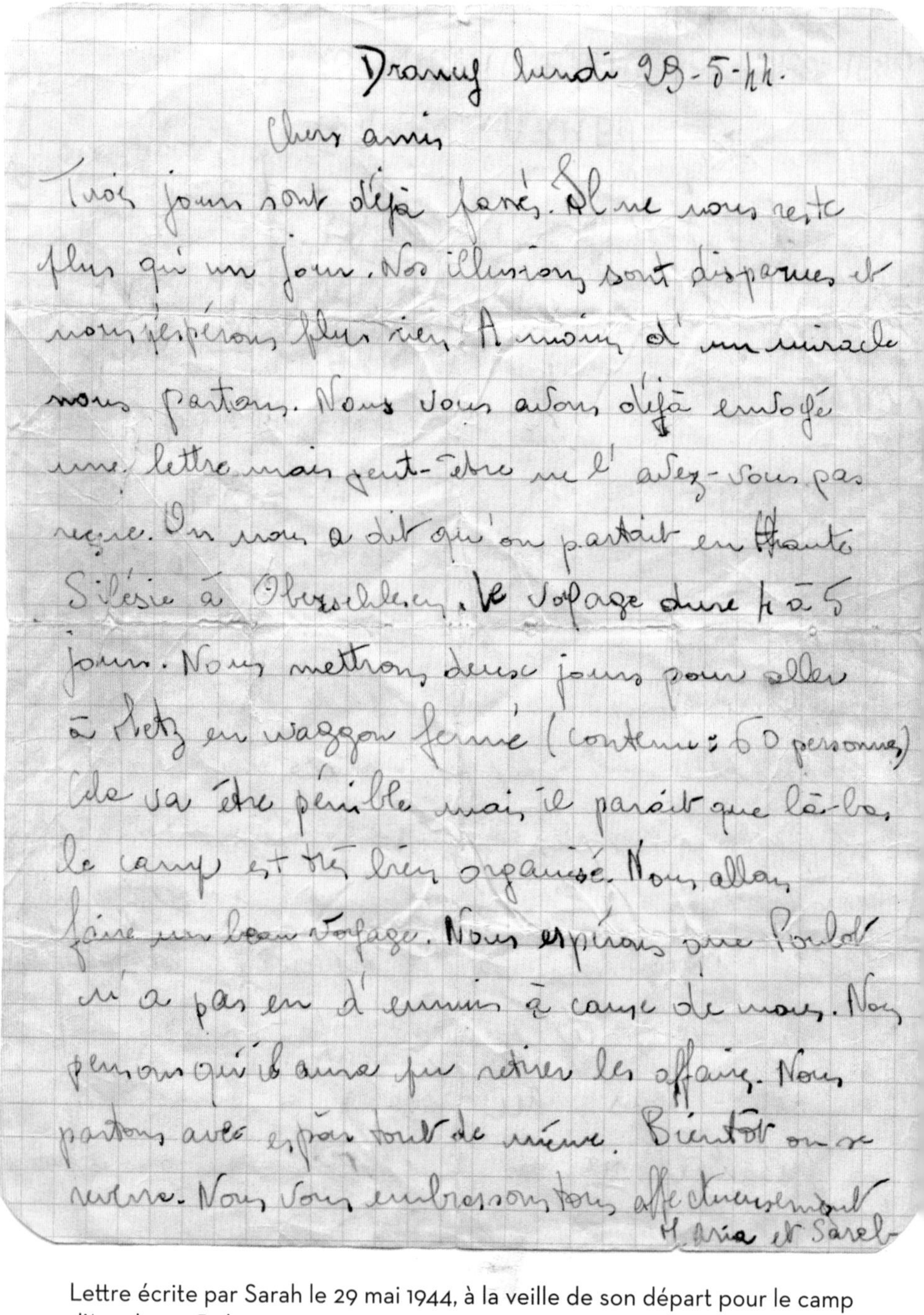

Drancy lundi 29-5-44.

Chers amis

Trois jours sont déjà passés. Il ne nous reste plus qu'un jour. Nos illusions sont disparues et nous n'espérons plus rien. A moins d'un miracle nous partons. Nous vous avons déjà envoyé une lettre mais peut-être ne l'avez-vous pas reçue. On nous a dit qu'on partait en Haute Silésie à Obersilésie. Le voyage dure 4 à 5 jours. Nous mettrons deux jours pour aller à Metz en waggon fermé (contenu : 60 personnes) Ça va être pénible mais il paraît que là-bas, le camp est très bien organisé. Nous allons faire un beau voyage. Nous espérons que Paulot n'a pas eu d'ennuis à cause de nous. Nous pensons qu'il aura pu retirer les affaires. Nous partons avec espoir tout de même. Bientôt on se revoir. Nous vous embrassons tous affectueusement

Maria et Sarah

Lettre écrite par Sarah le 29 mai 1944, à la veille de son départ pour le camp d'Auschwitz-Birkenau.

deux adresses indiquées : celle de mon oncle – qui n'était pas Juif – et celle de Carmen Torrès, une amie espagnole qui habitait au Blanc-Mesnil. C'est à elle que le gendarme a porté la lettre…

« Trois jours et trois nuits épouvantables »

Le 30 mai 1944, les gendarmes ont groupé un millier de personnes dans un coin de la cour. Ma mère et moi avions une couverture, notre valise et un petit panier de nourriture qu'on nous avait donné. À nouveau, nous avons été embarquées dans les autobus de la TCRP (Transports en commun de la région parisienne), l'ancêtre de la RATP, jusqu'à la gare de Bobigny. Là, nous avons vu un train de wagons à bestiaux sur lesquels figurait l'inscription « 8 chevaux, 40 hommes ». Ils avaient une grande porte et, de chaque côté de celle-ci, une ouverture grillagée. Nous nous sommes d'abord dit que ce train allait partir et être remplacé par des wagons pour voyageurs. Mais pas du tout… C'était bien notre train !

Les gendarmes nous ont remis entre les mains de soldats allemands qui attendaient sur le quai et qui nous ont poussés dans les wagons à coups de crosse de fusil. On nous avait dit que nous serions soixante par wagon, mais nous étions en fait plus de cent ! Naturellement, j'ai suivi ma mère, qui a eu la bonne idée de se placer près de l'une des deux ouvertures grillagées qui encadrait la porte afin d'avoir de l'air quand le train serait en route. Mais j'ai été séparée de Serge, mon amoureux, et de ma copine Claire.

Au milieu du wagon, il y avait un baril d'eau pour boire et, dans le fond, un autre pour les besoins naturels. Nous avons tendu une couverture pour l'isoler mais nous entendions tout de même les bruits. Et l'odeur est vite devenue suffocante. Quand le train s'est mis en marche, le baril d'eau était déjà vide. L'autre, en revanche, a rapidement été plein et s'est mis à déborder… La nuit, nous restions assis, les jambes repliées. Si quelqu'un voulait s'allonger, il fallait qu'un autre se lève. Des personnes sont mortes très rapidement et les autres poussaient les cadavres dans le fond du wagon. J'ai vu une mère qui n'avait plus de lait pour nourrir son nourrisson humecter les lèvres de son bébé avec sa salive. Pourtant, nous n'entendions pas les petits enfants pleurer. C'était comme s'ils sentaient quelque chose…

Le lendemain, le train s'est arrêté dans une gare. Je pense qu'on était encore en France. On nous a permis d'aller vider le baril des déjections et de remplir l'autre avec de l'eau. Je me suis portée volontaire pour la corvée d'eau, et c'est là que j'ai vu, postés sur le dernier wagon du train, des soldats autour d'une mitrailleuse prêts à faire feu. La veille, on nous avait prévenus : « Si vous essayez de vous évader, on fusille tout de suite dix otages et on tire sur tout ce qui bouge. » Je sais qu'ils l'auraient fait… Nous avons voyagé comme ça pendant trois jours et trois nuits épouvantables.

Le quatrième jour, le 2 juin, le train s'est mis à ralentir. Par la lucarne, nous apercevions des femmes sur les voies, en tenue rayée, en train de casser des cailloux. Puis, à quelques mètres de là, un convoi qui transportait des gens très maigres. Nous avons essayé de leur parler en yiddish, en russe ou en polonais, mais personne ne répondait. Puis, enfin, le train s'est arrêté. Les portes du wagon ont été déverrouillées et des hommes en tenue rayée et au crâne rasé sont montés. C'étaient des Juifs français : « Laissez vos valises, vous les retrouverez plus tard. » Bien sûr, nous ne les avons jamais retrouvées. Ils nous ont ensuite conseillé, en yiddish cette fois, de confier les petits enfants aux vieilles dames parce qu'elles allaient entrer dans le camp en camion. Dans notre wagon, les mères ont refusé de se séparer de leurs enfants, sauf deux qui les ont confiés à des femmes âgées. L'une d'entre elles en est devenue folle. Elle s'est mise à crier dans tout le camp. Elle n'a pas dû vivre longtemps… Ma mère et moi faisions partie du convoi n° 75[19].

---

19. Selon Serge Klarsfeld, le convoi n° 75 est arrivé à Auschwitz-Birkenau le 2 juin 1944. Il transportait 1 000 personnes, dont 104 enfants de moins de 18 ans. 627 hommes et femmes ont immédiatement été gazés. 239 hommes et 134 femmes ont été sélectionnés pour le travail. 99 personnes ont survécu, 35 hommes et 64 femmes. Benjamin Vecsler, connu en France sous le nom de Benjamin Fondane, poète et philosophe d'origine roumaine, faisait partie du convoi n° 75. Ses œuvres poétiques sont aujourd'hui rassemblées dans le recueil le Mal des fantômes.

« Ici on entre par la porte et on sort par la cheminée... »

Quand nous sommes descendues sur le quai, nous étions entourées de soldats avec des chiens qui aboyaient. Les Allemands aboyaient aussi ! À l'école, j'avais étudié l'allemand en deuxième langue et j'aimais le parler car c'est une langue proche du yiddish. Pourtant là, entendre parler allemand m'était insupportable. Je ne savais pas encore que mes quelques notions dans cette langue allaient m'être pourtant très précieuses...

Les hommes ont tout de suite été séparés des femmes. Ils sont partis à pied vers le camp d'Auschwitz I, à trois kilomètres de là où nous nous étions arrêtés. Nous, les femmes, avancions en colonne dans le camp de Birkenau. Nous nous sommes retrouvées devant un officier allemand en uniforme qui tenait une badine en cuir à la main. J'ai su par la suite que c'était le tristement célèbre docteur Mengele. Dans le train, la maman de Fanny, une petite Alsacienne, m'avait dit : « Tu sais, moi je suis Alsacienne. Je parle très bien allemand. Je vais peut-être pouvoir servir d'interprète. » Elles étaient juste derrière nous. D'un coup de badine, Mengele nous a fait passer à sa droite, Fanny et sa mère à sa gauche. Elles étaient frêles toutes les deux... On ne les a jamais revues.

Après cette sélection, on nous a emmenées dans un baraquement où il y avait des jeunes femmes bien mises, des Polonaises, pas grasses, mais bien nourries et bien habillées. Elles semblaient savoir que le convoi arrivait de France : « Donne-moi ta robe, donne-moi tes chaussures ! »... Nous avons commencé par refuser. « On vous les prendra de toutes façons... » Elles nous ont forcées à nous déshabiller alors que les soldats allemands allaient et venaient... Nous ne savions pas comment cacher notre nudité. Nous étions encore si pudiques... Elles nous ont ensuite tatouées à l'aide de plumes Sergent-Major – celles dont on se servait à l'école communale – trempées dans de l'encre de Chine. Elles ont marqué notre avant-bras gauche d'une série de points qu'au début j'ai voulu effacer. J'ai alors reçu deux gifles magistrales. Je me suis dit : « Mais où suis-je tombée ? » Mes parents, eux, ne m'avaient jamais battue... Le matricule qu'elles tatouaient correspondait à celui inscrit sur la liste de Drancy. Ma mère portait le A - 7 141 et moi le A - 7 142. Elles nous ont aussi donné un morceau de toile sur lequel figurait ce numéro : « Ici, vous n'avez plus de nom, vous êtes un numéro. Chaque fois qu'on vous le demandera, il faudra dire ce numéro en allemand. » Pour celles qui ne parlaient pas allemand, ce fut très difficile car quand on ne répondait pas aux ordres, nous étions violemment battues...

Ma mère a demandé aux Polonaises où étaient ceux qui étaient rentrés dans le camp en camion. « Regardez par la fenêtre ! » Nous avons vu deux cheminées immenses par lesquelles sortaient de grandes flammes rouges surmontées d'une épaisse fumée noire. « Ici on entre par la porte et on sort par la cheminée... » Nous avons pensé qu'elles étaient folles. Nous sommes ensuite entrées dans une salle couverte de caillebottis. Il y avait des gradins en bois et, au plafond, des pommeaux de douche. Ma mère a dû repenser à ce qu'avaient dit les Polonaises car elle s'est écroulée en larmes : « Qu'est-ce que j'ai fait ! J'ai emmené un enfant dans un camp de concentration... Elle va mourir ! » Elle se reprochait de m'avoir ramenée de la Côte d'Azur. Qu'elle ne l'ait pas fait n'aurait sans doute rien changé. Simone Veil[20] fut bien arrêtée à Nice après l'entrée des Allemands en zone libre[21]... Nous qui n'avions pas pris de douche depuis cinq jours nous trouvions dans une véritable étuve.

Puis nous sommes entrées dans une autre pièce pleine de vêtements de bric et de broc. D'autres Polonaises nous ont fait asseoir sur des tabourets et nous ont tondues complètement, la tête, les aisselles, le pubis... partout où il y avait des poils. C'était tellement humiliant. Elles nous ont distribué des hardes. Ma mère et moi avons eu chacune un pantalon de grand-mère avec de la dentelle qui dépassait jusqu'aux chevilles. J'ai aussi eu une robe

---

20. Voir le témoignage de Marceline Loridan-Ivens p. 173.

21. À la suite du débarquement allié au Maroc et en Algérie, les troupes allemandes envahissent la zone libre au mois de novembre 1942.

Des détenues au camp de Birkenau (photographie prise en 1944).

« caca d'oie ». Ma mère, qui était petite et mince, portait une robe bleue. On aurait dit une petite fille de 12 ans, un oiseau déplumé… Moi, je ressemblais à un véritable bagnard… Ma mère a réussi à trouver une paire de chaussures assorties. Moi, je n'ai pas eu cette chance. J'avais une chaussure à talon bottier noire et une autre chaussure à talon plat marron, alors je boitais…

Lorsqu'au crépuscule illuminé par les flammes des crématoires nous sommes sorties, nous avons senti une odeur épouvantable que nous apprendrions à connaître : celle de la chair humaine brûlée. Nous avons été conduites dans des baraques et poussées sur des châlits, des structures en bois à trois étages. Il faisait très sombre, on n'entendait pas un bruit. Nous pensions que la pièce était déserte, mais en fait, il y avait plein de monde. Nous nous sommes écroulées de fatigue. Cependant, au réveil, à 4 heures du matin, nous n'avions pas l'impression d'avoir dormi. Les chefs de block hurlaient :

« *Aufstehen ! Kaffee holen !* » (« Debout ! Allez chercher le café ! »). À coup de gourdins et de matraques, elles envoyaient les volontaires chercher l'eau chaude teintée qui faisait office de café. Puis on nous a fait mettre en colonnes par cinq devant le bâtiment. Et les auxiliaires des SS nous ont minutieusement comptées et recomptées. C'était le premier appel.

Nous avons été placées dans un camp de quarantaine où nous n'étions pas censées travailler. Pour passer le temps, nous échangions des recettes de cuisine et nous racontions toutes sortes d'histoires. Les kapos venaient nous chercher pour des corvées ponctuelles. Un jour, elles m'ont emmenée avec deux autres filles près d'un camion débâché dans lequel il y avait de la poudre blanche.

Quand je me suis approchée, j'ai immédiatement reconnu l'odeur de la chaux vive. J'ai déchiré le bas de mon pantalon de grand-mère pour poser la dentelle sur mon nez et ma bouche. C'était irrespirable. Mes yeux piquaient à me faire mal.

Nous sommes ensuite arrivées près de l'un des crématoires où une fosse avait été creusée par des détenues. Des cadavres s'y entassaient. Les trains arrivaient sans arrêt et les cadavres étaient si nombreux que les fours crématoires ne suffisaient plus pour brûler les corps sans vie qui sortaient des chambres à gaz[22].

Nous avons été chargées de pelleter la chaux vive sur les cadavres. J'ai d'abord cru qu'elle servait à tout dissoudre par réaction chimique, mais la chaux devait en fait à retarder la décomposition des corps afin qu'ils puissent être brûlés ultérieurement, et à

---

22. Au printemps 1944, les nazis liquident la plupart des ghettos de Pologne, dont celui de Łódź, créé par les Allemands en avril 1940. 200 000 Juifs y vivaient dans des conditions déplorables (voir le témoignage de Marceline Loridan-Ivens p. 156).
De plus, au printemps 1944, l'Allemagne décide d'occuper la Hongrie (c'est l'opération *Margarethe*), gouvernée par le conservateur Moklós Kállay, qui avait constamment rejeté les demandes allemandes de mise en œuvre de la « Solution finale ». Hitler ordonne alors la déportation de tous les Juifs hongrois. Entre le 15 mai et le 9 juillet 1944, environ 440 000 Hongrois sont déportés à Auschwitz-Birkenau.
C'est à ce moment-là que les nazis prolongent les voies ferrées jusqu'aux rampes de sélection à proximité des chambres à gaz.

empêcher la propagation des épidémies. Des crimes nazis, il ne devait rester aucune trace...

Nous n'avons pas pu travailler longtemps, une heure et demie tout au plus... J'avais 16 ans et c'était la première fois que je voyais des cadavres. On ne peut pas imaginer l'horreur que cela a été pour moi.

À la fin de la quarantaine, ma mère et moi avons été transférées au Lager B, dans le block 22. Les SS ont demandé aux femmes quel était leur métier. Des médecins se sont ainsi retrouvées aides-soignantes dans les *Revier*, les infirmeries. Ma mère n'a pas voulu dire qu'elle était couturière parce qu'elle savait qu'elle serait envoyée dans un atelier, et donc séparée de moi, qui étais lycéenne, et qui n'avais aucune formation...

« Nous étions destinées à mourir »

Nous sommes ainsi restées dans les *Aussenkommandos*, les kommandos extérieurs, pour les travaux les plus durs. Nous avons transporté des rails, réalisé des travaux de terrassement, construit des routes... Au mois d'août, nous avons travaillé dans les champs, avons remplacé les chevaux pour les travaux de labourage, sous une chaleur accablante.

Une journée type commençait à 4 heures du matin par l'appel devant le block. Nous sortions les cadavres des femmes mortes de mauvais traitements ou de maladie durant la nuit. Les corps devaient être là pour que les comptes soient justes. Ça durait à peu près deux heures. Pendant ce temps-là, on nous distribuait ce café qui ressemblait plus à de l'eau. Mais nous avions au moins quelque chose d'un peu tiède dans le ventre. Nous partions ensuite au travail, quittions le camp, en rangées par cinq, au pas et au son d'un orchestre de détenus qui jouait des valses ou des marches entraînantes. Nous parcourions deux, trois ou quatre kilomètres avant d'arriver sur le lieu de travail vers 7 ou 8 heures. Les kapos nous distribuaient les outils et nous travaillions toute la matinée. Notre kommando était dirigé par un

L'entrée du camp d'Auschwitz I, photographié en 1988.

officier nazi, un SS que nous appelions « Monach », le moine en yiddish, parce que cet homme était très austère. Il était secondé par Friedl, une kapo, et ses deux *Voratbeiterinnen*, les contremaîtresses, qui nous rouaient de coups sans raison et sans arrêt.

Le camp, d'une organisation implacable, était tout entier dirigé par une hiérarchie de détenues. Mais pour empêcher les évasions, nous étions aussi gardées par six *Posten*, des soldats de la Wehrmacht, et par leurs chiens, qu'ils incitaient sans cesse à nous mordre, ou du moins à nous faire peur. C'était leur petit jeu ! Un jour, l'un des soldats a mis une lanière autour du cou de ma mère.

« Mais pourquoi tu fais ça ?

— Parce c'est toi et ton mari qui êtes la cause de cette guerre ! », lui a-t-il répondu.

À midi, nous faisions une pause d'une demi-heure pendant laquelle nous mangions une soupe plutôt claire où flottaient quelques pommes de terre. Le dimanche, il y avait aussi quelques morceaux de viande. Puis nous nous remettions au travail. En été, par les grandes chaleurs, nous avions le droit à une louche d'eau le matin et une autre l'après-midi. Nous arrêtions en général le travail à 17 heures et rentrions au camp, toujours en rangs de cinq, toujours au son de l'orchestre, en traînant les cadavres de celles qui étaient mortes pendant la journée, sous les coups, de faim ou d'épuisement. Nous devions alors nous remettre en rang devant notre bâtiment, pour l'appel du soir, qui pouvait durer des heures et des heures. Tout dépendait de la chef de block et de son humeur...

En automne, quand nous travaillions dans les champs, nous parvenions à gratter et à manger des carottes ou des raves. Certaines en ramenaient au camp en les cachant sous leurs bras. Au moment du contrôle, on entendait « ploc, ploc, ploc... » C'était les légumes qui tombaient ! Si certaines étaient prises sur le fait, tout le kommando était puni. On devait rester à genoux dans la boue et celle qui s'était fait prendre était obligée de garder les bras en l'air, deux briques dans chaque main. Un jour, une femme s'est écroulée, morte d'épuisement.

Nous savions que nous étions destinées à mourir. Certaines femmes se sont suicidées en se précipitant sur les barbelés électrifiés qui entouraient le camp. Nous les trouvions le matin accrochées aux fils. Ce n'était pas un voltage très élevé, mais il était suffisant pour tuer. Il y avait d'ailleurs une expression : « Tiens elle, on ne l'a pas vue depuis longtemps... Elle est allée au fil ! » Mais pour moi, le pire, c'était sans doute les coups, qui pleuvaient sans arrêt. C'était aussi la neige durant l'hiver, la boue en automne, et la terre battue en été. Il n'y avait pas un seul brin d'herbe, pas une seule fleur, uniquement de la terre battue, de la poussière, et des coups... On ne pouvait pas respirer.

« Organiser, c'était le mot d'ordre à Auschwitz »

Un jour de novembre, en rentrant au camp après le travail, un officier SS nous a demandé de nous aligner. Il m'a fait sortir des rangs avec une quinzaine de jeunes filles, les plus mignonnes, même si nous étions très maigres. Ma mère a voulu s'avancer mais il l'a repoussée parce qu'elle était blessée. La kapo lui avait, quelques jours avant, violemment lancé une paire de galoches sur la tête, et elle avait le visage tuméfié et les yeux au beurre noir. Elle n'avait que 39 ans, mais avec son pansement ensanglanté et son manteau noir, elle faisait plus vieille que son âge… « Vous partez pour le camp des hommes, à Auschwitz I[23] !», nous a ordonné le SS.

Nous savions que là-bas, il y avait le block 10, dans lequel le docteur Mengele multipliait les expériences sur des femmes[24]. Ce sadique les stérilisait et testait des médicaments pour, soi-disant, faire avancer la science… Même si nous avions très peur de ce block-là, nous pensions que celles qui refuseraient partiraient à la chambre à gaz. Les filles sélectionnées et moi sommes restées toute la nuit dans la sauna (la salle de désinfection et d'enregistrement) et avons été dépouillées de tout ce qu'on avait réussi à organiser.

Car « organiser »[25], c'était le mot d'ordre à Auschwitz-Birkenau ! Quand nous avions besoin de quelque chose, on « organisait », c'est-à-dire que nous volions ou que nous troquions. Ma mère était très douée pour ça. Un gilet coûtait par exemple trois portions de pain. Comme nous étions deux, nous nous contentions d'une seule ration. Nous mangions moins, mais ce n'était pas grave.

---

23. Au mois de novembre 1943, Auschwitz est réorganisé par Oswald Pohl, le directeur de l'Office central de l'administration et de l'économie, et divisé en trois sites désignés par des chiffres romains : Auschwitz I (voir le témoignage d'Henri Borlant p. 36), Auschwitz II (ou Auschwitz-Birkenau) et Auschwitz III (voir le témoignage de Charles Palant p. 84). Rappelons qu'Auschwitz I est le camp d'origine. À la différence de Birkenau où les blocks sont bâtis en bois, à Auschwitz, les blocks sont construits en briques. Entre les blocks 10 et 11 se trouve le « mur noir », où les victimes désignées par la SS, en majorité des officiers polonais et soviétiques, sont fusillées.

24. Josef Mengele (voir le témoignage de Marceline Loridan-Ivens p. 181) pratique des « expériences médicales » sur les femmes, mais aussi sur les jumeaux, les personnes naines et les bébés.

25. « Organiser » est un terme propre à l'argot de tous les camps. C'est une activité jugée respectable, à distinguer du vol sur les autres détenus. La totalité des objets « organisés » alimente un gigantesque marché noir qui se négocie en grande partie dans les toilettes. On « organise » de tout, même des médicaments.

La séparation d'avec ma mère a été terrible. J'avais d'autant plus peur que je ne savais pas me débrouiller seule. Les autres filles sélectionnées et moi devions intégrer un autre kommando, dont on me disait déjà qu'il était très dur et extrêmement fatigant. À Auschwitz I, les nazis avaient réservé deux blocks entourés de barbelés pour les femmes. C'est là que j'ai revu Serge, mon amoureux de Drancy. Je lui ai dit que j'avais faim et il m'a jeté un croûton de pain par-dessus les barbelés.

À Auschwitz I, nous vivions dans de « meilleures » conditions qu'à Birkenau. Nous avions des bat-flancs à trois étages, mais avec un lit individuel, une paillasse et une ou deux couvertures... Comme le block était une ancienne caserne en briques, nous avions beaucoup moins froid.

Les détenues de Birkenau allaient travailler à Auschwitz, à trois kilomètres et demi, et ceux d'Auschwitz partaient chaque matin pour Birkenau. C'est comme cela qu'un jour ma mère et moi nous sommes croisées... sous l'œil d'un officier SS. Nous sommes tombées dans les bras l'une de l'autre. Le *Monach* a voulu savoir ce qui se passait. Les filles qui étaient avec moi ont reconnu ma mère et ont répondu au SS : « C'est la mère et la fille ! » Il nous a alors laissées deux minutes. J'ai seulement eu le temps de dire à ma mère que je mourais de faim et que je ne savais pas me débrouiller...

Maman s'est donc mis à « organiser » des pommes de terre. Elle les volait et elle les faisait cuire le soir, dans le block, devant les poêles qui se trouvaient à chaque extrémité. Elle les écrasait, puis elle mettait cette purée dans un linge qu'elle plaçait contre sa poitrine.

Chaque jour, elle avait l'espoir de me rencontrer. Mais le soir, puisqu'elle ne m'avait pas croisée, elle mangeait ses pommes de terre... Puis, un mois plus tard, nous nous sommes revues. Elle a enfin pu me donner cette purée qui était à la température de son corps. Je l'ai dévorée avec délice. Aujourd'hui encore, quand j'y pense, je suis très émue...

À Auschwitz I, j'ai d'abord travaillé dans une ferme avec des Hongroises. Puis, avec des Ukrainiennes, j'ai dû creuser des canaux de drainage par − 25 °C... Nous devions casser la glace avec le pic d'une pioche sur dix centimètres, puis briser la terre gelée sur dix autres centimètres. Nous avions alors les pieds complètement dans l'eau ! Je ne sais pas comment je ne suis pas tombée malade… À Birkenau, je l'avais été pourtant deux fois et, à cette époque, ma mère avait refusé que j'aille au *Revier*, l'antichambre de la chambre à gaz ! Il faut dire que les Ukrainiennes m'avaient montré comment me réchauffer en me battant les flancs et comment faire semblant de travailler très dur en économisant mon énergie pour ne pas trop me fatiguer… Elles étaient formidables !

À midi, on nous apportait de la soupe sur le chantier : il fallait la manger directement dans la gamelle parce que, dans la cuillère, elle gelait. Le froid était terrifiant. Nous avions des stalactites sur le visage, au coin des yeux, de la bouche, dans le nez, partout !

Près du block des Ukrainiennes, derrière une rangée de barbelés, il y avait des prisonniers politiques français qui travaillaient aux abattoirs. Ils venaient nous porter le café à l'eau chaude du matin, qui était légèrement plus coloré qu'à Birkenau. Et je voyais bien que les Ukrainiennes étaient toutes amoureuses d'eux ! Il y avait même de petits fricotages… Moi, j'écrivais les petits mots d'amour qu'elles voulaient leur envoyer et je traduisais ceux des Français. Un jour, ils ont dit aux Ukrainiennes qu'ils voulaient voir la « secrétaire ». Je me suis donc approchée des barbelés. Ils étaient contents de parler français avec moi. L'un d'entre eux m'a même proposé de m'apporter le café le lendemain. Mais je lui ai répondu que je ne voulais pas d'histoires. Pour moi, il fallait aimer vraiment quelqu'un avant d'aller plus loin… Et puis l'idée de me retrouver enceinte au camp était épouvantable ! Quelquefois, les Français donnaient aux Ukrainiennes de la viande et des navets, et moi, j'avais droit à quelques morceaux. C'est aussi là que j'ai fumé mes premières cigarettes. Ça ne m'a pas plu du tout d'ailleurs !

« BIRKENAU KOMMT NACH ! »

Au début de l'année 1945, nous avons commencé à entendre au loin des canonnades, les Russes approchaient… Quand nous sortions pour aller au travail, nous apercevions les trous d'obus. « Pourvu qu'ils bombardent… Certaines mourront, mais nous serons libérées ! » Un jour, pendant l'hiver, j'ai osé demander au chef de camp, Hössler, en allemand, avec quantité de « Obersturmführer », « Bitte schön », « Danke schön », s'il pouvait faire venir ma mère, restée à Birkenau. Il m'a répondu : « *Birkenau kommt nach* ! » (« Birkenau va suivre ! »). Sur le moment, je n'ai pas compris cette phrase…

Et, le 18 janvier 1945, les Allemands nous ont ordonné de prendre une couverture. Ils nous ont donné un pain entier, une boîte de corned-beef, et ils nous ont fait évacuer le camp[26].

Nous les femmes des deux blocks réservés marchions derrière les hommes[27]. L'air était pur, froid et sec, mais sans vent. La nuit, nous couchions dans des granges. C'est comme cela que j'ai appris qu'en effet Birkenau suivait et que ma mère se trouvait en queue de convoi. Le lendemain du départ, j'ai donc remonté à contre-courant la colonne, qui s'étendait sur plus d'un kilomètre de long, et je l'ai retrouvée…

Nous étions épuisées, mortes de faim et de froid, mais nous sommes « remontées » toutes les deux et nous ne nous sommes plus quittées. Le troisième jour, nous sommes arrivées dans une gare à Gleiwitz[28].

Nous sommes montées dans des wagons à charbon, découverts cette fois. Nous avons roulé pendant cinq jours et cinq nuits, sans manger ni boire. Nous avions tellement soif que nous n'arrivions même pas à manger les quignons de pain qui nous restaient. Nous les donnions à des Polonais qui, le long de la route, remplissaient

---

26. La barbarie nazie s'est déchaînée jusqu'au bout lors de ces évacuations, qui ont duré jusqu'aux derniers jours du Reich, l'ultime « marche de la mort » ayant eu lieu à Reichenau, dans les Sudètes, le 7 mai 1945 ! L'Allemagne nazie voulait dissimuler les traces de ses crimes et soustraire le plus de Juifs possible aux Alliés. Au total, entre 250 000 et 375 000 déportés ont succombé lors des « marches de la mort ».

27. Sarah quitte Auschwitz au même moment que Charles Palant (voir p. 92).

28. Rappelons que Gleiwitz, en Pologne, se situe à environ soixante-quinze kilomètres au nord d'Auschwitz (voir le témoignage de Charles Palant p. 92).

nos gamelles de neige. La soif, c'est pire que la faim. Vous avez la langue qui gonfle, l'impression horrible d'étouffer.

Des femmes sont mortes dans les wagons, d'autres sont devenues folles. L'une d'entre elles s'est même déshabillée alors qu'il faisait – 25 °C.

Quand le train s'est arrêté en gare de Buchenwald, des détenus du camp sont venus nous apporter une soupe chaude. C'est le seul instant de réconfort que nous avons eu durant ces cinq jours et ces cinq nuits de voyage effroyable.

« Ici nous allons mourir de faim ! »

Le train s'est arrêté, nous avons marché un kilomètre, puis nous sommes arrivées à Bergen-Belsen[29]. Ma mère a trouvé un crouton de pain et m'a dit : « Ici nous allons mourir de faim ! » Elle n'avait pas tort…

Le camp de Bergen-Belsen était constitué de chalets construits au milieu des sapins. À l'intérieur, il y avait de petites pièces avec des bat-flancs, des lits à trois étages individuels. Nous nous sommes d'abord dit que nous ne serions pas mal ici, mais les SS ont démoli toutes les cloisons. Nous couchions par terre, sur le plancher, avec une simple couverture. Les rats pullulaient, les poux aussi. Les toilettes n'étaient jamais nettoyée, et nous n'étions plus avec nos copines de Birkenau et d'Auschwitz I.

Nous ne travaillions pas, mais nous ne mangions presque pas non plus. Pour passer le temps, nous nous raccompagnions les unes

---

29. À la fin de l'année 1944 et au début de l'année 1945, à l'approche des Alliés et des forces soviétiques, Bergen-Belsen devient un camp de regroupement pour des milliers de prisonniers juifs évacués des camps les plus proches du front. L'arrivée de milliers de déportés survivants des marches de la mort épuise les maigres ressources à disposition. Afin de gérer un nombre croissant de détenus, les SS transforment la partie nord du camp, utilisée comme camp de prisonniers, en un « grand camp des femmes ».
À la fin du mois de juillet 1944, il y avait 7 300 prisonniers à Bergen-Belsen. En décembre 1944, ce chiffre passe à 15 000, dont 8 000 femmes, et en février, quand Sarah et sa mère y sont, à 22 000.

Carte écrite par Sarah à des amis de la famille deux semaines après la libération de Bergen-Belsen.

les autres dans nos baraquements respectifs et nous jouions avec les poux. Nous étions trois ou quatre filles. Chacune prenait un pou, le mettait à dix centimètres d'une couture de robe et le premier qui arrivait avait gagné ! Un jour, ma mère m'a dit : « Tu sais, il y a ici une femme qui a deux filles qui travaillent à la cuisine. Elles peuvent t'emmener. » C'était Yvonne Jacob, la mère de Simone, qui deviendra plus tard Simone Veil.

J'ai donc travaillé quelques jours avec Simone et sa sœur Madeleine à couper du chou pour faire de la choucroute. Le soir, j'en ramenais et, pendant cette période, nous avons pu manger un peu mieux, mais toujours pas à notre faim.

Quelque temps plus tard, une autre amie que j'avais raccompagnée à son block m'a dit : « Tu sais, dans mon baraquement, il y a une petite jeune fille qui est un peu plus jeune que toi. Elle vient de

Hollande. Elle s'appelle Anne… » En l'entendant, la jeune fille a penché la tête et m'a fait un petit sourire timide et triste. La semaine suivante, on est venu nous dire que cette jeune Hollandaise était morte du typhus. Plus tard, quand son livre est sorti et que j'ai vu sa photo, j'ai compris que c'était Anne Frank[30].

À Bergen-Belsen, l'hygiène était déplorable et le typhus faisait des ravages[31]. Le 16 mars, le jour de mes 17 ans, je l'ai attrapé. « Je ne reverrai plus Paris ! » ai-je alors dit, désespérée, à ma mère. Je devais avoir plus de 42° C de fièvre, une diarrhée terrible, et pas le temps d'aller aux toilettes. Je savais que si je ne m'en sortais pas, je mourrai au bout de huit jours. Ma mère a alors fait preuve d'un courage inouï : pour me soigner, elle allait tous les jours à la cuisine voler de l'eau chaude qu'elle me faisait boire. Elle en donnait aussi à deux autres filles de la baraque, malades comme moi. En nous empêchant de nous déshydrater, elle nous a sauvé la vie à toutes les trois. Une de mes amies, qui avait caché sa bague de fiançailles dans son « intimité », l'a troquée contre deux pains entiers que nous avons partagés. Nous étions vivantes et qu'ils étaient bons ces pains !

La mort était partout. Je n'avais jamais vu autant de cadavres[32]. Chaque matin, nous devions les sortir des baraques et les jeter sur un

---

30. Anne Frank et sa sœur Margot sont mortes du typhus en mars 1945, quelques jours avant l'arrivée des troupes britanniques. Elles avaient été arrêtées par la Gestapo, avec leur famille, le 4 août 1944. Puis les Frank avaient été envoyés au camp de transit de Westerbork, aux Pays-Bas, et déportés au camp d'Auschwitz-Birkenau le 3 septembre 1944. En décembre, Anne et sa sœur ont été transférées à Bergen-Belsen. Edith Frank, leur mère, décède le 6 janvier 1945 à Auschwitz-Birkenau. Seul Otto, leur père, survivra. En 1947, il fera éditer le journal que tenait sa fille.

31. À Bergen-Belsen, les sanitaires ne sont pas adaptés, les dizaines de milliers de prisonniers incarcérés dans le camp n'ont à leur disposition qu'un nombre insuffisant de latrines et de robinets d'eau.
La surpopulation, les mauvaises conditions sanitaires, le manque de nourriture et d'eau favorisent la propagation du typhus, mais aussi de la tuberculose, de la fièvre typhoïde et de la dysenterie.

32. De novembre 1944 à avril 1945, environ 35 000 personnes seraient mortes à Bergen-Belsen.

tas qui grandissait de jour en jour[33]. Dans ce camp, il y avait deux *Revier*, où les détenues avaient droit à de la soupe. Celles qui la transportaient pouvaient en avoir un litre, mais il fallait l'avaler sur place. J'étais très affaiblie, très amaigrie, mais ma mère m'a quand même forcée à transporter le baril de soupe des cuisines jusqu'à l'un des *Revier*. Nous devions les porter à quatre, deux devant et deux derrière. Elle m'a placée devant elle et m'a poussée dans le dos pour que j'avance. Nous sommes arrivées dans l'un des *Revier* avec une espèce de véranda en bois remplie de cadavres en décomposition, où l'odeur était épouvantable.

Carte d'aide médicale établie peu de temps après la guerre, le 9 octobre 1945.

Lorsque j'ai bu la soupe pour la première fois, je l'ai immédiatement vomie. Les jours suivants, je suis parvenue à la garder. Quinze jours plus tard, le 15 avril 1945, la première armée anglaise est

---

33. Sydney Bernstein, le chef de la section films des Armées, réalise en 1945 un film documentaire intitulé *Memory of the camps* (*la Mémoire des camps*) à l'initiative du ministère de l'Information britannique et du Bureau de renseignements de guerre américain. Il y montre des images stupéfiantes de la libération des camps de Buchenwald, Dachau et Bergen-Belsen. Afin d'éviter au maximum le montage, générateur de mensonge, et d'intégrer dans un même plan victimes, bourreaux et témoins, il suit les conseils d'Alfred Hitchcock en privilégiant les longs plans séquences. Le film, resté inachevé, preuve par l'image destinée aux Allemands, ne fut jamais montré en raison de la modification des relations germano-britanniques dans l'Europe de l'après-guerre. Mais de nombreux documentaires ont utilisé les images de ce documentaire. Le film *la Mémoire meurtrie* a été réalisé dans les années 1980 à partir du film réalisé par Bernstein.

entrée dans le camp et nous a libérées[34]. Nous avons été désinfectées au DDT[35] et emmenées dans des casernes à Belsen[36].

Pendant ces trois mois à Bergen-Belsen, ma mère a été formidable. Sans elle, je serai morte. Elle s'est battue sans relâche pour moi, pour que je vive. En fait elle m'a donné naissance une seconde fois. Mais si je n'avais pas été là, elle aussi serait sans doute morte... Que je sois là lui a donné une raison de vivre, l'a forcée à se battre.

« SARAH, VOUS ÊTES REVENUE... »

Il y avait près de Bergen un camp de prisonniers français, le stalag XI-B. Dès qu'ils ont appris que des femmes françaises se trouvaient dans le camp, je me souviens qu'ils sont accourus et, découvrant notre dénuement, se sont exclamés : « Nous pensions avoir souffert pendant ces cinq années, mais à côté de vous, c'était de la rigolade ! » Puis ils ont voulu nous aider en nous apportant de la nourriture : ils sont allés tuer une vache dans un pré pour qu'on ait de la viande rouge, nous ont apporté des boîtes de sardines et du lait, ce qui nous a rendues malades...

Un jour, ils nous ont même fait manger les lapins de garenne qu'ils élevaient. Nous étions si affamées que nous n'avons même pas laissé aux bêtes le temps de bien cuire et nous avons dévoré les morceaux encore à moitié crus... Bien sûr, nous avons vomi tout de suite ! Un des prisonniers de guerre m'a offert sa mandoline et son harmonica, un autre, qui était bibliothécaire au stalag, une

---

33. Lors de la libération de Bergen-Belsen, il y a 60 000 détenus dans le camp, dont 26 000 femmes. Pour endiguer l'épidémie de typhus, les troupes britanniques établissent une stricte quarantaine, ensevelissent rapidement les corps et brûlent les bâtiments infectés.

34. Le dichloro-diphényle-trichloroéthane est un insecticide puissant et très toxique.

35. Après la libération, les autorités britanniques installent dans les baraquements de l'école militaire allemande, à proximité de Bergen-Belsen, un camp pour personnes déplacées, qui accueille environ 12 000 survivants. Il reste en fonction jusqu'en 1951.

valise en bois et une édition brochée en six volumes du *Comte de Monte-Christo* d'Alexandre Dumas éditée par Calmann-Lévy en 1882[37]. Aujourd'hui encore, je garde précieusement tous ces objets...

Ma mère faisait comme au camp. Elle organisait tous les tissus qu'elle trouvait. Un jour, elle a vu passer un baril de soupe et a volé le dessus. Ce n'était que de la graisse, mais elle l'a laissée refroidir et

Maria Lichtsztejn en 1946

l'a mangée sur deux tartines de pain. Deux heures plus tard, elle se tordait de douleur car le gras avait provoqué des calculs biliaires. Sur le moment, j'ai cru qu'elle allait mourir. « Écoute, tu n'as pas tenu le coup jusqu'à présent pour mourir maintenant ! » lui ai-je alors dit.

Au bout de trois semaines, nous avions repris un peu de poids. Ma mère pesait 35 kilogrammes et moi 40. Nous avons pris le chemin de Paris en traversant les villes bombardées de

---

37. En 1985, alors qu'elle prend des cours de yiddish, Sarah rencontre par hasard Renée, qui possède une maison de campagne près de chez elle. Un jour, elle raconte à Sarah que son oncle Haïm, un ancien prisonnier de guerre, avait donné à une jeune fille, en 1945, une édition du *Comte de Monte-Christo* en six volumes. Elle lui montre une photo et Sarah reconnaît immédiatement le prisonnier qui lui avait fait ce cadeau. Une jolie coïncidence !

l'Allemagne du nord et de l'ouest dans des camions, en chantant *la Marseillaise*, cramponnées à la hampe d'un drapeau français que nous avions trouvé par hasard. Nous ne ressentions aucune pitié pour les Allemands qui cherchaient dans les décombres de la nourriture, des vêtements ou des souvenirs. C'était comme si les nazis avaient réussi à nous déshumaniser.

Puis nous sommes restées trois semaines dans un camp de transit... où les Alliés organisaient des bals ! C'est là que j'ai rencontré Roland, un

Sarah et Philippe sur le boulevard du Temple, à Paris, lors de l'été 1952.

garçon envoyé au STO. Je lui plaisais bien, mais ce marinier de 22 ans trouvait que j'étais quand même un peu trop maigre !

Lorsque nous avons été un peu plus en forme, on nous a mises, une fois encore, dans un train de wagons à bestiaux ! Nous étions une quinzaine par wagon, assises dans de la paille.

Les wagons de voyageurs étaient réservés aux prisonniers de guerre et aux résistants. Nous trouvions cela normal. Nous étions tellement habituées à ce que les Juifs ne soient rien du tout... Personne ne connaissait encore l'ampleur de ce qui s'était passé. Pourtant, les résistants sont revenus à 40 %, les Juifs, eux, à 3 %

seulement[38]... Ce n'est qu'arrivées à la frontière franco-belge que nous avons enfin pu monter dans un train de voyageurs. Le 24 mai, un an jour pour jour après notre arrestation, nous sommes arrivées, émues, à la gare du Nord, où un orchestre jouait *la Marseillaise*. Quand je suis descendue du train, une femme s'est approchée de moi : « Sarah, vous êtes revenue, je vais le dire à vos camarades... », a-t-elle dit en pleurant. C'était mon professeur de français-latin qui venait tous les jours attendre son fiancé, qui était prisonnier de guerre. Moi, je ne pouvais plus pleurer.

Des autobus de ligne nous ont emmenées à l'hôtel Lutetia, où deux rangées de gens nous montraient des photos de leurs proches en nous demandant si nous les reconnaissions, si nous avions des nouvelles. Ils voulaient qu'on leur raconte. Mais nous ne voulions rien leur répondre, et encore moins regarder leurs photos. Qu'aurions-nous pu leur dire ? Qu'ils étaient morts ? Comment aurait-on pu le savoir ? Et puis nous n'arrivions pas encore à parler.

J'étais habillée de bric et de broc. J'avais un pantalon d'homme avec une braguette à boutons et des bretelles. Des médecins nous ont fait passer une radioscopie. Quand vous n'aviez rien aux poumons, on vous lâchait dans la nature... On nous a donné un bon repas, un petit colis avec des vêtements et un peu d'argent, puis on nous a conduites à la mairie du XIX\ arrondissement : notre première nuit à Paris, nous l'avons passée sur des lits de camp...

Le lendemain, ma mère était encore très faible. C'est donc seule que je suis allée voir mon père, qui occupait la même chambre depuis notre arrestation. La première chose qu'il a voulu savoir, c'est si j'étais encore vierge... C'est à ce moment-là que j'ai compris qu'il y avait un décalage irrémédiable entre ceux qui étaient revenus, qui avaient connu l'indicible, et les autres...

---

38. Selon Serge Klarsfeld, sur 75 721 Juifs de France déportés, 2 500 ont échappé à l'extermination.
En 1944, 15 000 Juifs ont été déportés en 14 convois, dont deux au départ de Lyon et de Toulouse.

Carte de déporté politique établie le 26 septembre 1955.

« NOUS N'ÉTIONS PLUS NORMALES »

Comme notre appartement de la rue des Pyrénées était occupé[39], les sœurs de ma mère nous ont hébergées quelques temps, jusqu'à ce que nous trouvions un logement. Même avec l'aide d'avocats, nous avons mis un an pour récupérer notre appartement de la rue des Pyrénées. Le soir, nous nous allongions sur le lit et dès que nous

---

39. Dès le début de l'année 1942, l'Einsatzstab pille systématiquement les appartements laissés vides par leurs occupants juifs. Les scellés sont d'abord placés sur les appartements. Leur pose, comme l'action de pillage, qui se fait hors de tout contrôle des Français, ne rencontre ni l'approbation du gouvernement de l'État français, ni celle du Commissariat général aux questions juives. On estime aujourd'hui que, pendant l'Occupation, 38 000 appartements appartenant à des Juifs furent vidés, 80 000 comptes bancaires bloqués et plus de 10 000 objets d'arts et plusieurs millions de livres pillés. Le montant des spoliations s'élèverait à environ 5 milliards de francs (de l'époque).
À la Libération, une intense action de restitution et d'indemnisation des biens spoliés est entreprise par le gouvernement. Un grand nombre de biens sont cependant restés en déshérence et les fonds non revendiqués absorbés dans les comptes de ceux qui les détenaient.

étions seules, nous fermions la porte à clé et dormions par terre. Il nous était impossible de coucher dans un lit. Nous n'étions plus normales...

Mes parents se sont séparés. Ma mère ne voulait plus vivre avec mon père. Il a récupéré l'appartement et nous avons emménagé dans sa chambre. Je suis retournée au lycée car mon père y tenait absolument. Et puis que pouvais-je faire d'autre ? J'avais arrêté les cours en troisième. Quand je suis revenue, on m'a mise en seconde alors que mes camarades étaient en première.

Comme je voulais absolument les rejoindre, j'ai bachoté et passé la première partie du baccalauréat en session spéciale, c'est-à-dire sans oral, en février 1946[40].

Mais j'étais si fatiguée qu'il a fallu m'envoyer me reposer deux mois en Ardèche. À la rentrée suivante, je suis entrée en classe de philosophie. J'ai retrouvée mes camarades, mais je n'avais qu'une seule idée en tête : faire les quatre cents coups...

Le lycée de Jeunes Filles du Cours de Vincennes était très sévère, il fallait porter un chapeau et des gants. Si vous étiez en retard, vous aviez une mauvaise note. Si vous répondiez mal à un surveillant, une mauvaise note, si vous ne remettiez pas un devoir à temps, une mauvaise note... Et au bout de dix mauvaises notes, vous aviez un zéro de conduite ! Quand elles avaient zéro, les filles s'effondraient en larmes... Mais moi qui sortais de l'enfer, je n'arrivais pas à pleurer. J'avais 18 ans, et une seule envie : être libre !

Mon lycée abritait le Cours des Maraîchers destiné aux jeunes gens qui avaient perdu des années d'études à cause de la guerre. Il y avait là des garçons qui s'étaient engagés dans l'armée de Lattre de Tassigny et avaient fait la campagne Rhin et Danube, quelques résistants et des auxiliaires féminines de l'Armée de terre. Comme je remplissais les conditions requises et que j'avais manqué la seconde partie du baccalauréat, j'ai pu m'inscrire à ce cours. C'est là que j'ai rencontré mon futur mari.

---

40. Rappelons que les épreuves du baccalauréat sont alors divisées en deux parties.

Philippe et Pierre étaient deux copains. Quand ils m'ont vue arriver, ils se sont dit : « Voilà un joli petit lot... » Et ils ont parié un paquet de Gauloises à celui qui me parlerait le premier ! Philippe me plaisait plus que l'autre, mais c'était le plus timide.

C'est donc son ami, Pierre, qui m'a abordée en premier, et c'est avec lui que j'ai eu une histoire d'amour ! Mais plus tard, j'ai retrouvé Philippe à la Sorbonne, où nous étions étudiants tous les deux. J'étais alors en année de propédeutique, une révision des matières principales de l'enseignement secondaire.

Nous sommes tombés éperdument amoureux l'un de l'autre. Les cours nous intéressaient mais nous préférions de beaucoup nous promener dans les allées du jardin du Luxembourg. Quand nous avions de l'argent, nous allions au cinéma. En hiver, quand il pleuvait et que nous étions « fauchés », nous allions au Palais de justice assister aux procès en Correctionnelle.

Au cours de l'année 1948, j'ai intégré, grâce à mon père, une petite troupe de marionnettistes, Hakl-Bakl, qui montait des spectacles en yiddish. Je suis partie plusieurs fois en tournée avec eux en France et en Belgique. Cela a été mon premier « petit boulot », mais également le lien que mon père voulait que je garde avec la culture yiddish.

Et puis la vie a continué, et j'ai dû me reconstruire seule. Je ne sais d'ailleurs pas si je me suis réellement reconstruite... Lorsque je témoigne, je dis souvent qu'à première vue, nous avons l'air normal, mais que finalement, nous ne le sommes pas vraiment.

« Chassez les papillons noirs »

Il y a quelques années, une camarade de classe, qui habite aujourd'hui à Aix-en-Provence, m'a retrouvée. Un jour, elle m'a dit : « Je ne sais pas si tu te rappelles quand tu es passée nous voir au lycée une semaine après ton retour. Tu étais très maigre. Nous nous sommes retrouvées à la station de métro Porte de Vincennes.

Tu nous as parlé pendant une heure. Tu nous as tout raconté, puis tu nous as dit que tu n'en parlerais plus jamais ! »

À notre retour, nous aurions eu besoin de parler de ce que nous avions vécu, mais les autres ne voulaient pas nous écouter. Ma famille voulait que j'oublie, que ma mère et moi oublions. Nous nous sommes alors tues. Et cela a duré longtemps…

En 1979, j'ai adhéré aux FFDJF (Fils et Filles des Déportés Juifs de France). L'année suivante, le 25 janvier 1980, alors que je n'étais jamais retourné en Allemagne, j'ai fais le voyage jusqu'à Cologne pour assister au procès de Kurt Lischka, Herbert Martin Hagen et Ernst Heinrichsohn[41], que Serge Klarsfeld avait fait arrêter. J'ai rencontré un groupe de jeunes élèves allemands venus assister à l'audience du matin. Lorsque Serge Klarsfeld a lu la lettre d'un petit garçon qui demandait à Dieu de lui faire retrouver ses parents, les jeunes Allemands, très touchés, ont déclaré vouloir revenir à l'audience de l'après-midi. Des étudiants de Düsseldorf m'ont aussi posé beaucoup de questions.

C'est ce jour-là que j'ai commencé à reprendre espoir en l'humanité, et aujourd'hui, c'est cela que je veux transmettre. La vie est une histoire d'amour et de confiance. J'ai foi en l'humain mais je veux que l'on soit vigilant, qu'on ne prête l'oreille à aucune forme de propagande, quelle qu'elle soit, et qu'on ne laisse aucun peuple être exclu. Je témoigne pour que les gens comprennent que tout

---

41. Pendant l'Occupation, Kurt Lischka est le chef de la Gestapo en région parisienne. Il est considéré comme responsable de la rafle du Vél' d'Hiv le 16 et le 17 juillet 1942 et de plusieurs opérations de représailles contre des résistants. Après la guerre, Lischka vit à Cologne sous une fausse identité jusqu'en 1971, où il est retrouvé par Beate Klarsfeld. Il meurt en 1989. Chef de l'état-major du département des renseignements, Hebert Martin Hagen est considéré comme responsable de plusieurs rafles à Paris et à Bordeaux. Après la défaite du Reich, Hagen disparaît. Il est condamné par contumace aux travaux forcés en 1955 mais refait sa vie à Warstein, en Rhénanie, et devient directeur commercial d'une société d'appareillage électrique. Il est jugé en 1980 et meurt dix neuf plus tard, en 1999. Ernst Heinrichsohn rejoint la Gestapo en 1940. À Paris, il est l'adjoint de Theodor Dannecker, puis, en 1943, de Kurt Lischka. Après la guerre, il devient avocat et maire de la petite commune de Bürgstadt, en Bavière. Il est jugé en 1980 et meurt en 1994. Leur procès est ouvert le 23 octobre 1979.

peuple peut, dans certaines conditions, devenir un peuple criminel, et pour que nul n'oublie de quoi l'être humain est capable.

Tous les ans, une cérémonie est organisée au lycée Hélène Boucher en hommage aux quatorze jeunes filles déportées dont je suis la seule à être revenue. En 2014, un garçon a récité un poème et un autre a lu un extrait de mon livre *Chassez les papillons noirs*[42]. Une photographe que je connais bien m'a dit ensuite : « Tu sais, quand il a lu ce texte, un papillon jaune a traversé la scène… »

Sarah Montard entourée de ses deux arrière-petits-enfants, Samuel (à droite) et Flora (à gauche), en 2014.

---

42. *Chassez les papillons noirs* est le témoignage écrit par Sarah Montard et publié en 2011 par la Fondation pour la Mémoire de la Shoah aux éditions Le Manuscrit. Le titre est une citation du refrain de la chanson *le Disque usé* d'Édith Piaf (1943), que Sarah et d'autres femmes chantaient à Birkenau.

ET APRÈS...

Sarah Lichtsztejn épouse Philippe Montard en 1952. Elle tient la promesse qu'elle s'était faite : en 1953, elle appelle son premier enfant Claire. Deux ans et demi plus tard, elle a un fils, Laurent. Pendant 15 ans, elle travaille dans un laboratoire de recherche fondamentale au Jardin des Plantes, à Paris.

Dans sa maison des Yvelines, où elle vit depuis 1995 et où Philippe s'est éteint en 1996, elle aime réunir ses enfants, ses trois petits-fils et ses deux arrière-petits-enfants. C'est sa revanche sur Hitler !

Au sein de la bibliothèque Medem, elle milite aujourd'hui pour la préservation de la langue et de la culture yiddish, un monde disparu à jamais. En 1985, elle commence à témoigner dans les collèges et les lycées. Bienveillante, pleine d'espoir, elle fait revivre par sa voix celle de son père Moïse, décédé en 1969, de sa mère Maria, morte en 1983, et de ces 960 000 Juifs assassinés à Auschwitz.

LEPERT	EDA	04.04.05
LORACH	DENISE	22.07.16
LORACH	JEAN-SERGE	11.06.39
LEZNER	SUZANNE	13.03.12
MARGULIES	RIFKA	10.02.10
MARX	GERMAINE	05.02.13
MARX	PAULETTE	23.07.09
MARX	JEANNE	18.04.37
MINTZ	MARGUERITE	05.05.94
MORALI		
NEJMAN	HAIA	23.06.09
NEMARCQ	FLORETTE	08.12.10
NEUDELMANN	HELENE	18.10.15
NUCHIMOWITZ	LEA	23.02.06
OGOUZ	DORA	22.11.10
ORRBECK	BERTHE	16.05.18
OVROUTZKI	MAYE	15.01.02
PERAHIA	JEANNE	25.04.09
PERAHIA	VICTOR	04.04.33
PLACEK	IDA	19.09.06
REGEN	MARCEL	06.03.38
REGEN	MAURICE	28.06.32
REITER	MADELEINE	17.12.11
ROITMANN	REBECCA	15.04.02
ROSEN	CLAUDE	19.06.38
ROSEN	YVONNE	04.07.09
RYBAK	CECILE	24.06.10
SALOMON	HELENE	20.10.04
SALOMON	YVONNE	22.10.44

née au camp

Sur cette liste extraite du *Mémorial de la déportation des Juifs de France* de Serge Klarsfeld, on peut lire le nom, le prénom et la date de naissance de Victor. Au-dessus, on peut lire le nom de sa mère Jeanne.

VICTOR PÉRAHIA

DÉPORTÉ À 11 ANS LE 2 MAI 1944 PAR LE CONVOI N° 80

Une galerie d'art à Paris. Au fond à droite, une pièce étroite et lumineuse aux murs tapissés de livres. Lorsque nous arrivons, Victor Pérahia, 81 ans, se lève. Le sourire qu'il nous adresse illumine son regard d'enfant rêveur. Dans son bureau, il fait soudain plus chaud. Il nous regarde avec attention. Sa voix, douce et un peu craintive, tremble légèrement.

« La France, une terre d'accueil »

Je m'appelle Victor Pérahia. Je suis né le 4 avril 1933 à Paris, dans le XIIe arrondissement. Ma mère, Jeanne, vit le jour en France en 1909, mon père, Robert, en Turquie, à Constantinople (actuelle Istanbul), en 1901. Mes grands-parents maternels et lui sont arrivés en France dans les années 1920. Pour eux, la France, c'était une terre d'accueil, le pays des Droits de l'Homme.

Avant la guerre, mes parents, qui étaient marchands forains, mon frère aîné Albert et moi vivions à Saint-Nazaire, près de Nantes. Mes grands-parents maternels, Salomon et Sarah Passy, habitaient aussi avec nous. Nous étions une famille très unie et, aussi loin que je me souvienne, nous nous entendions tous très bien. Mon frère et moi allions à l'école communale et étions de bons élèves.

Puis, en 1939, la guerre éclata. Moins d'un an plus tard, Saint-Nazaire était occupée par les Allemands. L'atmosphère à la maison changea alors brutalement. Les premières lois portant atteintes aux Juifs furent édictées. Au mois de septembre 1940, une ordonnance enjoignit à tous les Juifs de la zone occupée d'aller se déclarer dans les commissariats et les mairies[1]. Mes parents étaient de plus en plus inquiets. Ils sentaient que les choses tournaient mal… Mais si toutes les conversations portaient sur les mesures antisémites, personne n'imaginait la catastrophe qui s'annonçait. Mes parents, comme beaucoup d'autres Juifs, voulaient surtout s'intégrer et respectaient donc les lois de la République.

Aussi, quand les autorités nous ont ordonné d'aller nous faire recenser, mon père y est allé. Quand le tampon « Juif » a dû être apposé sur la carte d'identité, nous l'avons fait[2]. Quand il a fallu porter

---

1. Rappelons que la première ordonnance du Commandement militaire allemand est édictée le 27 septembre 1940. Elle ordonne aux Juifs de se faire recenser. Un fichier des Juifs est ensuite établi dans chaque préfecture.

2. À la suite de la décision du chef de l'administration militaire allemande le 13 octobre 1940, les Juifs doivent se présenter au commissariat afin d'y recevoir des cartes d'identité portant la mention « Juif » ou « Juive » en lettres rouges.

Robert Pérahia et Jeanne Passy lors de leur mariage dans les années 1920.

Robert et Jeanne Pérahia à La Baule dans les années 1920.

l'étoile, nous l'avons portée[3]. Je n'avais que 9 ans, j'étais très jeune, mais, comme mes parents, j'ai souffert de ces mesures, qui, en 1942, se sont considérablement durcies.

Porter l'étoile fut en effet très difficile. Dans la rue, les gens nous dévisageaient, et si certains semblaient parler de nous avec bienveillance, ou pitié, d'autres, en revanche, ricanaient, murmurant que nous l'avions bien mérité… À l'école, pendant la récréation, les enfants me montraient du doigt. J'étais un « sale juif », un « youpin »… Depuis 1940, les commerçants juifs devaient apposer sur la devanture de leur boutique l'affiche « entreprise juive »[4]. Un administrateur fut ensuite nommé pour vérifier les comptes de mon père et confisquer une partie de ses recettes[5]. Nous étions alors quelques familles juives à Saint-Nazaire et nous nous aidions mutuellement.

Rapidement, tous les soirs, des bombardements alliés se sont mis à viser la base sous-marine allemande installée à Saint-Nazaire[6]. Pendant les alertes, nous descendions dans les caves. Mais les bombes ne tombaient pas toujours où il fallait et beaucoup de bâtiments furent détruits. Pour se protéger, mes grands-parents ont décidé d'aller s'installer à Paris et d'emmener avec eux leurs petits-enfants. J'aurais

---

3. Rappelons que l'ordonnance allemande du 29 mai 1942 rend obligatoire le port de l'étoile jaune pour les Juifs de plus de six ans en zone occupée. Celle-ci entre en vigueur le 7 juin suivant.

4. Cette ordonnance date du 31 octobre 1940. Elle impose le recensement de toutes les entreprises juives.

5. Comme dans tous les pays qu'elle occupe, l'Allemagne procède à l'aryanisation des biens des Juifs, qui se trouvent dépossédés de leur entreprise et de leur compte en banque. L'aryanisation implique des milliers de fonctionnaires mais également de nombreux français intéressés par l'acquisition de biens économiques à bas prix. Au centre de ce système est créée la fonction d'administrateur provisoire dont le rôle est de liquider ou de vendre ces entreprises.
Le 1er mai 1944, il y a sur l'ensemble du territoire 42 227 entreprises juives placées sous administration provisoire, 9 680 vendues à des aryens, 7 340 liquidées.

6. Au mois de décembre 1940, l'organisation « Todt » décide de construire à Saint-Nazaire un des ports les plus vastes de la côte Atlantique, une base sous-marine destinée à abriter les U-boote (de Unterseeboot qui signifie sous-marins). Les travaux commencent en février 1941.

dû partir avec mon frère mais je ne voulais pas quitter mes parents, qui, eux, étaient obligés de rester à Saint-Nazaire. Ils y avaient leur commerce et mon père, engagé volontaire dans l'armée française[7], était depuis 1941 en congé de captivité[8]. Il devait donc pointer à la Kommandantur chaque semaine. Il n'était donc nullement question pour eux d'aller à Paris…

« JE N'OSAIS MÊME PAS LES REGARDER TELLEMENT J'AVAIS PEUR »

Mes parents et moi avons été arrêtés le 15 juillet 1942. Plus tard, nous avons su que c'était la veille de la rafle du Vél' d'Hiv. Ce jour-là, mon père n'était pas à la maison. Il nous avait prévenus qu'il rentrerait un peu plus tard parce qu'il avait des affaires à régler. Il était environ 19 heures, ma mère et moi étions à table. Nous habitions dans une rue calme et quand une voiture passait, généralement nous l'entendions. Là, c'est un camion qui s'engouffra dans la rue et s'arrêta devant notre porte. Six soldats allemands, des Feldgendarmen,

---

7. En 1939, beaucoup de Juifs étrangers, animés par le désir de servir leur pays d'accueil et par antifascisme, s'engagent volontairement aux côtés des armées françaises. On estime à une centaine de milliers le nombre d'étrangers incorporés dans des formations militaires entre 1939 et 1940. Parmi eux, il y a sans doute entre 30 et 50 % de Juifs. Si on est sûrs aujourd'hui qu'ils furent nombreux, il est difficile de déterminer un chiffre précis. Des bureaux de recrutement sont spécifiquement ouverts pour les Juifs étrangers (il y en a notamment un dans l'ancien théâtre yiddish de la rue de Lancry à Paris). Après la défaite de 1940, les Juifs restés prisonniers échappent pour la plupart à la déportation, « protégés » par leur uniforme, mais ils subissent les coups, les brimades et les tâches les plus pénibles leur sont réservées. Ceux qui sont rapidement libérés seront pour la plupart parqués dans les camps de Pithiviers, Beaune-la-Rolande et Drancy, avant d'être déportés.

8. Depuis le début de la guerre, la Turquie est neutre. Le 18 juin 1941, elle signe avec le IIIe Reich un pacte d'amitié. C'est la raison pour laquelle Robert Pérahia, d'origine turque, est mis en congé de captivité. Les pères de quatre enfants mineurs, les agriculteurs, les menuisiers, les charpentiers, les ferrailleurs, les cimentiers, certaines catégories de fonctionnaires nécessaires au redémarrage de l'économie bénéficient également de ce statut qui les oblige à se faire enregistrer régulièrement à la Kommandantur.

dont un qui portait une mitraillette, descendirent et pénétrèrent dans notre immeuble. Ils montèrent au premier étage et frappèrent violemment à notre porte. Nous étions complètement terrorisés. Ma mère finit par ouvrir et les soldats allemands entrèrent en force dans notre appartement.

Un des officiers demanda à ma mère, en français :

« Où est Monsieur Pérahia ?

Ma mère essaya d'abord de le protéger :

— Je ne sais pas où il est, je ne sais pas s'il va rentrer ce soir...

— Je vous donne un quart d'heure pour aller le chercher, répondit l'Allemand. Si dans un quart d'heure vous n'êtes pas revenue, votre mari et vous, nous ne serons plus là, mais l'enfant, que nous gardons, nous l'emmènerons avec nous et vous ne le verrez plus. »

Ma mère, prise entre deux feux, s'affola et se mit à pleurer. Car elle savait pertinemment où était mon père... Elle partit finalement le chercher et revint avec lui moins d'un quart d'heure plus tard.

Pendant ce temps, je restais avec les six Allemands, assis tout seul à table. Je ne bougeais pas. La tête baissée, j'avais l'impression d'être avec six géants. Je n'osais même pas les regarder tellement j'avais peur. Mais quand mes parents sont enfin arrivés, c'était fini, j'étais rassuré. Mon père et ma mère étaient là pour me protéger. Après tout, qu'est-ce que je risquais tant que j'étais avec eux ?

Mon père entra dans l'appartement, garda son sang-froid et regarda l'officier dans les yeux.

« Que se passe-t-il ?

Les Allemands avaient pour habitude de minimiser la gravité de la situation, sans doute pour éviter la panique et les problèmes...

— Nous venons vous chercher, avec votre femme et votre fils, pour un contrôle d'identité. Dans 48 heures, vous serez à nouveau chez vous. Prenez très peu d'affaires. »

C'est à ce moment-là que nous avons compris qu'ils venaient nous arrêter tous les trois. Au départ, nous pensions que seul mon père était concerné. Mes parents se chargèrent de tout préparer. Moi, je restais à ma place. Je regardais, inquiet, ce qui se passait autour de moi. Je sais aujourd'hui que, pour mettre en œuvre cette rafle, les Allemands s'étaient servis[9] de la liste des Juifs venus se faire recenser. Ceux qui avaient eu la clairvoyance de ne pas le faire ne furent pas arrêtés ce jour-là.

Nous sommes montés dans un camion bâché qui a ensuite fait le tour de Saint-Nazaire pour arrêter les autres Juifs de la ville. Les autorités allemandes nous ont déposés dans une baraque à Sautron[10]. Il n'y avait ni tables, ni chaises, ni lits, ni sanitaires. Des soldats allemands rentraient régulièrement pour vérifier qu'il n'y avait pas de problème. C'est dire si la nuit a été agitée ! Nous étions une cinquantaine, puis d'autres personnes sont arrivés pendant la nuit. Au lever du jour, nous étions environ une centaine.

Nous avons su plus tard que lors de la rafle qui a eu lieu à Paris le 16 juillet, mes grands-parents et mon frère s'étaient cachés chez un frère de ma grand-mère, marié à une catholique. Mon grand-père

De gauche à droite, Jeanne, Robert, Sarah, la mère de Jeanne, Victor et Albert à Saint-Nazaire, avant la guerre.

---

9. Henri Borlant et sa famille sont arrêtés le même jour et amenés, comme Victor et ses parents, au Grand Séminaire d'Angers (voir la note 11 p. 24).

10. Sautron est situé à 10 kilomètres au nord de Nantes.

fut arrêté durant l'été 1944 alors qu'il était sorti chercher de quoi manger. Il fut envoyé à Drancy et déporté le 31 juillet dans le convoi n° 77[11]. Paris fut libéré le 24 août. À 24 jours près, il aurait été sauvé !

« J'AVAIS 9 ANS ET JE VOYAIS MON PÈRE POUR LA DERNIÈRE FOIS »

Le lendemain, on nous a parqués dans une caserne militaire à Nantes, où les gens arrivaient de plus en plus nombreux. Nous y avons passé une nuit sur des lits superposés à deux étages. Angers[12] fut la dernière étape de ce périple. De la gare de Saint-Laud, des camions nous ont conduits au Grand Séminaire, où plus de mille personnes attendaient sans savoir ce qui allait leur arriver. Les Allemands nous ont dit que nous serions chez nous dans 48 heures, et à ce moment-là encore, nous les croyions…

Dans la cour où nous patientions inquiets et incertains, un grand silence se fit soudain. Un officier qui parlait à peu près français ordonna la séparation immédiate des hommes et des femmes : « Vous êtes actuellement réunis par famille, vous allez vous séparer. Les hommes vont aller d'un côté, les femmes seules de l'autre et les femmes avec des enfants vont rester sur place. »

Les familles, abasourdies, se sont alors dit au revoir, sans savoir si elles se retrouveraient un jour. Nous ne connaissions pas la raison pour laquelle les Allemands constituaient ces trois groupes. Nous étions le 17 juillet. J'avais 9 ans. Je ne le savais pas encore mais je

---

11. Selon Serge Klarsfeld, le convoi n° 77, le dernier à partir pour Auschwitz, transportait environ 1 300 personnes, dont plus de 300 enfants qui furent immédiatement gazés. 726 hommes et femmes le furent également. 291 hommes et 283 femmes furent sélectionnés pour le travail. 68 hommes et 146 femmes survécurent. Le père d'Ida Grinspan, Jankiel Fensterszab, faisait également partie de ce convoi et n'est pas revenu.

12. Comme nous l'avons dit p. 23, Angers est en 1942 la place forte du Haut Commandement allemand. La ville abrite en effet un nombre important de services administratifs et économiques, dont la Kommandantur, l'État major allemand, la Feldkommandantur, les services de la Standeskommandantur (service du logement chez l'habitant) et des Ausweis et les bureaux de la propagande.

voyais mon père pour la dernière fois. Trois jours plus tard, un convoi, le n° 8, est parti directement d'Angers vers Auschwitz. Il en faisait partie[13]. Ma mère s'en voudra toute sa vie d'être allée le chercher le jour de notre arrestation. Elle s'est souvent dit que si elle était revenue sans lui, les choses auraient été différentes. Nous aurions été arrêtés, mais lui, il aurait peut-être échappé à la mort...

Avant que l'on ne nous sépare, mon père m'a pris dans ses bras et m'a regardé intensément. Je me souviens encore de son visage... Il m'a fait des recommandations, m'a dit de rester toujours près de ma mère, de la protéger, comme s'il pressentait que quelque chose de dramatique allait se passer. Puis il est parti. Comme, à l'époque, on ne déportait pas encore les enfants, ma mère et moi avions été écartés[14].

Ma mère et moi avons été transférés au camp de La Lande[15], à Monts, près de Tours. C'était un camp militaire gardé par des gendarmes, entouré de barbelés et de miradors, en pleine forêt. Quand nous sommes arrivés, quelques adultes et des enfants de tous les âges, dont les parents étaient partis par le convoi n° 8, se trouvaient déjà là. En les déportant, on leur avait assuré que leurs enfants les rejoindraient une fois installés. Une fois encore, on leur avait menti !

Ces enfants étaient extraordinaires ! Avec eux, j'ai découvert le plaisir de vivre en groupe, moi qui étais plutôt solitaire. Avec eux, j'ai appris des jeux, des chants, des danses, comme la hora[16]. Même en présence des barbelés, j'étais comme dans un camp de vacances !

---

13. Henri Borlant, sa sœur Denise, son frère Bernard ainsi que leur père font également partie du convoi n° 8, qui est le seul, avec le convoi du 11 août 1944, à aller directement à Auschwitz sans passer par Drancy.

14. C'est le 20 juillet 1942 qu'Adolf Eichmann, à la demande des autorités françaises, autorise par téléphone la déportation des enfants de moins de seize ans.

15. Le camp de La Lande est un camp d'internement réquisitionné par la Gestapo. Jusqu'en 1942, il abrite des Juifs polonais. À partir du mois d'octobre 1942, il abrite essentiellement des détenues politiques.

16. D'origine roumaine, la hora, très appréciée dans les kibboutzim, est une des danses folkloriques juives les plus populaires. On la danse main dans la main, d'égal à égal.

Je me souviens d'une petite fille brune à la peau mate avec qui je jouais souvent. Elle s'occupait de sa petite sœur, beaucoup plus jeune, la protégeant comme une maman. Les grands donnaient à manger aux petits, pour certains des bébés mêmes qui portaient un bracelet où était inscrit leur date de naissance. Tous ces enfants trouvaient le temps long sans leurs parents et ils attendaient avec impatience le jour où ils les rejoindraient. Lorsque je témoigne, j'essaie à chaque fois de parler d'eux, de les faire revivre. Tant qu'on n'oublie pas ces enfants, ils ne sont pas complètement morts[17]...

UNE FEMME DE PRISONNIER DE GUERRE

Ma mère et moi sommes restés un mois entier à La Lande. Le 5 septembre, 422 Juifs ont dû partir à Drancy : nous faisions partie de ce convoi.

Drancy, c'était une immense cour couverte de mâchefer noir et entourée de bâtiments aux murs gris. Malgré un beau soleil de fin d'été, tout me paraissait triste, gris et sale. La poussière de charbon qu'on soulevait en marchant créait une atmosphère irréelle. Les gendarmes français nous ont pris notre argent et nos papiers. Il y avait un monde fou[18], tous les Juifs arrêtés ou raflés à Paris ou en province ayant été regroupés à Drancy.

Il n'y avait aucune raison pour que ma mère et moi ne soyons pas déportés immédiatement, mais nous avons eu une chance inouïe. Henri Garih, un cousin de ma mère, se trouvait alors à Drancy. Marié à une catholique, il faisait partie d'une catégorie privilégiée de personnes qui, à ce moment-là, ne pouvait pas être déportée[19].

---

17. Le 21 septembre 1942, 101 femmes et enfants quittent le camp de La Lande pour Drancy. Deux jours plus tard, ils partent pour Auschwitz-Birkenau par le convoi n° 36, dans lequel se trouvent 644 hommes, 342 femmes et 200 enfants. Ces derniers sont tous gazés à l'arrivée.

18. Après les rafles de l'été 1942, environ 7 000 détenus sont parqués à Drancy.

19. Il s'agit de la catégorie A, qui comprend également les demi-juifs (nés de père ou de mère de confession catholique ou protestante).

L'entrée du camp de Drancy.

Or, deux autres catégories pouvaient encore échapper à la déportation : les citoyens pouvant prouver qu'ils étaient des ressortissants d'États alliés à l'Allemagne[20] et les femmes et les enfants de prisonniers de guerre[21], qui bénéficiaient, comme leur époux, de la convention de Genève[22]. Ces derniers étaient gardés comme otage au camp de Drancy, les Allemands pensant qu'un jour ou l'autre, ils auraient peut-être besoin d'une monnaie d'échange pour faire revenir des soldats allemands prisonniers.

Bien sûr, ma mère et moi ne faisions partie d'aucune de ces catégories. Nous étions même inscrits sur la liste du prochain convoi.

---

20. Il s'agit de la catégorie C2.

21. Il s'agit de la catégorie C3. La catégorie C1 désigne les cadres du camp, la C4 les personnes attendant l'arrivée prochaine de leur famille encore en liberté. La catégorie B comprend l'immense majorité des individus ne pouvant revendiqués aucun de ces critères. Ils sont destinés à la déportation immédiate (voir le document 11 en annexe).

22. Depuis 1929, la convention de Genève protège les prisonniers de guerre.

Pour éviter la déportation, Henri a alors conseillé à ma mère de se faire passer pour une femme de prisonnier de guerre. Il a demandé à l'une d'entre elles où son mari avait été mobilisé, dans quel régiment, dans quelle région, le nom de son stalag. Il voulait collecter tous les renseignements nécessaires pour que ma mère soit crédible et puisse faire croire que son époux était un prisonnier. Cette femme nous a même confié les lettres de son mari écrites sur un papier particulier fourni dans les stalags.

Un officier allemand qui parlait français, nous a interrogés longuement. Ma mère avait plus peur que moi, elle savait les risques qu'elle courait mais elle voulait absolument éviter que nous soyons déportés, même si personne ne pouvait imaginer alors où nous allions, et ce qui s'en suivrait. Certes, des vieillards et des enfants partaient, mais nous pensions que ces convois menaient à des camps de travail… Ma mère m'a demandé ne pas intervenir, de ne surtout rien dire, même si des choses me semblaient étranges. Je suis resté silencieux pendant tout l'interrogatoire. Mais j'étais terrorisé. Ma mère tenait ostensiblement les lettres qu'on lui avait prêtées. Malgré ses craintes, elle se montra extrêmement convaincante, et les Allemands la crurent ! Elle nous a ainsi permis de rejoindre la catégorie des femmes de prisonniers de guerre retenues comme otages. Grâce à son courage et à son audace, nous sommes ainsi restés vingt mois à Drancy.

Un « petit poussin de Drancy »

Avant notre arrivée à Drancy, les gens dormaient par terre. Nous, nous vivions dans des chambrées d'une cinquantaine de personnes et dormions dans des lits en bois à deux étages, sur des paillasses. Ces chambrées n'étaient pas mixtes, et au milieu de chacune d'elles, il y avait un grand lavabo en étain, avec un robinet tous les dix centimètres. Jusqu'à 11 ans, j'ai fait ma toilette avec les femmes, ce qui me gênait un peu…

Au début, des gendarmes français administraient le camp. Et ils le faisaient avec une extrême sévérité ! Ils nous traitaient comme des prisonniers de droit commun : nous devions nous découvrir quand ils nous adressaient la parole, étions contraints de nous mettre au garde à vous et de leur répondre avec politesse et déférence. Le chef avait une petite matraque et quand la discipline se « relâchait », il n'hésitait pas à frapper. La soupe de rutabagas qu'on nous donnait était peu consistante et n'apaisait pas notre faim. Puis, en 1943, les Allemands ont repris l'administration du camp, et, paradoxalement, les conditions de vie se sont un peu améliorées[23].

Dès qu'elle a su que nous resterions à Drancy, ma mère s'est portée volontaire pour travailler. Elle a été désignée chef d'escalier : elle s'occupait de l'organisation des chambrées et de la distribution de la nourriture. Le camp était construit en forme de « U » et composé d'immeubles avec quatre chambrées par escalier. Il y avait au total vingt-deux escaliers. Les six premiers, réservés aux déportés, étaient isolés avec des barbelés pour les empêcher de se mêler aux autres détenus.

J'entendais souvent parler de suicides, d'hommes et de femmes qui sautaient du quatrième étage et de tentatives d'évasion. Un jour, des hommes ont creusé un tunnel pour tenter de sortir de l'enceinte gardée mais le souterrain a été découvert avant d'être

---

23. Du mois d'août 1941 au mois de juillet 1942, le camp de Drancy est sous l'autorité de Theodor Dannecker, le chef des affaires juives de la Gestapo. Puis Heiz Rothke reprend la direction de Drancy, qui devient un camp de déportation. Au mois de juin 1943, Aloïs Brunner, un officier SS, est placé à la tête du camp. S'il améliore les conditions de vie et cantonne la gendarmerie à la surveillance extérieure, il développe aussi une administration juive afin de déporter les victimes avec plus d'efficacité. Sous sa direction, 22 427 Juifs sont déportés en un an.
Aloïs Brunner est également responsable de plusieurs rafles d'enfants juifs dans les maisons d'enfants de l'UGIF (Union générale des israélites de France) entre le 21 et le 25 juillet 1944. Le 17 août, il se rend en Slovaquie où 13 500 Juifs sont envoyés sur son ordre à Auschwitz. On estime aujourd'hui que 147 000 Juifs ont été déportés par Aloïs Brunner.
À la fin de la guerre, changeant d'identité, Brunner mène une vie paisible à Essen en Allemagne. Il est condamné par contumace une première fois en 1954 et, craignant d'être découvert, s'installe en Syrie. Suite au travail acharné de Simon Wiesenthal, et de Serge et Beate Klarsfeld, Aloïs Brunner est une nouvelle fois condamné par contumace le 2 mars 2001. Selon le centre Simon Wiesenthal, le criminel nazi serait mort en Syrie. en 2010.

achevé et la plupart de ces hommes ont été envoyés à Auschwitz-Birkenau[24].

À Drancy, au premier étage de l'escalier 14, il y avait un réfectoire réservé aux enfants. Nous étions une centaine et passions beaucoup de temps ensemble. Certains enfants ne restaient pas longtemps à Drancy et partaient presque immédiatement en déportation. D'autres étaient là pour une période plus longue. Je suis devenu très ami avec deux d'entre eux : Henri Cohen et Josette Da Costa, qui étaient formidables ! Henri était un peu plus âgé que moi, très

Jeanne Pérahia avant la guerre.

souriant, et m'impressionnait beaucoup ; Josette Da Costa avait onze ans. J'aimais tant jouer et être avec elle que je crois que j'étais amoureux, pour la première fois. Ils sont partis ensemble, dans le même convoi, un jour de juillet 1943[25]. Leur départ a été un

---

24. Une plaque commémorative rappelle aujourd'hui cette tentative d'évasion. Le tunnel fut commencé au mois de septembre 1943 et mesurait 38 mètres. Il fut découvert au mois de novembre par les autorités allemandes. Quatorze hommes furent arrêtés et envoyés à Auschwitz-Birkenau par le convoi n° 62. Sur les quatorze hommes, douze sautèrent du train et rejoignirent la Résistance.

25. Henri Cohen et Josette Da Costa ont été déportés le 18 juillet 1943 par le convoi n° 57. Ils ont été gazés à leur arrivée à Auschwitz-Birkenau.

déchirement ! Ce jour-là, j'ai même demandé à ma mère si nous pouvions partir avec eux comme volontaires ! Je les aimais tant...

Parmi les personnes arrêtées et parquées dans le camp, il y avait des maîtres d'école, des professeurs, qui, pendant le temps qu'ils passaient à Drancy, s'occupaient beaucoup de nous. Un rabbin nous a enseigné les rudiments de l'histoire juive, l'histoire de Moïse et des tables de la Loi. Un chef scout nous a appris ce qu'était le scoutisme et ses valeurs. Avec lui, nous, les « petits poussins de Drancy », comme il nous appelait, faisions des jeux de piste et apprenions des chants. Le jour du départ de plusieurs de mes camarades inscrits sur les listes, ce scout nous a réunis pour entonner le *Chant du départ*[26]. En face de moi, un petit garçon pleurait.

Durant ces vingt mois, il m'est souvent arrivé d'être triste, et de ressentir un douloureux sentiment d'injustice. Je montais alors au quatrième étage, je me penchais par la fenêtre et, de là, j'apercevais la route, les voitures, les autobus qui passaient, des gens, qui étaient libres, eux... Le spectacle de la vie, derrière les barbelés, me fascinait. « Mais qu'est-ce que j'ai fait ? », ne cessais-je de me répéter. J'étais jeune, j'avais 10 ou 11 ans, mais j'ai compris ce que voulait dire le mot « liberté ». C'est devenu pour moi la chose la plus précieuse qu'on puisse posséder, la condition du bonheur. Un jour, on nous a dit que dans 48 heures, nous allions être libérés... Tout le monde y a cru. Cela nous semblait naturel puisque nous n'avions rien fait...

Il y avait beaucoup de rumeurs, chacun avait une opinion sur tout et quand vous entendiez un avis avec lequel vous étiez plutôt d'accord, vous le transmettiez et il se transformait alors en vérité. C'est que nous n'avions ni journaux ni radio...

---

26. Le *Chant du départ* est un chant révolutionnaire et un hymne à la liberté écrit par Marie-Joseph Chénier et composé par Étienne Nicolas Méhul en 1794. Voici les premiers vers :
La victoire en chantant nous ouvre la barrière / La Liberté guide nos pas (...) La République nous appelle / Sachons vaincre ou sachons mourir / Un Français doit vivre pour elle / Pour elle un Français doit mourir.

Photographie de propagande intitulée « La vie au camp de Drancy en 1942 »,
minimisant l'insalubrité dans laquelle étaient détenus les Juifs.

Les gens qui arrivaient quotidiennement, arrêtés lors d'une rafle
ou d'un contrôle d'identité, constituaient notre seule source d'information. Mais jamais nous n'avons su ce qui arrivait à ceux qui
partaient. Nous nous doutions qu'ils allaient en Allemagne, peut-être en Pologne, et qu'ils espéraient revenir, mais c'est tout.

Parfois, parmi les nouveaux arrivants, nous rencontrions des
amis ou des membres de notre famille. On a ainsi vu ainsi arriver
une cousine de ma mère, puis un oncle, et grâce à eux, nous
avions de temps en temps des nouvelles de mes grands-parents et
de mon frère. Un jour, je me souviens avoir vu Tristan Bernard[27].

27. Tristan Bernard est un homme de lettres très populaire dans la première moitié du
XXᵉ siècle. Proche de Léon Blum, de Jules Renard et de Marcel Pagnol, il est entre autres
l'auteur de la pièce *les Pieds nickelés*. Il est arrêté avec son épouse à Nice et interné au camp de
Drancy, puis libéré quelques mois plus tard grâce à l'intervention d'Arletty et de Sacha Guitry.

C'était un vieux monsieur, avec un chapeau et une canne, qui marchait à petits pas. Un jour, il aurait dit : « Jusqu'à maintenant, nous vivions dans l'angoisse. À présent, nous allons vivre dans l'espoir. »

Ma mère et moi pensions que nous resterions à Drancy[28] jusqu'à la fin de la guerre. Mais le 2 mai 1944, sans doute parce qu'ils savaient que la situation militaire n'évoluait pas en leur faveur[29], les Allemands ont décidé de déporter les femmes et les enfants de prisonniers de guerre.

Pendant ces longs mois de captivité, rester avec ma mère a été une chance, pour elle comme pour moi. Que je sois là l'obligeait à continuer à se battre. L'un avec l'autre, c'était mieux que l'un sans l'autre.

Nous avons été conduits gare de l'Est, puis, sous la garde de soldats allemands, nous avons patienté un long moment. On nous a donné un peu de nourriture et nous sommes partis en train, en troisième classe[30]. Les femmes de prisonniers de guerre étaient encore bien traitées, et le voyage fut supportable, du moins à côté de ce qui nous attendait.

Trois jours plus tard, le train s'est arrêté en pleine nuit à Hanovre. La ville était sous les bombes et la gare était pleine de soldats allemands. Ils nous ont fait descendre dans un sous-sol pour attendre là la fin de l'alerte. Ils nous ont ensuite conduits dans un camp immense : nous étions à Bergen-Belsen.

---

28. Le camp de Drancy est libéré le 17 août 1944 et sert ensuite à interner des suspects de collaboration.
Les bâtiments de la Cité de la Muette sont à nouveau habités en 1948. En bordure de ce quartier et à côté d'un wagon rappelant l'ancien emplacement du camp, un Mémorial est construit en 1976. Un musée a été inauguré en septembre 2012.

29. Le 6 juin 1944, les troupes alliées ont débarqué en Normandie et entamé la libération du territoire français.

30. Le 2 et le 3 mai, puis le 21 et le 23 juillet 1944, 259 femmes de prisonniers de guerre sont déportés à Bergen-Belsen. Parmi eux, il y a 77 enfants. Le 2 mai, 73 personnes quittent le camp de Drancy.

« LE SALE BOULOT ÉTAIT FAIT PAR LES KAPOS, ET ILS LE FAISAIENT BIEN ! »

Le complexe était divisé en plusieurs camps séparés par des barbelés[31]. Il y avait des prisonniers hollandais, des allemands, des russes… Les SS ont parqué tous ceux qui étaient arrivés en même temps que nous dans « le camp de l'étoile »[32], là où Anne Franck est morte du typhus[33].

Les kapos étaient chargés de faire régner une discipline de fer en nous effrayant constamment. Leur principale mission était en effet de nous frapper ! Et pour justifier leur emploi, ils se sentaient obligés de faire du zèle. Lorsque nous passions près d'eux, nous recevions inévitablement un coup de matraque, sans la moindre raison. Ça vous apprenait vite la vie… Moi, quand je voyais un kapo arriver, je changeais de direction pour éviter les coups. Pour moi, Bergen-Belsen, c'était ça, les coups, les cris, la peur… Il y avait peu

---

31. Avant d'être placé par le gouvernement allemand dans le système des camps de concentration en avril 1943, Bergen-Belsen est exclusivement un camp de prisonniers de guerre. Le site se compose de nombreuses unités mises en place à différents moments de son existence. Il y a trois camps principaux : le camp des prisonniers de guerre (PG), le camp de séjour (*Aufenthaltlager*) et le camp des prisonniers de droit commun (*Häftlingslager*). Le camp des prisonniers de guerre fonctionne de janvier 1940 à janvier 1945, le camp de séjour d'avril 1943 à avril 1945. Il est composé de quatre « sous-camps » : le camp spécial (*Sonderlager*), où sont parqués plusieurs milliers de Juifs polonais, le camp neutre (*Neutralenlager*) où vivent plusieurs centaines de Juifs ressortissant des pays neutres comme le Portugal, la Turquie ou l'Espagne, le camp de l'étoile (*Sternlager*) et le camp des Hongrois (*Ungarnlager*). Le camp des prisonniers, également en service d'avril 1943 à avril 1945, est composé du camp initial de prisonniers, du camp de récupération (*Erholungslager*) pour les déportés ayant besoin de soins, du camp des tentes (*Zeltlager*) où sont logées les femmes évacuées d'Auschwitz-Birkenau (voir le témoignage de Marceline Loridan-Ivens p. 182), du petit camp des femmes (*Kleines Frauenlager*) et du grand camp des femmes. En juillet 1944, près de 7 300 prisonniers sont détenus à Bergen-Belsen.

32. Le camp de l'étoile, appelé ainsi en raison de l'étoile jaune que portent les détenus sur leur vêtement, abrite environ 4 000 « Juifs d'échange » (Juifs retenus comme otages pour être échangés contre des soldats allemands). Au mois de juin 1944, seuls 222 d'entre eux sont autorisés à gagner la Palestine et, en 1944 et 1945, 1 683 Juifs hongrois, auxquels s'ajoutent quelques centaines de détenus, sont libérés et envoyés en Suisse.

33. Voir le témoignage de Sarah Montard p. 239.

de SS dans le camp ; ceux-ci rentraient en effet le moins possible. C'est qu'ils craignaient une éventuelle révolte, et puis ils voulaient éviter d'être contaminés par la vermine ou le typhus… Le sale boulot était donc fait par les kapos, et ils le faisaient bien !

Au début, je vivais dans la baraque des femmes. Puis les enfants de mon âge ont été transférés dans celle des hommes. Je voyais encore ma mère tous les jours mais je ne dormais plus avec elle. Nous avons eu tout de suite très faim. Car nous avions seulement de quoi survivre. Certes ma mère me donnait toujours un peu de sa ration, mais cela ne suffisait pas.

La faim est alors devenue alors une obsession, une souffrance et une habitude. Les femmes passaient leur temps à s'échanger des recettes de cuisine et à parler de petits plats. Nous ne pensions qu'à ça, manger, nous en parlions tout le temps, nous en rêvions. J'avais 11 ans, et ma vie avait brutalement basculé.

« À Bergen-Belsen, on m'a volé mon enfance »

L'hiver 1944-1945 a été particulièrement rigoureux. Il faisait jusqu'à – 20 °C. C'était ce froid, lors de l'appel, que j'avais le plus de mal à supporter. Chaque matin, il avait lieu sur la grande place du camp. Nous devions rester debout, en rangs, au garde-à-vous, pendant deux, trois ou quatre heures. Nous attendions que les Allemands se décident à venir nous compter.

Nous n'étions pas chaudement vêtus – nous portions des habits d'été et des chaussures qui prenaient l'eau –, et devions attendre dans le froid, dans la boue ou dans la neige. Alors tout se paralysait en moi. Mes muscles, mes os, mes pensées… Tout était gelé. Et, comme nous étions mal nourris, notre corps avait de plus en plus de mal à résister. Beaucoup de gens mouraient. Quand enfin les Allemands arrivaient, nous devions regarder droit devant nous et ne plus bouger. Si vous aviez le malheur de faire quelque chose qui ne leur convenait pas, ils vous tiraient des rangs et vous battaient à mort. Quand l'appel se terminait et que nous pouvions enfin

Le 15 avril 1945, la 2ᵉ armée britannique entre dans le camp de Bergen-Belsen et découvre 60 000 détenus.

Après la libération de Bergen-Belsen, les troupes britanniques obligent les SS à charger eux-mêmes dans des camions les milliers de cadavres qui gisent sur le sol. De mai 1943 aux 15 avril 1945, entre 36 400 et 37 600 personnes sont mortes à Bergen-Belsen.

rentrer dans nos baraques, nous arrivions à peine à marcher tant nous avions froid.

Les adultes partaient ensuite dans les kommandos de travail auxquels ils étaient affectés. Certains devaient aller arracher des souches d'arbres, d'autres s'occupaient de construire des canalisations ou de récupérer le cuir des chaussures usagées ou les cocons des vers à soie. Pendant ce temps-là, les enfants restaient dans les baraques. Pour nous occuper, nous avions parfois des corvées de nettoyage.

Il faisait si froid que nous ne nous lavions pas. L'eau était gelée dans les tuyaux. Et même quand elle coulait, qui aurait eu le courage de se déshabiller par – 20 °C et de s'asperger d'eau glacée ? À cause des poux qui pullulaient, il y a eu une terrible épidémie de typhus. Les gens ont commencé à mourir en nombre et les cadavres à joncher le sol. Les morts restaient sur place, dans la boue ou la neige, les yeux grands ouverts, comme s'ils vous reprochaient d'être vivant. L'unique four crématoire du camp était trop petit pour éliminer tous les cadavres[34]. Pour circuler entre les baraques, nous essayions d'aligner les corps. Les vivants dépouillaient les morts des hardes qu'ils portaient. Et lorsqu'ils étaient nus, un kommando les emportait dans des charrettes après les avoir charriés comme des ballots de marchandises. Il les amoncelait ensuite dans des fosses et les recouvrait de chaux vive et de terre.

Contrairement à d'autres survivants, je ne me souviens pas qu'il y ait eu une quelconque solidarité dans le camp. Animés par le seul instinct de conservation, je crois plutôt que nous n'étions plus tout à fait des êtres normaux, des êtres humains. Parce qu'ils avaient trop faim, des hommes se sont même livrés à des actes de cannibalisme... Sans doute que les nazis avaient réussi à nous enlever une part d'humanité.

Étonnamment, ce sont les plus costauds qui mouraient les premiers du typhus. Moi qui étais petit, malingre, je résistais. À croire que la résistance est inversement proportionnelle à la stature... Et puis, malgré toutes ces atrocités, étrangement, je continuais à croire en la vie. Un jour, je serai libre, j'en étais persuadé. En revanche, j'avais cessé d'être un enfant. À Bergen-Belsen, on m'a volé mon enfance.

« SI TU M'AIMES, REMONTE AVEC MOI »

Même si beaucoup d'entre nous mouraient, nous étions de plus en plus nombreux dans le camp[35]. Les convois arrivaient de partout, notamment d'Auschwitz. Ce sont ces rescapés qui nous ont appris l'existence des chambres à gaz, nous laissant abasourdis !

Au début du printemps, les alertes se sont multipliées. Toutes les nuits, nous étions réveillés par le chant lugubre des sirènes.

---

34. Rappelons qu'au début du mois de décembre 1944, 15 000 personnes sont détenues à Bergen-Belsen. Au mois de février 1945, ce chiffre s'élève à 22 000.

35. De janvier à avril 1945, des survivants des marches de la mort arrivent par milliers à Bergen-Belsen.

Plus les Britanniques s'approchaient de la région de Hanovre, plus les Allemands se montraient nerveux. Comme nous étions leurs otages, à la fin du mois de mars, ils ont décidé de nous transférer dans le camp de concentration de Theresienstadt, en Tchécoslovaquie. Ils nous ont enfermés dans des wagons à bestiaux trop étroits, où nous étions bien trop nombreux ! Nous sommes restés deux semaines dans ce train...[36] La journée, nous essayions de ne pas trop nous gêner, mais la nuit, les gens se disputaient pour un peu de place. Nous ne nous comprenions même pas puisque nous ne parlions pas tous la même langue... Comme nous ne nous lavions pas, l'odeur est très vite devenue insupportable et l'épidémie de typhus se propageait.

Les voies de chemin de fer étaient à ce moment-là très encombrées par les transports de troupes, de matériels et de munitions. Notre train s'arrêtait donc souvent pour laisser passer les autres convois. Parfois, nous restions même un jour ou deux à l'arrêt, sans boire ni manger. Nous descendions des wagons pour essayer de trouver de quoi nous nourrir. Quand nous ne trouvions rien, nous mangions de l'herbe et des feuilles d'arbres. Autour de moi les gens mouraient de faim, de fatigue, du typhus. Nous laissions les cadavres le long des voies.

Une nuit d'avril, le 22 je crois, alors que le train stationnait en rase campagne, à une trentaine de kilomètres de Berlin, ma mère a bougé et a gêné un homme allongé près d'elle. Au lieu d'essayer de se rendormir, il est entré dans une colère noire et s'est mis à frapper ma mère. Je couvais le typhus et j'étais très faible. Quand je l'ai entendue crier et pleurer, je n'ai rien pu faire. Nous sommes descendus tous les deux sur le ballast et j'ai dit à ma mère : « Si vivre c'est souffrir et si demain est comme aujourd'hui, je préfère arrêter là. Remonte dans le train et laisse-moi ici. » Mourir était désormais pour moi la seule issue à toutes mes souffrances. Ma mère m'a répondu qu'il fallait que

---

36. Sur les trois trains partis du camp de l'étoile à la fin du mois de mars 1945, un train arrive le 21 avril à Theresienstadt, un autre à Magdebourg le 14 avril. Le train où Victor et Jeanne se trouvent erre pendant environ deux semaines. Il est aujourd'hui surnommé « le transport perdu ».

C'est à cet endroit, sur cette voie de chemin de fer en actuelle République tchèque, que Victor et Jeanne ont été libérés par les Soviétiques.

je résiste, que je tienne, que nous allions bientôt être libérés. Mais je n'en pouvais plus. Elle m'a alors dit la seule chose capable de me faire changer d'avis : « Si tu m'aimes, remonte avec moi dans ce train. » Et nous sommes remontés car j'adorais ma mère...

Le 23 avril, le convoi s'est arrêté à nouveau. Il n'y avait plus de soldats allemands... Nous étions descendus sur les voies pour chercher de la nourriture quand des soldats soviétiques se sont approchés. Ce qu'ils ont vu les a sidérés : de misérables fantômes faméliques errant dans la campagne allemande... Nous étions près de Tröbitz, à quelques kilomètres de Berlin. Les soldats nous ont transportés dans ce bourg, où les maisons étaient désertes, la majorité des habitants ayant fui à l'approche des Soviétiques. Ceux-ci ont chassé les derniers civils qui restaient et nous ont installés à leur place. Nous nous sommes littéralement jetés sur la nourriture que nous avons trouvée ! Mais nous avons alors mangé beaucoup trop et certains d'entre nous en sont morts… Le service sanitaire qui suivait les troupes nous a pris en charge. Ils ont isolé les déportés atteints du typhus dans l'école de Tröbitz. J'ai eu de la chance car si j'avais contracté cette maladie quelques jours plus tôt, je serais mort dans le train. Pendant que les médecins russes me soignaient, ma mère essayait de venir me voir. « Vivi, Vivi, tu es là ? » J'approchais comme je pouvais ma tête de la fenêtre mais je ne la voyais jamais… Certains sont morts parce qu'ils étaient trop atteints, mais moi, j'ai pu guérir.

Cependant, sans argent, affaiblis, nous ne savions pas comment faire pour rentrer. Des prisonniers de guerre français nous ont aidés en informant les autorités américaines de notre existence. Quelques jours plus tard, des camions de l'armée sont venus nous chercher et nous ont emmenés à Leipzig. Le 29 juin 1945, deux mois après notre libération, un mois et demi après la fin de la guerre, nous étions rapatriés dans des wagons à bestiaux garnis de paille qui roulaient portes ouvertes. Quand j'ai aperçu le panneau « Ici la France », j'ai ressenti une joie intense, que je n'ai jamais oubliée. Tous ceux qui sont revenus ont eu de la chance, même s'ils l'ont, comme nous, un peu aidée.

« J'AI LONGTEMPS ATTENDU MON PÈRE »

À Paris, de la gare de l'Est, d'où nous étions partis, nous avons été conduits à l'hôtel Lutetia. Mon frère Albert, qui était resté caché avec ma grand-mère, était scout et pouvait, à ce titre, rentrer pour assister les déportés qui arrivaient. Il mesurait 1,80 mètre et avait désormais de la barbe, alors que moi, j'étais resté un « poussin de Drancy » ! Quand il m'a pris sur ses genoux, j'ai eu l'impression d'être sur ceux de mon père tant il avait changé…

Puis on m'a fait passer une visite médicale et on a découvert que j'avais la tuberculose ! J'ai donc immédiatement été dirigé vers la Salpêtrière, sans rentrer à la maison. J'ai dû passer deux ans et demi

Albert, le frère de Victor, est à gauche. Victor est à côté de lui, avec deux des amis de son frère, en 1947.

dans un sanatorium en Dordogne. Mon moral n'était pas au beau fixe, d'autant que là-bas, je n'étais même pas avec ma mère…

Quand je suis revenu à Paris, j'avais 14 ans. Ma grand-mère Sarah, ma mère, Albert et moi vivions dans une petite chambre d'hôtel misérable dans le XIe arrondissement de Paris. Ma mère a essayé de me faire reprendre les cours, mais dans quelle classe pouvait-on m'accepter ? J'avais arrêté l'école à 9 ans, je n'avais pas lu un seul livre… J'ai été placé au lycée Arago, place de la Nation, à Paris, en quatrième moderne. Je ne comprenais rien et pendant les cours de langue, je faisais des mathématiques ! Mes camarades avaient déjà fait de la géométrie, de l'algèbre, des sciences naturelles, de la physique, de la chimie… Pour moi, c'était des matières inconnues. J'ai eu beaucoup de mal à me réintégrer mais j'avais la chance inouïe d'avoir une mémoire d'éléphant. Je me souvenais de tout. Ce que je ne comprenais pas, je l'apprenais par cœur. Quand il y avait des interrogations, je récitais mon cours, ce qui m'a permis de passer le BEPC l'année suivante, et plus tard, d'avoir le baccalauréat…

La réinsertion fut longue et difficile. Il y avait peu d'aide à l'époque, nous faisions comme nous pouvions mais nous étions très pauvres… Ma mère a travaillé dur, mon frère est devenu chirurgien-dentiste, et ses premières payes, il me les a données.

Pendant toutes ces années, j'ai attendu le retour de mon père. Je me disais qu'il était retenu quelque part, qu'il était malade… J'étais un enfant qui aimait trop son père pour envisager sa mort. Je n'en parlais pas, mais je guettais son retour. Jusqu'à ce que le temps parvienne à me convaincre que je ne le reverrai jamais. Beaucoup plus tard, je suis allé à Auschwitz pour essayer de savoir ce qu'il était devenu. On m'a seulement dit qu'il était arrivé le 20 juillet 1942. Un jour, j'ai demandé à Henri Borlant, déporté dans le même convoi que mon père, s'il l'avait vu, comment il se portait lors du transport, dans quel kommando il avait été affecté… J'aurais voulu qu'il me parle de mon père, de ces moments où il était avec lui et où moi, je ne l'étais plus. Mais je n'ai jamais pu en savoir davantage…

Carte de déporté politique établie le 13 décembre 1954.

« Quand j'entends crier en allemand, mon sang se glace »

À notre retour, nous avons essayé de répondre aux questions des membres de ma famille. Mais les mots que nous utilisions n'étaient pas le reflet de la réalité. Aucun d'entre eux n'était à la hauteur de ce que nous avions vécu, aucun ne le traduisait vraiment. Comment raconter l'innommable ? Avec ma mère non plus, nous n'avons jamais parlé des camps. Mon frère m'a posé des questions, mais, contrairement à ma mère, je n'ai pas pu lui répondre.

Je voulais me reconstruire, oublier, même si ce n'était pas possible. Pendant longtemps, j'ai fait des cauchemars ; je me réveillais en sursaut, et, durant quelques secondes, je me demandais si j'étais encore à Bergen-Belsen. C'était mon obsession. De toute façon, on n'en sort pas, jamais. Aujourd'hui encore, quand j'entends crier en allemand, mon sang se glace. Nous avons été trop marqués par ce que nous avons vu, par ce que nous avons vécu, par ce que nous avons ressenti, pour avoir des réactions « normales ».

Pendant 40 ans, je ne voulais ni témoigner, ni entendre parler de la Shoah. Je ne pouvais même pas lire les livres qui s'y rapportaient. Puis un jour, j'ai entendu parler d'*Une Petite Fille privilégiée* de Francine Christophe[37], qui avait été déportée avec moi à Drancy et à Bergen-Belsen. Je suis allé voir sa pièce et j'ai demandé ensuite à lui parler. Nous sommes tombés dans les bras l'un de l'autre !

Francine m'a expliqué qu'une amicale des déportés de Bergen-Belsen avait été constituée. J'ai fait le choix de m'inscrire car entre nous, nous n'évoquions pas la déportation mais étions heureux de nous retrouver. Nous savions que nous avions vécu la même chose.

---

37. Francine Christophe est née, comme Victor, en 1933. Francine est arrêtée avec sa mère en 1942 à La Rochefoucauld en tentant de passer la ligne de démarcation. Son père étant prisonnier de guerre en Allemagne, elle et sa mère jouissent à Drancy puis à Bergen-Belsen, où elles sont déportées le 2 mai 1944 par le convoi n° 80, du statut particulier de « Juifs d'échange ». En 1974, ses parents, Marcelle et Robert, publient un ouvrage important sur la condition des femmes de prisonniers de guerre dans les camps intitulé *le Miracle de nos prisons*. *Une Petite Fille privilégiée* paraît en 1996.

Nous parlions plus volontiers de nos enfants, de nos petits-enfants, de la vie que nous avions réussi à mener.

Puis, en 2005, nous nous sommes rendus ensemble à Bergen-Belsen pour commémorer le 65ᵉ anniversaire de la libération du camp. En 1945, les soldats britanniques avaient brûlé les baraques pour endiguer l'épidémie de typhus, supprimant l'existence même du camp. Il n'y a presque plus rien aujourd'hui, les arbres et l'herbe ont repoussé. Et même si des monticules de terre portent l'inscription « Ici 5 000 morts », « Ici 3 000 morts », les visiteurs peuvent-ils avoir conscience de l'horreur qu'a été Bergen-Belsen ? Je regrette que les Allemands n'aient pas au moins reconstitué une baraque, un mirador, des barbelés... quelques traces de ce qu'était réellement ce camp de concentration. Mais cela suffirait-il ? Que peut-on réellement transmettre de la souffrance endurée ? De l'atrocité des crimes commis ici ?

« ILS NE SONT PLUS LÀ POUR PARDONNER »

Lorsque je témoigne aujourd'hui, on me demande souvent si j'ai pardonné. Mais je ne me souviens pas que les criminels nazis se soient précipités pour demander pardon. Et puis seules leurs victimes pourraient pardonner. Or, elles ne sont plus là pour le faire...

Ceci dit, les procès intentés contre les nazis furent importants. En 1980, j'ai assisté à celui des trois responsables de la déportation en France, Kurt Lischka, Hebert Hagen et Ernst Heinrichsohn, qui se tenait à Cologne. Seuls les journalistes, les témoins et les personnes accréditées pouvaient entrer dans la salle du Tribunal. Le procès avait lieu à huis clos. Mais je me sentais concerné puisqu'on allait juger les assassins de mon père[38] ! J'avais l'impression que je devais être là. Malgré les contrôles de police, je suis parvenu à passer trois barrages et à entrer dans la salle d'audience. Assis à côté du

---

38. Comme nous l'avons dit p. 249, le procès fut ouvert le 23 octobre 1979 après une instruction de trois ans et demi, au tribunal du Land à Cologne et prit fin le 11 février 1980.

Procès de Kurt Lischka, Hebert Hagen et Ernst Heinrichsohn, à Cologne, en Allemagne, le 11 février 1980.

box des accusés, j'ai ressenti de la haine pour la première fois de ma vie ! J'essayais de croiser leur regard, mais pendant tout le procès, ils ont gardé la tête baissée. Lischka, Hagen et Heinrichsohn ont été condamnés respectivement à dix, douze et six ans de prison. Selon eux, ils n'avaient fait qu'obéir aux ordres, ils n'étaient donc pas responsables[39]. Je pense qu'ils méritaient beaucoup plus, mais surtout pas le pardon.

---

39. Cet argument fut notamment celui utilisé par Adolf Eichmann lors de son procès en 1961 et analysé par Hanna Arendt dans son ouvrage *Eichmann à Jérusalem*. La philosophe allemande voit dans le directeur du Service de sécurité du Reich un fonctionnaire falot, dépourvu d'esprit d'initiative. Selon Arendt, Eichmann était incapable de prendre conscience de ses actes et d'en évaluer le sens et la valeur. Il était l'instrument de la mécanique élaborée par l'État nazi, qui érigeait le crime en vertu, et fit son « métier d'assassin » sans jamais juger par lui-même.

Contre le silence

J'ai commencé à parler de mes années de déportation au début des années 2000. Ma fille Sylvie ne cessait de m'interroger. Alors, un jour, j'ai écrit. Trouver les mots, raconter fidèlement, fut extrêmement difficile. J'ai mis six ans avant d'achever *Mon enfance volée*[40]. Mais ce livre a été pour moi une libération, presque une thérapie. Ce n'est qu'après l'avoir écrit que j'ai réussi à raconter à Sylvie, à son frère Robert puis à leurs enfants ce que ma mère et moi avions vécu.

Depuis, je multiplie les témoignages dans les collèges et dans les lycées. J'essaie de sensibiliser les jeunes aux dangers du racisme sous toutes ses formes et de l'antisémitisme. Je veux qu'on ait conscience de l'importance, et de l'urgence, de les combattre. Car « c'est arrivé et tout cela peut arriver de nouveau : c'est le noyau de ce que nous avons à dire » (Primo Levi).

Victor Pérahia entouré, de gauche à droite, par Talie, sa petite-fille, Robert et Anne, son fils et sa belle-fille, Zoé, son autre petite-fille, Rosette, son épouse, Sylvie, sa fille, Tom et Eliott, ses petits-fils.

---

40. Victor publie *Mon enfance volée* en 2006. Le livre est édité par les Familles et Amis des déportés du convoi n° 8 et par la Fondation pour la Mémoire de la Shoah (FMS).

ET APRÈS...

Victor Pérahia épouse Rosette en 1957. L'année d'après naît Sylvie, puis en 1961, Robert, dont le nom est un hommage à son grand-père, disparu à Auschwitz. Leur naissance, et celle de leurs enfants, est pour Victor une revanche, une façon de dire aux nazis qu'ils ont, quelque part, échoué...

Dans les années 1970, Victor ouvre plusieurs magasins d'électroménager. En 1982, il les vend et inaugure sa première galerie d'art à Paris. C'est dans ce milieu qu'il s'épanouit depuis trente ans. Cette passion pour l'art, il l'a transmise à ses enfants, qui travaillent aujourd'hui avec lui.

Depuis dix ans, Victor Pérahia témoigne dans les collèges et les lycées. Pour que jamais la voix de ces 6 millions d'hommes, de femmes et d'enfants juifs assassinés ne s'éteigne tout à fait.

ANNEXES

Les documents reproduits dans les pages suivantes sont la propriété
du Mémorial de la Shoah.

DOCUMENT CONFIDENTIEL

Projet

LOI PORTANT STATUT DES JUIFS

ARTICLE Ier.-   Est regardé comme juif, pour l'application de la
présente loi, toute personne issue de trois grands-parents
de race juive ou de deux grands-parents de la même race, si
son conjoint lui-même est juif.

ARTICLE 2.-   L'accès et l'exercice des fonctions publiques et
mandats énumérés ci-après sont interdits aux juifs :

Chef de l'Etat, Membres du Gouvernement,
Conseil d'Etat, Conseil de l'Ordre National de la
Légion d'honneur, - Cour de Cassation, - Cour des Comptes.
Corps des Mines, - Corps des Ponts et Chaussées,
Inspection générale des Finances,
Cours d'appel, - Tribunaux de Ière instance et tou
tes juridictions d'ordre professionnel. *justice de pa*

Agents   *Toutes assemblées issues de l'élection.*
                                         Tous agents relevant
~~Les Juifs ne peuvent être~~ agents relevant du
Département des Affaires Etrangères, Secrétaires généraux des
Départements ministériels; Directeurs généraux, Directeurs de
Administrations centrales des Ministères; Préfets, Sous-Préfe
Secrétaires généraux de Préfectures; fonctionnaires de tous
grades attachés à tous services de Police;

Résidents généraux, Gouverneurs généraux, -
Gouverneurs et Secrétaires généraux des colonies; *Inspect*
des colonies.

Recteurs, Inspecteurs généraux de l'Instructio
publique, Inspecteurs d'Académie, Proviseurs ou Directeurs
d'établissements d'enseignement des ordres secondaire et primaire; *Tout personnel enseignant.*

Tous officiers des armées de terre, de mer et
de l'air.

paragraphe 6 de l'art 2   2

ARTICLE 3.-   Les Juifs ne peuvent remplir les fonctions d'administrateur, de Directeur, de Secrétaire général dans les entreprises bénéficiaires de concessions ou de subventions accor-
dées par une collectivité publique; ils ne peuvent occuper
aucun poste à la nomination du Gouvernement dans les entreprises d'intérêt général.

ARTICLE 4.-   L'accès et l'exercice de toutes les fonctions publiques autres que celles énumérées aux articles 2 et 3 ne sont
ouverts aux Juifs que s'ils peuvent exciper *de l'une* des conditions
suivantes :

    a) être descendant de juifs nés français ou naturalisés avant
       l'année 1860;

    b) avoir été cité au cours de la campagne 1914-1918 ou au
       moins être titulaire de la carte de combattant 1914-1918.

    c) avoir été cité à l'ordre du jour au cours de la campagne
       1939-1940.

    d) être décoré de la Légion d'Honneur à titre militaire ou
       de la médaille militaire.

ARTICLE 5.-   L'accès et l'exercice des professions libérales,
des professions libres, des fonctions dévolues aux officiers
ministériels et à tous auxiliaires de la Justice, sont permis
aux juifs dans une proportion fixée, pour chaque catégorie, *s'il y a lieu*
moins que   *à moins que des règlements n'aient fixé pour* par règlements d'Administration publique.

    Dans les professions ci-dessus fixées, des règle-
ments spéciaux détermineront les conditions dans lesquelles
aura lieu l'élimination des juifs en surnombre.

ARTICLE 6.- Les Juifs ne pourront, sans condition ni réserve, exercer l'une quelconque des professions suivantes :

Directeurs, gérants, rédacteurs de journaux, revues ou périodiques, à l'exception de publications de caractère strictement scientifique;

Directeurs, administrateurs, gérants d'entreprises ayant pour objet la fabrication, l'impression, la distribution, la présentation de films cinématographiques; metteurs en scène et directeurs de prises de vues; compositeurs de scénarios; directeurs, administrateurs, gérants de salles de théâtres ou de cinématographie, entrepreneurs de spectacles; directeurs, administrateurs, gérants de toutes entreprises se rapportant à la radiodiffusion.

Des réglements d'administration publique fixeront pour chaque catégorie, les conditions dans lesquelles les autorités publiques pourront s'assurer du respect, par les intéressés, des interdictions prononcées à l'Article 6

ARTICLE 7.- En aucun cas, les juifs ne peuvent faire partie des organismes chargés de représenter les professions visées aux articles 5 et 6 du présent texte de loi ou d'en assurer la discipline.

ARTICLE 8.- Les fonctionnaires juifs visés aux articles 2 et cesseront d'exercer leurs fonctions dans les deux mois qui suivront la promulgation de la présente loi. Ils seront admis à faire valoir leurs droits à la retraite s'ils remplissent les conditions de durée de service; à une retraite proportionnelle s'ils ont au moins quinze ans de service; ceux ne pouvant exciper d'aucune de ces conditions recevront leur traitement pendant une durée qui sera fixée, pour chaque catégorie, par un réglement d'Administration publique. ~~En aucun cas, cette durée ne pourra excéder quinze ans.~~

ARTICLE 9.- Par décret individuel pris en Conseil d'Etat, et dûment motivé, les Juifs qui, dans les domaines littéraire, scientifique, artistique, ont rendu des services exceptionnels à l'Etat français, pourront être relevés des interdictions prévues par la présente loi.

Ces décrets seront publiés au Journal Officiel. *et les motifs qui les justifient.*

ARTICLE 10.- La présente *Décret* ~~loi~~ est applicable à l'Algérie, aux

. . . .

5

Colonies, pays de protectorat et territoires sous mandat ./

Fait à VICHY, le

Par le Maréchal de France, Chef de l'Etat,

Le Vice-Président
du Conseil,

Le Garde des Sceaux,
Ministre Secrétaire d'Eta
à la Justice,

Le Ministre Secrétaire
d'Etat à l'Intérieur

Le Ministre Secrétaire
d'Etat aux Affaires Etrangèr

Le Ministre Secrétaire
d'Etat à la Guerre

Le Ministre Secrétaire
d'Etat aux Finances

Le Ministre Secrétaire
d'Etat à la Marine

Le Ministre Secrétaire
d'Etat à la Production
Industrielle et au Travail

Le Ministre Secrétaire d'Etat
à l'Agriculture et au Ravitaillement

XXVI

IV J SA 225a   Paris, den 1o.3.1942
Dan/Bir

Betr.: Abschub von 5000 Juden aus Frankreich (Quote 1942).

1.) Vermerk:

    Bei der Tagung der Judenreferenten im RSHA - IV B 4 - am 4.3.1942 in Berlin habe ich in ganz knapper Form Lage und Schwierigkeiten unserer Einschaltung in Frankreich dargestellt. Dabei ging ich auch auf die Notwendigkeit ein, der französische Regierung einmal etwas wirklich Positives, wie etwa den Abschub mehrerer tausend Juden vorzuschlagen.

    SS-Obersturmbannführer Eichmann hat unter Zurückstellung des unmittelbar im Anschluß an meine Bitte vorgebrachten Antrages des Brüsseler Judenreferenten folgendes festgelegt:

    Vorbehaltlich der endgültigen Entscheidung des CdS und des SD kann jetzt schon in Vorverhandlung mit französischen Regierungsstellen eingetreten werden wegen des Abschubs von rd. 5000 Juden nach dem Osten.

    Dabei habe es sich zunächst um männliche, arbeitsfähige Juden, nicht über 55 Jahren, zu handeln. Juden französischer Staatsangehörigkeit müssen vor dem Abschub oder spätestens am Tage der Deportierung ihre Staatsangehörigkeit verlieren.

    Die Vermögensabwicklung muß gleichfalls erledigt sein.

    Der Abschub größerer Judenmassen aus der Slowakei steht unmittelbar bevor. Nach einem aus dem Verhältnis der Anzahl der Juden zum jüdischen Gesamtvermögen errechneten Satz bezahlt die slowakische Regierung für jeden abgenommenen Juden

XXVI,

5oo,- RM und trägt ihrerseits noch die Transportkosten. [
ein ähnliches Verfahren mit den dem französischen Staat
nehmenden Juden beabsichtigt ist, muß auch hier eine Vern
gensfeststellung der Judenschaft beider Zonen vorausgeher

Nähere Einzelheiten werden in den nächsten Monater
festgelegt.

2.) ⚡-Obersturmbannführer Dr. K n o c h e n
mit der Bitte um Kenntnisnahme vorgelegt.

3.) ⚡-Sturmbannführer L i s c h k a
mit der Bitte um Kenntnisnahme vorgelegt.

4.) Zurück an IV J

⚡-Hauptsturmführer

IV J SA 225a
Dan/Bir

Paris, le 10 mars 1942

Objet : la déportation de 5 000 Juifs hors de France (quota de 1942)

1.) Note
Lors de la conférence réunissant les responsables des services des Affaires juives du RSHA[1] – IV B 4 –, le 4 mars 1942 à Berlin, j'ai présenté de façon succincte la situation et les difficultés que nous rencontrons dans la mise en œuvre de notre entreprise en France. À cette occasion, j'ai souligné la nécessité de proposer pour une fois au gouvernement français quelque chose de vraiment positif, c'est-à-dire la déportation de plusieurs milliers de Juifs.

À la suite de ma proposition auprès du responsable du service des Affaires juives à Bruxelles, l'Obersturmbannführer[2] Eichmann a confirmé ce qui suit :
En attendant la décision définitive du CdS[3] et des SD[4], je peux d'ores et déjà entrer dans des négociations avec le gouvernement français au sujet de la déportation d'environ 5 000 Juifs vers l'Est. Il devra s'agir pour l'instant de Juifs de sexe masculin aptes au travail et âgés de moins de 55 ans. Les Juifs de nationalité française devront l'avoir perdue avant leur déportation, ou, au plus tard, le jour de la déportation.
La question des biens devra être également réglée à ce moment-là.
La déportation d'un très grand nombre de Juifs de Slovaquie est imminente. D'après une estimation, le gouvernement slovaque a payé pour chaque Juif déporté 500 Reichmarks et a pris en charge les frais de transport. Dans la mesure où un fonctionnement similaire est envisagé en France, une estimation globale de la valeur des biens des Juifs des deux zones devra être effectuée en amont.
Des détails plus précis vont être examinés dans les prochains mois.

2.) L'Obersturmbannführer Docteur Knochen a pris bonne note de ces points.
3.) Sturmbannführer Lischka a pris bonne note de ces points.
4.) De retour au IV J

Dannecker
Hauptsturmführer

---

1. *Reichssicherheitshauptamt*, l'Office central de sécurité du Reich, une des forces les plus puissantes de la répression nazie.
2. Grade dans la hiérarchie militaire nazie correspondant à celui de lieutenant-colonel.
3. Le sigle désigne Reinhard Heydrich, à la tête du RSHA (Reichssicherheitshauptamt).
4. *Sicherheitsdienst*, le service de sécurité interne au parti nazi.

Document 3 : Consignes données aux équipes de police chargées des arrestations par le directeur de la Police municipale le 12 juillet 1942, quatre jours avant la rafle du Vél' d'Hiv.

PREFECTURE DE POLICE

Paris, le 12 Juillet 1942

Direction
de la
Police Municipale

C O N S I G N E S

Etat-Major
1° Bureau B

pour les équipes chargées des arrestations

1°) Les gardiens et inspecteurs après avoir vérifié l'identité des juifs qu'ils ont mission d'arrêter, n'ont pas à discuter les différentes observatio qui peuvent être formulées par eux.

En cas de doute, ils les conduisent de toute façon au Centre, dont l'a-dresse leur sera donnée par le Commissaire de Voie Publique, et en s'assurant qu'ils ont bien pris les objets indiqués plus loin. Seul, le Commissaire de Voie Publique est qualifié pour examiner les situations. Pour les cas douteux les gardiens mettent sur la fiche la mention "à revoir".

2°) Ils n'ont pas à discuter non plus sur l'état de santé. Tout juif à arrêter doit être conduit au Centre primaire.

3°) Les agents chargés de l'arrestation s'assurent, lorsque tous les oc-cupants du logement sont à emmener, que les compteurs à gaz, de l'électricité et de l'eau sont bien fermés. Les animaux sont confiés au concierge.

4°) Lorsque tous les occupants du logement sont emmenés, les clés sont remises au concierge (s'il n'en existe pas, au plus proche voisin) en signa-lant que ce dernier est considéré comme responsable de la conservation des meubles, objets et effets restés dans le logement. Dans les deux cas il sera mentionné comme il sera indiqué plus loin, les nom et adresse de la personne dépositaire des clés.

5°) Les juifs arrêtés devront se munir :

a) de leur carte d'identité d'étranger, de tous autres papiers d'i-dentité et de famille jugés utiles;

b) de leurs cartes d'alimentation, feuilles de tickets et cartes de textile;

c) des effets et ustensiles suivants :

- 2 couvertures
- 1 paire de chaussures
- 2 paires de chaussettes
- 2 chemises
- 2 caleçons
- 1 vêtement de travail (ou usagé)
- 1 tricot ou pull-over

- 1 paire de draps
- 1 gamelle
- 1 gobelet
- 1 bidon (si possible)
- 1 jeu de couverts pour les repas
- 1 nécessaire de toilette (le ra-soir est autorisé)

d) de deux jours de vivres au moins. Ils peuvent en emporter davan-tage s'ils le veulent (pas plus d'une valise grandeur moyenne, ne contenant que des provisions de bouche);

...../

e) les couvertures seront portées en bandoulière, les effets et objets de la liste ci-dessus seront placés dans un seul sac ou valise; soit au total 2 valises ou paquets, dont un pour les vivres.

6°) Les enfants vivant avec la ou les personnes arrêtées seront emmenés en même temps, si aucun membre de la famille ne reste dans le logement . Ils ne doivent pas être confiés aux voisins.

7°) Les gardiens et inspecteurs sont responsables de l'exécution. Les opérations doivent être effectuées avec le maximum de rapidité, sans paroles inutiles et sans aucun commentaire.

8°) Les gardiens et inspecteurs chargés de l'arrestation rempliront les mentions figurant au dos de chacune des fiches :

- indication de l'arrondissement ou de la circonscription du lieu d'arrestation.

- "Arrêté par", en indiquant les noms et service de chacun des gardiens et inspecteurs ayant opéré l'arrestation.

- le nom et l'adresse de la personne à qui les clés auront été remises.

- au cas de non arrestation seulement de l'individu mentionné sur la fiche, les raisons pour lesquelles elle n'a pu être faite et tous renseignements succints utiles.

- et selon le tableau ci-après :

```
!=====================================!
!                                     !
!  SERVICE :                          !
!                                     !
!  Agents capteurs :                  !
!    Nom ........  Service .....      !
!    Nom ........  Service .....      !
!                                     !
!  Clés remises à M. ...........      !
!                                     !
!  N° ...... rue ..............       !
!                                     !
!  Renseignements en cas de           !
!     non arrestation :               !
!                                     !
!  ..............................     !
!                                     !
!  ..............................     !
!=====================================!
```

Le Directeur
de la Police Municipale,

HENNEQUIN

Document 4 : Circulaire du directeur de la Police municipale Émile Hennequin datée du 13 juillet 1942 concernant l'organisation et le déroulement des arrestations le 16 et 17 juillet 1942.

XX-14a

PREFECTURE DE POLICE

PARIS, le 13 Juillet 1942

Direction
de la
Police Municipale

S E C R E T

ETAT-MAJOR

Ier Bureau - A

CIRCULAIRE N° 173 - 42

à Messieurs les Commissaires Divisionnaires, Commissaires
de Voie Publique et des Circonscriptions de Banlieue.
(En communication à Direction P.J. - R.Gx - Gendarmerie et
Garde de Paris).

Les Autorités Occupantes ont décidé l'arrestation et le rassemblement d'un certain nombre de juifs étrangers.

I - PRINCIPES

A - A qui s'applique cette mesure ?

a) catégories :

La mesure dont il s'agit, ne concerne que les juifs des nationalités suivantes :

- Allemands
- Autrichiens
- Polonais
- Tchécoslovaques
- Russes (réfugiés ou soviétiques, c'est-à-dire "blancs"
        ou "rouges")
- Apatrides, c'est-à-dire de nationalité indéterminée.

b) âge et sexe :

Elle concerne tous les juifs des nationalités ci-dessus,
quel que soit leur sexe, pourvu qu'ils soient âgés de 16 à 60 ans (les femmes de 16 à 55 ans).
Les enfants de moins de 16 ans seront emmenés en même temps
que les parents.

Dérogations :

Ne tombent pas sous le coup de la mesure :

- les femmes enceintes dont l'accouchement serait proche
- les femmes nourrissant au sein leur bébé
- les femmes ayant un enfant de moins de 2 ans, c'est-à-dire né après
  le Ier Juillet 1940
- les femmes de prisonniers de guerre
- les veuves ou veufs ayant été mariés à un non-juif

...../

Document 4

XX-14a

- les juifs ou juives mariés à des non-juifs, et faisant la preuve,
  d'une part, de leurs liens légitimes, et d'autre part, de la qualité de non-juif de leur conjoint.
- les juifs et juives porteurs de la carte de légitimation de l'Union
  Générale des Israélites de France, carte qui est de couleur bulle
  ou jaune clair
- les juifs ou juives dont l'époux légitime est d'une nationalité non
  visée au paragraphe a
- les parents dont l'un au moins des enfants n'est pas juif.

       Dans le cas où un membre de la famille bénéficie de la déro-
gation, les enfants ne sont pas emmenés, à moins qu'ils ne soient juifs et
âgés de I6 ans et plus.

   B - Exécution :

       Chaque israélite (homme et femme) à arrêter fait l'objet d'une
fiche. Ces fiches sont classées par arrondissement et par ordre alphabétique.

       Vous constituerez des équipes d'arrestation. Chaque équipe sera
composée d'un gardien en tenue et d'un gardien en civil ou d'un inspecteur
des Renseignements Généraux ou de la Police Judiciaire.

       Chaque équipe devra recevoir plusieurs fiches. A cet effet,
l'ensemble des fiches d'un arrondissement ou d'une circonscription sera remis par ma Direction ce jour à 2I heures.

       Les équipes chargées des arrestations devront procéder avec le
plus de rapidité possible, sans paroles inutiles et sans commentaires. En
outre, au moment de l'arrestation, le bien-fondé ou le mal-fondé de celle-ci,
n'a pas à être discuté. C'est vous qui serez responsables des arrestations
et examinerez les cas litigieux, qui devront vous être signalés.

       Vous instituerez, dans chacun de vos arrondissements ou circons-
criptions, un ou plusieurs "Centres primaires de rassemblement", que vous
ferez garder. C'est dans ce ou ces centres que seront examinés par vous les
cas douteux. Si vous ne pouvez trancher la question, les intéressés suivront
momentanément le sort des autres.

       Des autobus, dont le nombre est indiqué plus loin, seront mis à
votre disposition.

       Lorsque vous aurez un contingent suffisant pour remplir un autobus,
vous dirigerez :

   a) sur le Camp de Drancy les individus ou familles n'ayant pas d'enfant
de moins de I6 ans
   b) sur le Vélodrôme d'Hiver : les autres.

       En ce qui concerne le Camp de Drancy, le contingent prévu doit
être de 6.000. En conséquence, chaque fois que vous ferez un départ pour
Drancy, vous ferez connaître le nombre de personnes transportées dans ce
camp à l'Etat-Major qui vous préviendra lorsque le maximum sera atteint.

                                                    ...../

XX-14a

∎ ∎ ∎

Vous dirigerez alors les autobus restants sur le Vélodrôme d'Hiver.

Vous affecterez à chaque autobus une escorte suffisante. Les glaces de la voiture devront demeurer fermées et la plateforme sera réservée aux bagages. Vous rappellerez aux équipes spéciales d'arrestation, en leur en donnant lecture, les instructions contenues dans les consignes que vous remettrez à chacune d'elles avant de procéder aux opérations.

Vous leur indiquerez également, d'une façon nette, les renseignements qu'ils devront, après chaque arrestation, porter au verso de la fiche afférente à la personne arrêtée.

Vous ne transmettrez que le 18 au matin :

1°) les fiches des personnes dont l'arrestation aura été opérée.

2°) les fiches des personnes disparues.

3°) les fiches des personnes ayant changé d'adresse, et dont la nouvelle résidence est connue à moins que cette dernière ne se trouve dans votre arrondissement.

Enfin, vous conserverez pour être exécutées ultérieurement les fiches des personnes momentanément absentes lors de la première tentative d'arrestation.

Pour que ma Direction soit informée de la marche des opérations, vous tiendrez au fur et à mesure, à votre Bureau, une comptabilité conforme au classement ci-dessus.

Des appels généraux vous seront fréquemment adressés pour la communication de ces renseignements.

Parmi les personnes arrêtées, vous distinguerez le nombre de celles conduites à Drancy de celles conduites au Vélodrôme d'Hiver.

Pour faciliter le contrôle, vous ferez porter au verso de la fiche, par un de vos secrétaires, la mention "Drancy" ou Vélodrôme d'Hiver" selon le cas.

II - EFFECTIFS et MATERIEL

A - Dispositions générales :

Les permissions seront suspendues du 15 courant à 18 heures au 17 courant à 23 heures et tous les cours supprimés jusqu'à la reprise des permissions.

Le service de garde des Etablissements allemands ne sera pas assuré, sauf celui des parcs de stationnement et des garages installés dans les passages souterrains, du 15 courant à 21 heures 30 au 17 à 21 heures 30, sauf quelques rares exceptions dont vous serez seuls juges.

..../

YY-14a

- 4 -

En conséquence, les renforts fournis habituellement pour ce service spécial ne vous seront pas envoyés.

De cette situation, il résulte que chaque arrondissement peut sans difficulté affecter à la constitution des "équipes spéciales", 10 gardiens par brigade de roulement et la Brigade D au complet, sans que le service normal de l'arrondissement en soit affecté, assuré qu'il sera par le reste de la brigade de roulement (dont l'effectif, du fait de la suppression des permissions, correspondra au moins à son effectif habituel).

Les gardiens désignés pour constituer les équipes spéciales seront exemptés de leur service normal d'arrondissement à partir du 15 courant à 18 heures; ils assureront à nouveau leur service habituel à partir du 17 courant à 23 heures.

Ceux qui reprendront la surveillance des établissements allemands le 17 courant à 21 heures 30 devront être libérés de tout service dans l'après-midi du même jour.

B - Equipes spéciales d'arrestation.

I - Renforts les 16 et 17 Juillet.

Les services détachant les effectifs ci-dessous indiqués devront prévoir l'encadrement normal, les chiffres donnés n'indiquant que le nombre des gardiens. Les gradés n'interviendront pas dans les arrestations, mais seront employés selon vos instructions au contrôle et à la surveillance nécessaire.

Arrondissements	Nombre total d'équipes à constituer par chaque arrondissement	Renforts reçus par les Arrondissements
1er	8 équipes	
2ème	33 -	Reçoit 11 gardiens en civil du 1er Arrdt. 10 - - de l'Ecole Pratique
3ème	156 -	Reçoit 54 gardiens en tenue du 1er Arrdt. 45 - - du 14° 143 gardiens en civil de l'Ecole Pratique
4ème	139 -	Reçoit 50 gardiens en tenue du 5° Arrdt. 25 - - 12° 130 gardiens en civil de l'Ecole Pratique
5ème	24 -	Reçoit 16 gardiens en civil de l'Ecole Pratique
6ème	8 -	
7ème	4 -	

....../

XX-14a

• 1 •

Arrondis-sements	Nombre total d'équi-pes à constituer par chaque arrondissement	Renforts reçus par les Arrondissements
8ème	7 équipes	
9ème	52 —	Reçoit 36 gardiens en civil de l'Ecole Pratique
10ème	152 —	Reçoit 30 gardiens en tenue du 2ème Arrdt. 55 — — 6ème — 12 — — 9ème — 140 gardiens en civil de l'Ecole Pratique
11ème	246 —	Reçoit 53 gardiens en tenue du 7ème Arrdt. 30 — — 8ème — 100 — — de l'Ecole Pratique 7 gardiens en civil du 8ème Arrdt. 10 — — 7ème — 220 Inspecteurs des Renseignements Généraux
12ème	34 —	Reçoit 22 gardiens en civil de l'Ecole Pratique
13ème	32 —	Reçoit 21 gardiens en civil de l'Ecole Pratique
14ème	17 —	Reçoit 5 gardiens en civil de l'Ecole Pratique
15ème	23 —	Reçoit 13 gardiens en civil de l'Ecole Pratique
16ème	25 —	Reçoit 10 gardiens en civil de l'Ecole Pratique
17ème	25 —	Reçoit 9 gardiens en civil de l'Ecole Pratique
18ème	121 —	Reçoit 33 gardiens en tenue du 13ème Arrdt. 36 — — 15ème — 106 gardiens en civil de l'Ecole Pratique
19ème	111 —	Reçoit 38 gardiens en tenue du 17ème Arrdt. 10 — — 16ème — 98 gardiens en civil de l'Ecole Pratique
20ème	255 —	Reçoit 10 gardiens en tenue du 16ème Arrdt. 200 — — de l'Ecole Pratique 250 Inspecteurs de la Police Judiciaire.

2 - horaire de travail des équipes spéciales.

Les Inspecteurs et gardiens constituant les équipes spéciales d'arrestation prendront leur service au Central de l'Arrondissement
désigné, le 16 courant à 4 heures du matin. Ils effectueront leur service :

...../

XX-14a

- 6 -

I°) le 16 de 4 heures à 9 heures 30, et
de 12 heures à 15 heures 30.

2°) le 17 de 4 heures à 13 heures.

C - Garde des Centres primaires de rassemblement et accompagnement
des autobus.

I - Renforts les 16 et 17 Juillet :

Pour leur permettre d'assurer la garde de leurs centres
primaires de rassemblement et l'accompagnement des détenus dans les autobus,
les arrondissements les plus chargés recevront, en outre, les 16 et 17 Juillet les renforts suivants :

2ème Arrdt   :   15 Gardes à pied

3ème   -   :   30 Gardiens de la C.H.R.

4ème   -   :   15   -   des Compagnies de Circulation
                   5   -   de l'Ecole Pratique
                  25 Gardes à pied

5ème   -   :   10 Gardes à pied

9ème   -   :   15 Gardes à pied

10ème -   :   10 Gardiens de l'Ecole Pratique
                  30 Gardes à pied

11ème -   :   10 Gardiens des Compagnies de Circulation
                  10   -   de l'Ecole Pratique
                  40 Gardes à pied

12ème -   :   10 Gardes à pied
                   5 Gardiens de l'Ecole Pratique

13ème -   :   10 Gardes à pied
                   5 Gardiens de l'Ecole Pratique

14ème -   :   10 Gardes à pied
                   5 Gardiens de l'Ecole Pratique

15ème -   :   10 Gardes à pied

16ème -   :   10 Gardes à pied
                   5 Gardiens de l'Ecole Pratique

17ème -   :   10 Gardes à pied

18ème -   :   25 Gardiens des Compagnies de Circulation
                  15 Gardes à pied

...../   107

XX-14a

I9ème Arrdt : 20 Gardiens des Compagnies de Circulation
15 Gardes à pied

20ème Arrdt : 30 Gardiens des Compagnies de Circulation
30 Gardes à pied

2 - Horaire :

Les renforts destinés à la garde des centres primaires de rassemblement et à l'accompagnement des autobus prendront leur service au Central de l'Arrondissement désigné le I6 courant à 5 heures du matin.

Ils assureront leur service les I6 et I7 Juillet :

Equipe n° I de 5 heures à I2 heures

Equipe n° 2 de I2 heures à fin de service.

En ce qui concerne les effectifs de la Garde de Paris, la relève aura lieu au gré du commandement.

B - Circonscriptions de banlieue.

Toutes les circonscriptions de banlieue, sauf celles des Lilas, de Montreuil, Saint-Ouen et Vincennes, constitueront leurs équipes spéciales d'arrestation, assureront la garde de leurs centres primaires de rassemblement et l'accompagnement, à l'aide de leurs propres effectifs.

En ce qui concerne le matériel, celui-ci vous sera envoyé après communication des chiffres aux appels généraux, de manière à organiser des itinéraires de transfèrement.

Suivant l'horaire et les dates fixées pour Paris, chapitre B, paragraphe 2, les renforts suivants seront fournis :

- SAINT-OUEN : 20 gardiens en tenue et I2 gardiens en civil fournis par la 2ème Division sur ses effectifs de banlieue

- LES LILAS : 20 gendarmes et I4 gardiens en civil de l'Ecole Pratique

- MONTREUIL : 25 gendarmes et I8 gardiens en civil de l'Ecole Pratique

- VINCENNES : I5 gendarmes et 9 gardiens en civil de l'Ecole Pratique.

Dans les Circonscriptions des Lilas, Montreuil et Vincennes, les Commissaires commenceront les opérations dès 4 heures du matin avec leurs propres effectifs et les gendarmes, et recevront les gardiens en civil de l'Ecole Pratique par le premier métro : c'est-à-dire aux environs de 6 heures I5.

..../

XX-14a

■ ■ ■

E - Matériel :

La Compagnie du Métropolitain, réseau de surface, enverra
directement les 16 et 17 Juillet à 5 heures aux Centraux d'Arrondissement
où ils resteront à votre disposition jusqu'à fin de service :

                - 1er Arrdt : 1 autobus
                - 2ème   -   : 1   -
                - 3ème   -   : 3   -
                - 4ème   -   : 3   -
                - 5ème   -   : 1   -
                - 6ème   -   : 1   -
                - 7ème   -   : 1   -
                - 8ème   -   : 1   -
                - 9ème   -   : 2   -
                -10ème   -   : 3   -
                -11ème   -   : 7   -
                -12ème   -   : 2   -
                -13ème   -   : 1   -
                -14ème   -   : 1   -
                -15ème   -   : 1   -
                -16ème   -   : 1   -
                -17ème   -   : 1   -
                -18ème   -   : 3   -
                -19ème   -   : 3   -
                -20ème   -   : 7   -

À la Préfecture de Police (Caserne de la Cité) :

6 autobus.

Lorsque vous n'aurez plus besoin des autobus, vous en avi-
serez d'urgence l'Etat-Major P.M., et, de toute façon vous ne les ren-
verrez qu'avec son accord.

En outre la Direction des Services Techniques tiendra à
la disposition de l'Etat-Major de ma Direction, au garage, à partir du
16 Juillet à 8 heures :

10 grands cars.

Les Arrondissements conserveront jusqu'à nouvel ordre les
voiturettes mises à leur disposition pour le service spécial du 14 Juillet, contrairement aux instructions de ma Circulaire n° 170-42 du 13 Juillet.
De plus, de 6 heures à 18 heures, les 16 et 17 Juillet, un
motocycliste sera mis à la disposition de chacun des : 9ème - 10ème -
11ème - 18ème - 19ème et 20ème Arrdts.

F - Garde du Vélodrôme d'Hiver :

La garde du Vélodrôme d'Hiver sera assurée, tant à

..../

103

- 3 -

l'intérieur qu'à l'extérieur, par la Gendarmerie de la Région Parisienne
et sous sa responsabilité .

G - Tableau récapitulatif des fiches d'arrestations :

Ier Arrdt	134	!	Asnières	32
2ème -	579	!	Aubervilliers	67
3ème -	2.675	!	Boulogne	96
4ème -	2.401	!	Charenton	25
5ème -	414	!	Choisy-le-Roi	8
6ème -	143	!	Clichy	62
7ème -	68	!	Colombes	24
8ème -	128	!	Courbevoie	34
9ème -	902	!	Gentilly	95
10ème -	2.594	!	Ivry-sur-Seine	47
11ème -	4.235	!	Les Lilas	271
12ème -	588	!	Levallois	47
13ème -	563	!	Montreuil	330
14ème -	295	!	Montrouge	34
15ème -	397	!	Neuilly-sur-Seine	48
16ème -	424	!	Nogent-sur-Marne	50
17ème -	424	!	Noisy-le-Sec	45
18ème -	2.075	!	Pantin	93
19ème -	1.917	!	Puteaux	38
20ème -	4.378	!	Saint-Denis	63
		!	Saint-Maur	45
	25.334	!	Saint-Ouen	261
	2 057	!	Sceaux	37
	27.391	!	Vanves	52
		!	Vincennes	153

2057

Le Directeur
de la Police Municipale,

HENNEQUIN.

Document 5 : Note de service n° 122 datée du 30 septembre 1943 concernant la distribution de la soupe à l'intérieur du camp de Drancy.

CAMP DE DRANCY

DLXII— *122*

Bureau de Commandement

NOTE DE SERVICE N° 122

DISTRIBUTION DE SOUPE.

Pour que le désordre qui s'est produit hier 29/9 à la distribution du soir ne se reproduise plus, les mesures suivantes seront mises en vigueur à partir de ce jour.

Les internés autorisés à aller toucher leur soupe à la cuisine individuellement ne pourront le faire qu'après que les distributions auront été faites aux chambres et aux collectivités.

Ils devront comme tout le monde passer leur récipient vide au guichet et aller le reprendre à la porte.

Si je constatais à nouveau du désordre, je serais dans l'obligation de supprimer les distributions individuelles.

DRANCY, le 30 Septembre 1943.
Le Commandant du Camp.

DESTINATAIRES:
Escaliers
Cuisine
M.S.
Chancellerie-Effectifs
Travaux

Document 6 : Note de service n° 124 datée du 1ᵉʳ octobre 1943 indiquant que les internés à Drancy ne doivent en aucun cas posséder d'argent.

CAMP DE DRANCY

NOTE DE SERVICE N° 124

DLXII— *124*

Bureau du Commandement

D'Ordre formel des Autorités Allemandes :

Tous les internés de quelque catégorie qu'ils appartiennent doivent déposer immédiatement toutes les espèces qu'ils détiennent par devers eux.

Un service fonctionnera à cet effet à partir du 2 Octobre à 8 h. dans l'ancien bureau des Missions. Il sera composé des internés Roger ULIMO, Roger HEIM, Raymond NEUMEGEN.

L'argent déposé sera mis sous enveloppes qui seront gardées dans les caisses du Camp; un reçu tiré d'un carnet à souches sera remis à chaque déposant.

L'opération devra être terminée pour Dimanche soir 3 ct, passé cette date, tout interné qui sera trouvé porteur d'argent ou qui en aura dissimulé dans ses bagages sera très sévèrement puni et tout le camp en subira les conséquences.

DRANCY, le 1° Octobre 1943.
Le Commandant du Camp.

Destinataires:
Chefs d'Escaliers
Tableaux
Archives

Document 7 : Note de service n ° 141 datée du 11 octobre 1943 concernant la coiffure imposée à l'intérieur du camp de Drancy.

DLXII 141

Camp d'Internement de Drancy
Bureau de Commandement

NOTE DE SERVICE N° 141

D'Ordre des A.A. les cheveux doivent être coupés de la façon suivante :

Coupe très dégagée sur le derrière et les cotés de la tête, en laissant les cheveux à une longueur de 3 cm. sur le devant.

11 Octobre 1943.
Le Commandant du Camp:

Destinataires:
Coiffeurs
Archives

A.A. : Autorités Allemandes

Document 8 : Note de service n° 175 concernant le couvre-feu à l'intérieur du camp de Drancy.

DLXII-175

Interniertenlager Drancy Büro des Commandanten	Camp de Drancy Bureau de Commandement.
DIENSTVORSCHRIFT N°175.	NOTE DE SERVICE N°175.
Auf Befehl der deutschen Behörden, ist es strengstens untersagt, sich von 22 Uhr abends bis 6 Uhr früh in die Höfe zu begeben, selbst die Aborte bleiben untersagt.	Par ordre des A.A.:Il est formelle - ment interdit de circuler dans les cours de 22 heures à 6 heures du matin, même pour aller au "Chateau".
Toiletteneimer werden in den Zimmern zur Verfügung der Internierten bereitgestellt.	Des seaux hygiéniques seront mis dans les chambres à la disposition des internés.
DRANCY, den 12.November 1943.	DRANCY, le 12 Novembre 1943.
Für den Commandanten des Lagers:	Pour le Commandant du Camp :

Destinataires:
Chefs d'escalier
Service M.S.
Service Materiel

Document 9 : Note de service du 15 septembre 1943 indiquant les horaires à respecter dans le camp de Drancy à compter du 18 septembre 1943.

CCCLXXVI-8e

SERVICE HYGIENE, DOUCHE & DESINFECTION
-:-

CHES CHAUDES -

Dans la semaine du 22 au 28 Décembre 1943, sont passés à la douche chaude :

681 hommes - 537 femmes - 45 enfants - 12 pouilleux

CHES FROIDES - -

Sont passés à la douche froide :

24 femmes - 26 hommes

INFECTION -

Il a été passé à l'étuve :

57 matelas

ON DE COIFFURE -

Sont passés au Salon de Coiffure :

521 hommes pour la barbe
216 hommes pour les cheveux
15 femmes

Drancy, le 30 Décembre 1943.

Le Chef de Service,

Document 10 : Télégramme du 21 juillet 1942 annonçant le départ du convoi n° 8, celui d'Henri Borlant, pour Auschwitz.

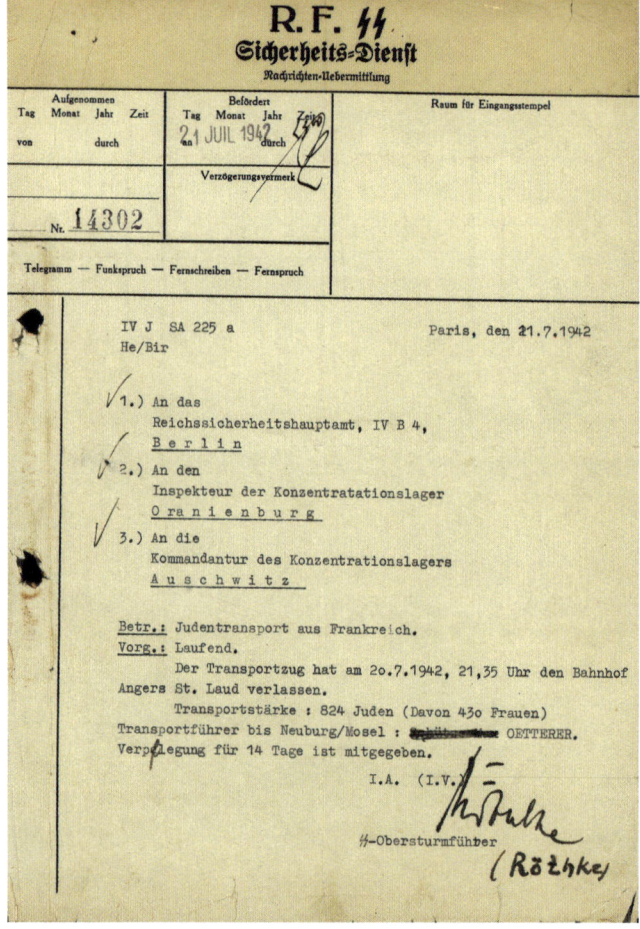

Transcription du document ci-dessus

R.F (Reichsführer) Sicherheitsdienst

1.) À l'attention de l'Office central de sécurité du Reich à Berlin
2.) À l'attention de l'inspecteur général des camps de concentration à Orianenbourg
3.) À l'attention de la Kommandantur du camp de concentration d'Auschwitz

Objet : Transport de Juifs en provenance de France
Situation : En cours
Le convoi a quitté la gare d'Angers-Saint-Laud le 20 juillet 1942 à 21 h 35.
Effectif : 824 Juifs (dont 430 femmes)
Chargé de transport jusqu'à Neubourg en Moselle : OETTERER
Ravitaillement prévu pour 14 jours.

Röthke
Obersturmführer

Document 11 : Fiches d'internement du camp de Drancy de Charles Palant, Ida Fensterszab, Marceline Rozenberg, Sarah Lichtsztejn et Victor Pérahia.

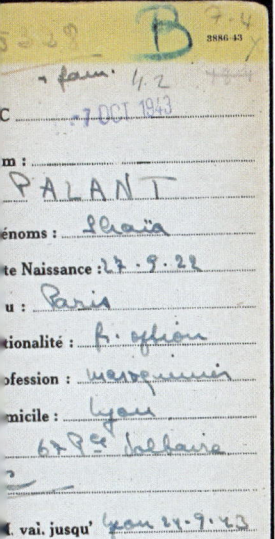

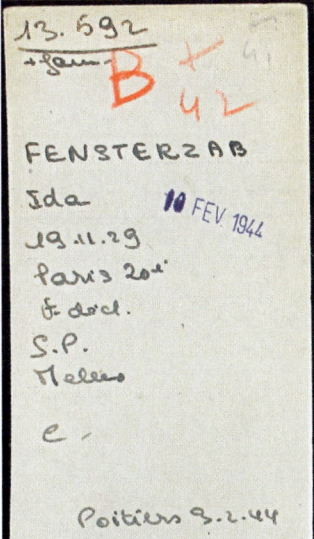

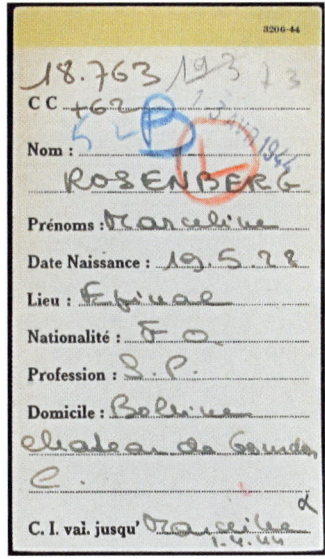

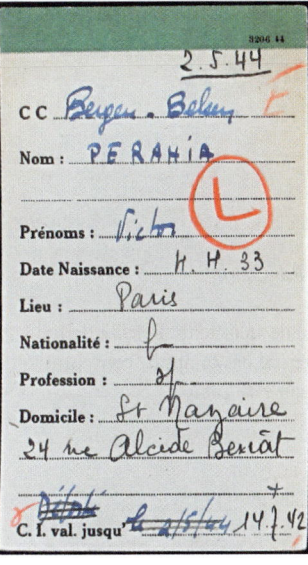

Les lettres « B » et « L » ont été inscrites sur ces fiches avant la déportation où à la libération. « B » veut dire « déportable », « L » veut dire « libéré ».
Seul manque la fiche d'Henri Borlant qui, comme on l'a vu, n'est pas passé par Drancy.

L'émigration juive hors d'Allemagne (1933-1941)

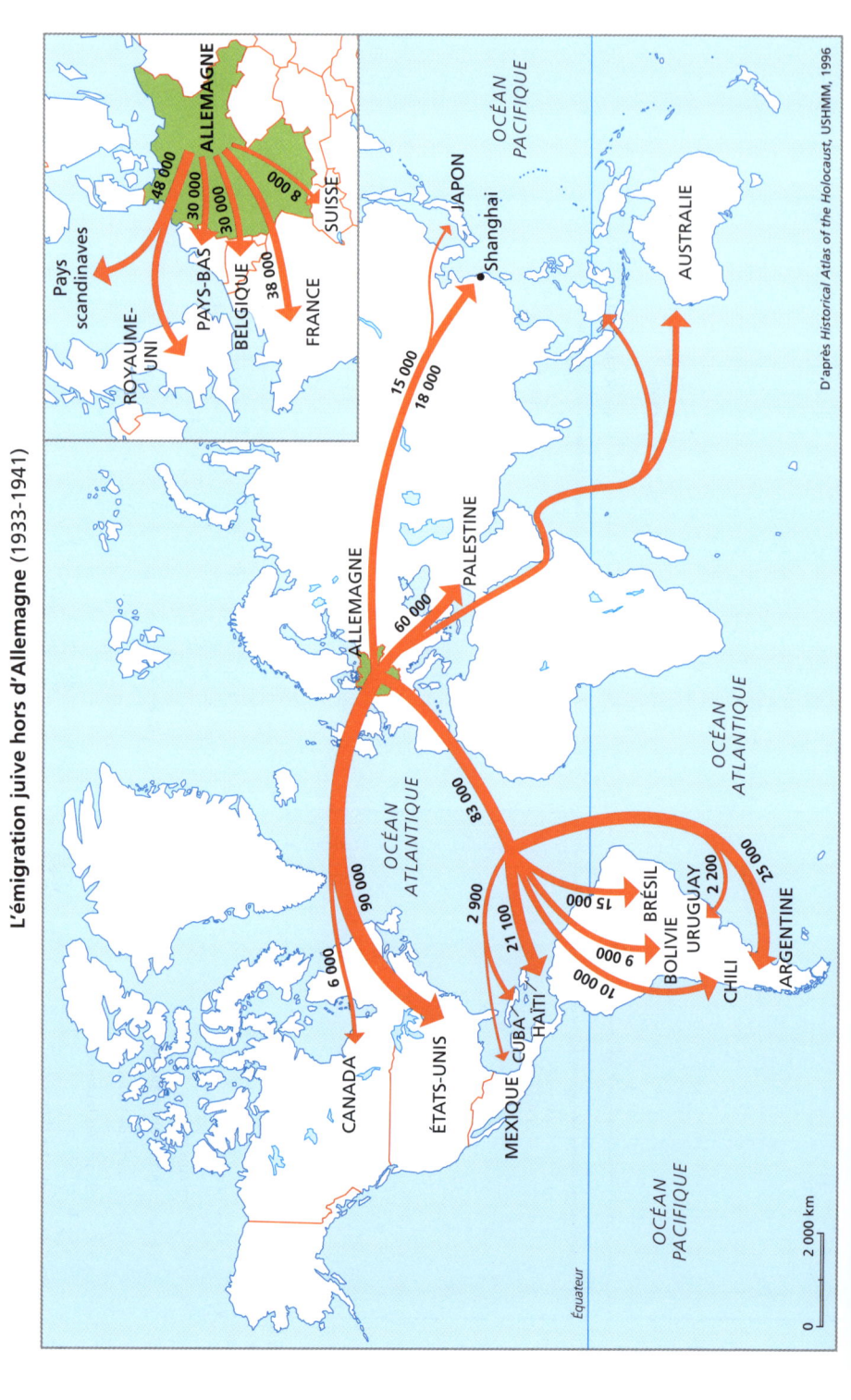

D'après *Historical Atlas of the Holocaust*, USHMM, 1996

Carte principale :

- ALLEMAGNE
- OCÉAN PACIFIQUE
- OCÉAN ATLANTIQUE
- OCÉAN ATLANTIQUE
- OCÉAN PACIFIQUE
- JAPON — Shanghai
- AUSTRALIE
- PALESTINE — 60 000
- 15 000 / 18 000
- 83 000
- 90 000
- 6 000
- CANADA
- ÉTATS-UNIS
- 2 900 — MEXIQUE
- 21 100 — CUBA
- HAÏTI — 10 000
- 9 000 — BOLIVIE
- 15 000 — BRÉSIL
- URUGUAY — 2 200
- 25 000 — ARGENTINE
- CHILI
- Équateur
- 0   2 000 km

Carton (en haut à gauche) :

- ALLEMAGNE
- Pays scandinaves — 48 000
- ROYAUME-UNI — 30 000
- PAYS-BAS — 30 000
- BELGIQUE — 8 000
- SUISSE
- FRANCE — 38 000

Principaux camps d'internement allemands et français (1938-1946)

ALLEMAGNE

ITALIE

Schirmeck-la-Broque
Le Struthof-Natzwiller

SUISSE

Wesseling

Zone d'occupation italienne
(du 11 novembre 1942
au 8 septembre 1943)

MER MÉDITERRANÉE

BELGIQUE

Zone rattachée au
commandement allemand de Bruxelles

ALSACE-MOSELLE

Zone
annexée

Deutschoth

Hayange
Metz
Pelters

Zone
interdite

Ecrouves
Longwy-Thil

Vittel

Zone
réservée

Les Milles

Vénissieux

Sisteron

Vichy

Marseille

Watten

Arras

Cambrai

Zone
interdite

Fort de Romainville

Vals-les-Bains

Rieucros

Saliers

Rivesaltes
Saint Cyprien
Argelès

Calais
Samer
Dannes-Camier
Berck Plage

Aumale

Saleux

Compiègne

Drancy*

Paris

Pithiviers

Beaune-la-Rolande

FRANCE

Zone Sud
(ocupation allemande
en novembre 1942)

Nexon

Septfonds

Brens

Récébédou

Le Vernet

Noé

La Lande

Poitiers

Mérignac

Gurs

Zone Nord
d'occupation allemande

MANCHE

Aurigny

Mur de
l'Atlantique

Zone
côtière
interdite

OCÉAN
ATLANTIQUE

ESPAGNE

Ligne de démarcation

Camps d'internement

Camp de concentration allemand

* Allemand à partir de juillet 1943

Drancy Camp de départ vers les camps
d'extermination

D'après Historical Atlas of the Holocaust,
USHMM, 1996

L'Europe allemande en 1942

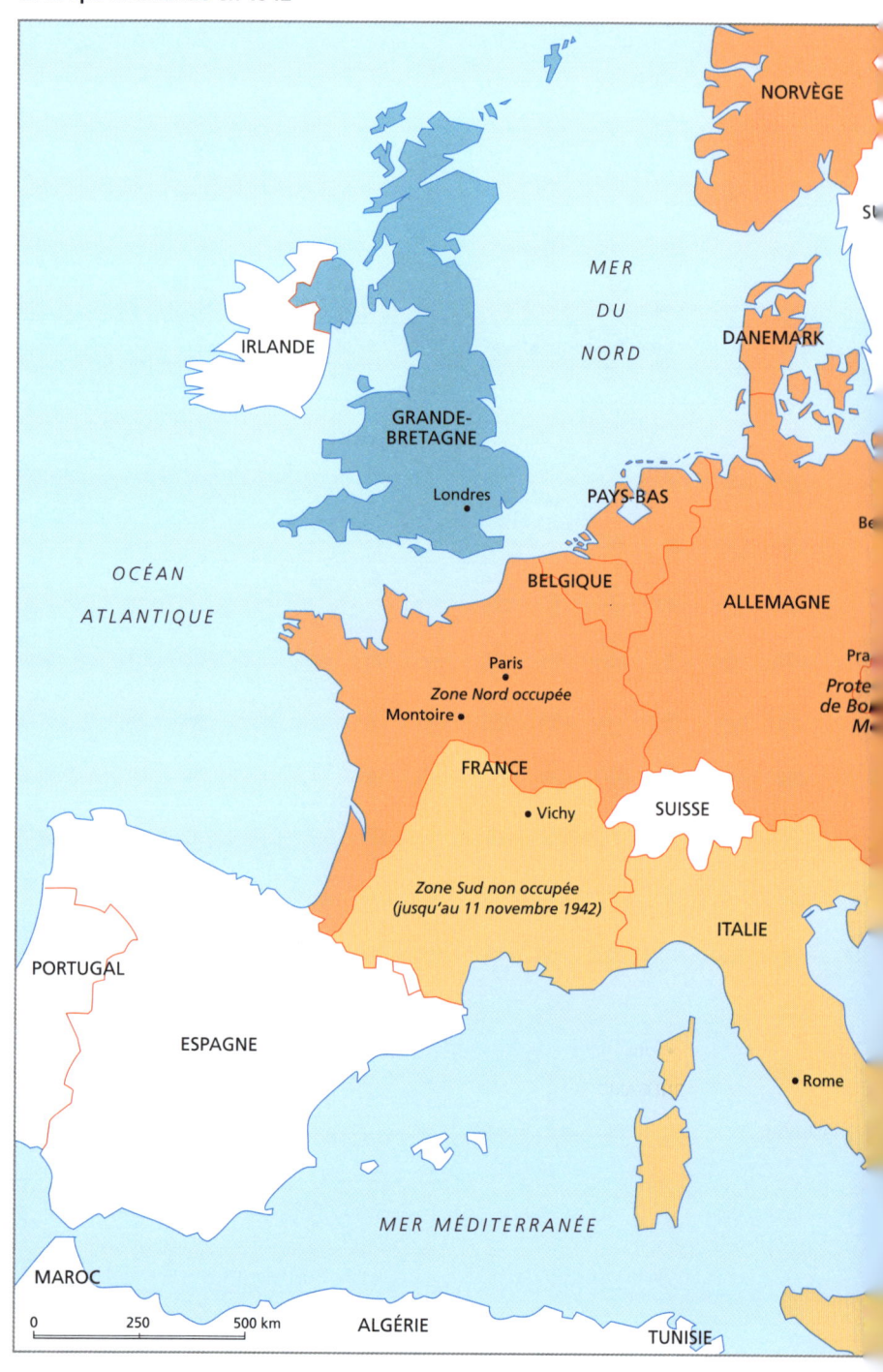

NORVÈGE

SU

MER
DU
NORD

DANEMARK

IRLANDE

GRANDE-
BRETAGNE

PAYS-BAS

Londres

Be

OCÉAN

BELGIQUE

ALLEMAGNE

ATLANTIQUE

Paris

Pra

Zone Nord occupée

Prote
de Bo
M

Montoire

FRANCE

Vichy

SUISSE

Zone Sud non occupée
(jusqu'au 11 novembre 1942)

ITALIE

PORTUGAL

ESPAGNE

Rome

MER MÉDITERRANÉE

MAROC

0   250   500 km

ALGÉRIE

TUNISIE

FINLANDE

Leningrad

UNION
SOVIÉTIQUE

Tallinn

Riga

Reichskommissariat Ostland

MER
ALTIQUE

Kovno
(Kaunas)

Wilno
(Vilnius)

Smolensk

Moscou

*Prusse
orientale*

Minsk

Prusse de
l'Ouest

*Zone d'occupation
militaire*

chegau

Bialystok

Lodz

Varsovie

Lublin

Rovno

Jitomir

Kiev

Kharkov

Stalingrad

*Gouvernement
général*

HAUTE
ILÉSIE

Cracovie

Lwow

*Reichskommissariat
Ukraine*

Dniepropetrovsk

Rostov

SLOVAQUIE

Kamenets-
Podolski

ne

Budapest

Iasi

Odessa

HONGRIE

ROUMANIE

Simferopol

Bucarest

TIE

SERBIE

MER NOIRE

NTÉNÉGRO
(ITALIE)

Sofia

BULGARIE

TURQUIE

ALBANIE

GRÊCE

Grande Allemagne et territoires occupés		Alliés
		Neutre
Alliés ou États satellites de l'Allemagne		• Villes
Avancée maximale de l'armée allemande		

D'après *Historical Atlas of the Holocaust*, USHMM, 1996

Convois de déportation (1942-1944)

Ligne maximale de
l'avance allemande

MER NOIRE

Rhodes

Koš

Athènes

Pátras

Arta

Corfou

Noa

Oresta

Xanthi

Salonique

Veles

Skopje

Pristina

Florina

Sepsiszentgyorgy

Szaszregen

Beszterce

Marmarossziget

Munkacs

Debrecen

Beregszasz

Cluj

Mako

Szeged

Pecs

Zagreb

Rab

Trieste

Venise

Florence

Pise

Rome

Auschwitz-Birkenau

Lublin

Maïdanek

Radom

Kosice

Eger

Budapest

Vienne

Theresienstadt

Wilno
(Vilnius)

Wolkowysk

Pruzana

Grodno

Bialystok

Plonsk

Lodz

Breslau

Kovno
(Kaunas)

Narva

Peïpus

Sachsenhausen

Berlin

Leipzig

Buchenwald

Munich

Merano

Milan

Turin

Dijon

MER
BALTIQUE

Oslo

Bergen

Hambourg

Westerbork

Vught

Amsterdam

Malines

Bruxelles

Lille

Rouen

Paris

Nancy

Lyon

Avignon

Marseille

Rivesaltes

Toulouse

Gurs

Bordeaux

Nantes

Angers

Tours

Caen

MER
DU
NORD

OCÉAN
ATLANTIQUE

MER MÉDITERRANÉE

500 km

250

0

— Par bateau

····· Par train

D'après *Atlas de la Shoah*,
Martin Gilbert, 1992

Les marches de la mort et la libération des camps

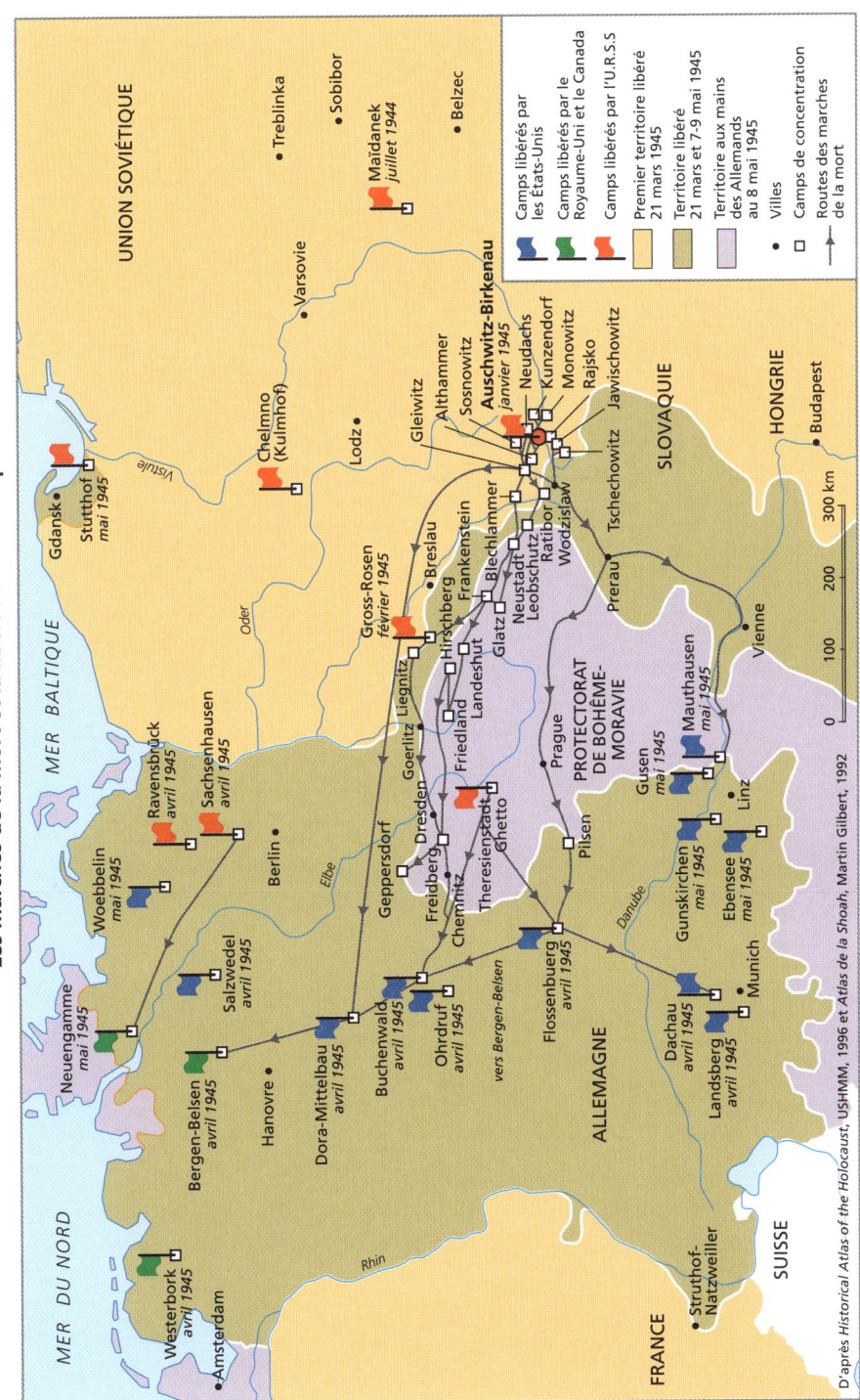

Légende:

- Camps libérés par les États-Unis
- Camps libérés par le Royaume-Uni et le Canada
- Camps libérés par l'U.R.S.S
- Premier territoire libéré 21 mars 1945
- Territoire libéré 21 mars et 7-9 mai 1945
- Territoire aux mains des Allemands au 8 mai 1945
- Villes
- Camps de concentration
- Routes des marches de la mort

Mers et régions: MER DU NORD, MER BALTIQUE, UNION SOVIÉTIQUE, ALLEMAGNE, FRANCE, SUISSE, HONGRIE, SLOVAQUIE, PROTECTORAT DE BOHÊME-MORAVIE

Fleuves: Rhin, Elbe, Oder, Vistule, Danube

Villes et camps:

Westerbork avril 1945, Amsterdam, Struthof-Natzweiler, Neuengamme mai 1945, Bergen-Belsen avril 1945, Hanovre, Woebbelin mai 1945, Salzwedel avril 1945, Ravensbrück avril 1945, Sachsenhausen avril 1945, Berlin, Dora-Mittelbau avril 1945, Buchenwald avril 1945, Ohrdruf avril 1945, Geppersdorf, Dresden, Freidberg, Chemnitz, vers Bergen-Belsen, Theresienstadt Ghetto, Flossenburg avril 1945, Munich, Landsberg avril 1945, Dachau avril 1945, Gunskirchen mai 1945, Ebensee mai 1945, Linz, Gusen mai 1945, Mauthausen mai 1945, Prague, Pilsen, Prerau, Vienne, Budapest

Gross-Rosen février 1945, Liegnitz, Goerlitz, Friedland, Landshut, Glatz, Frankenstein, Hirschberg, Breslau, Blechhammer, Neustadt, Leobschutz, Ratibor, Wodzislaw, Tschechowitz

Stutthof mai 1945, Gdansk, Chelmno (Kulmhof), Lodz, Varsovie, Treblinka, Sobibor, Belzec, Maïdanek juillet 1944

Auschwitz-Birkenau janvier 1945: Neudachs, Kunzendorf, Monowitz, Sosnowitz, Rajsko, Jawischowitz, Althammer, Gleiwitz

Gdansk

Échelle: 0 100 200 300 km

Population juive avant-guerre et nombre de victimes en 1945

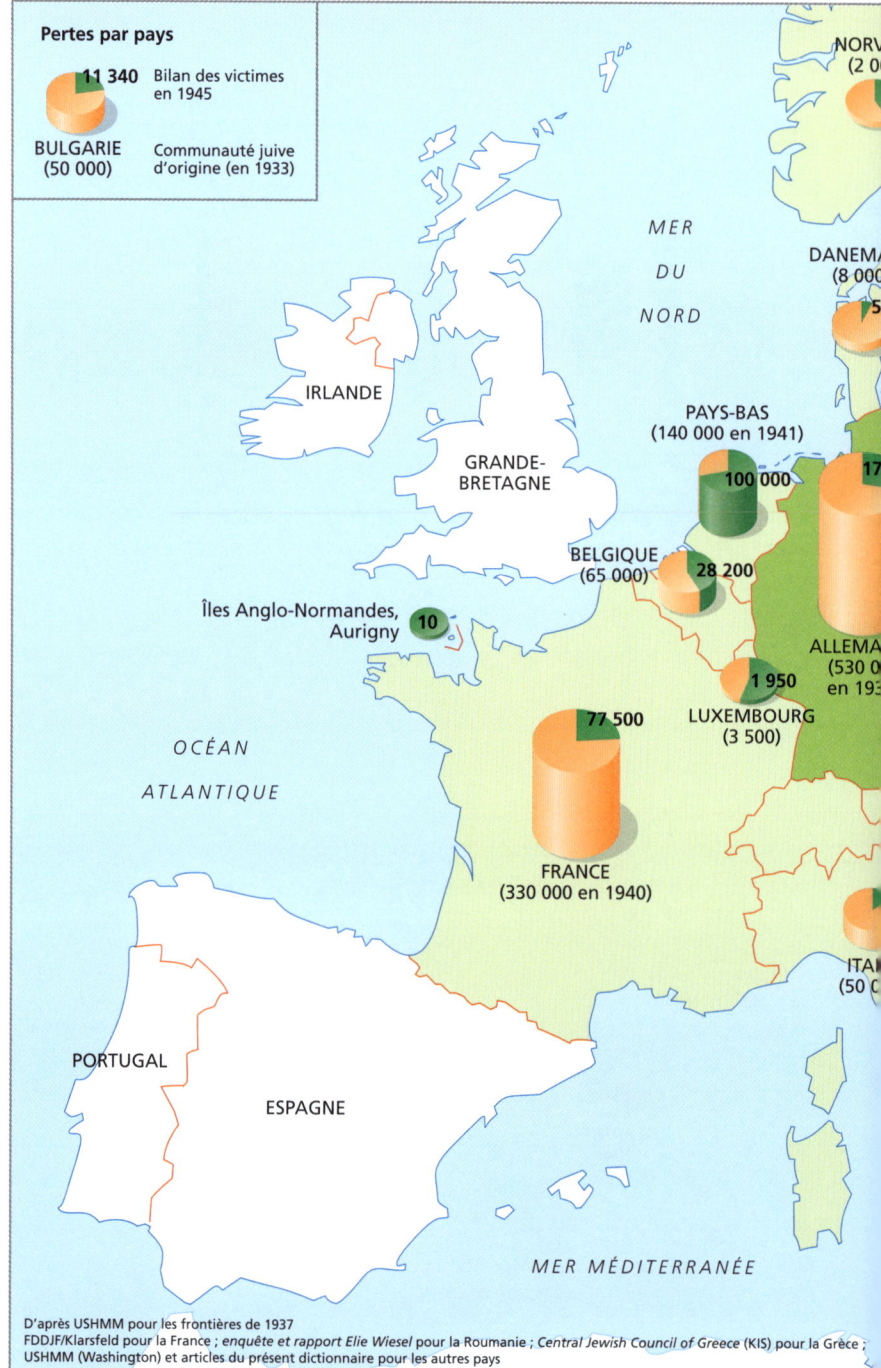

Pertes par pays

11 340 — Bilan des victimes en 1945

BULGARIE (50 000) — Communauté juive d'origine (en 1933)

NORV (2 00

MER DU NORD

DANEMA (8 000

IRLANDE

PAYS-BAS (140 000 en 1941)
100 000

GRANDE-BRETAGNE

17

BELGIQUE (65 000)
28 200

ALLEMA (530 0 en 193

Îles Anglo-Normandes, Aurigny
10

1 950

LUXEMBOURG (3 500)

77 500

OCÉAN ATLANTIQUE

FRANCE (330 000 en 1940)

ITA (50 0

PORTUGAL

ESPAGNE

MER MÉDITERRANÉE

D'après USHMM pour les frontières de 1937
FDDJF/Klarsfeld pour la France ; *enquête et rapport Elie Wiesel* pour la Roumanie ; *Central Jewish Council of Greece* (KIS) pour la Grèce ;
USHMM (Washington) et articles du présent dictionnaire pour les autres pays

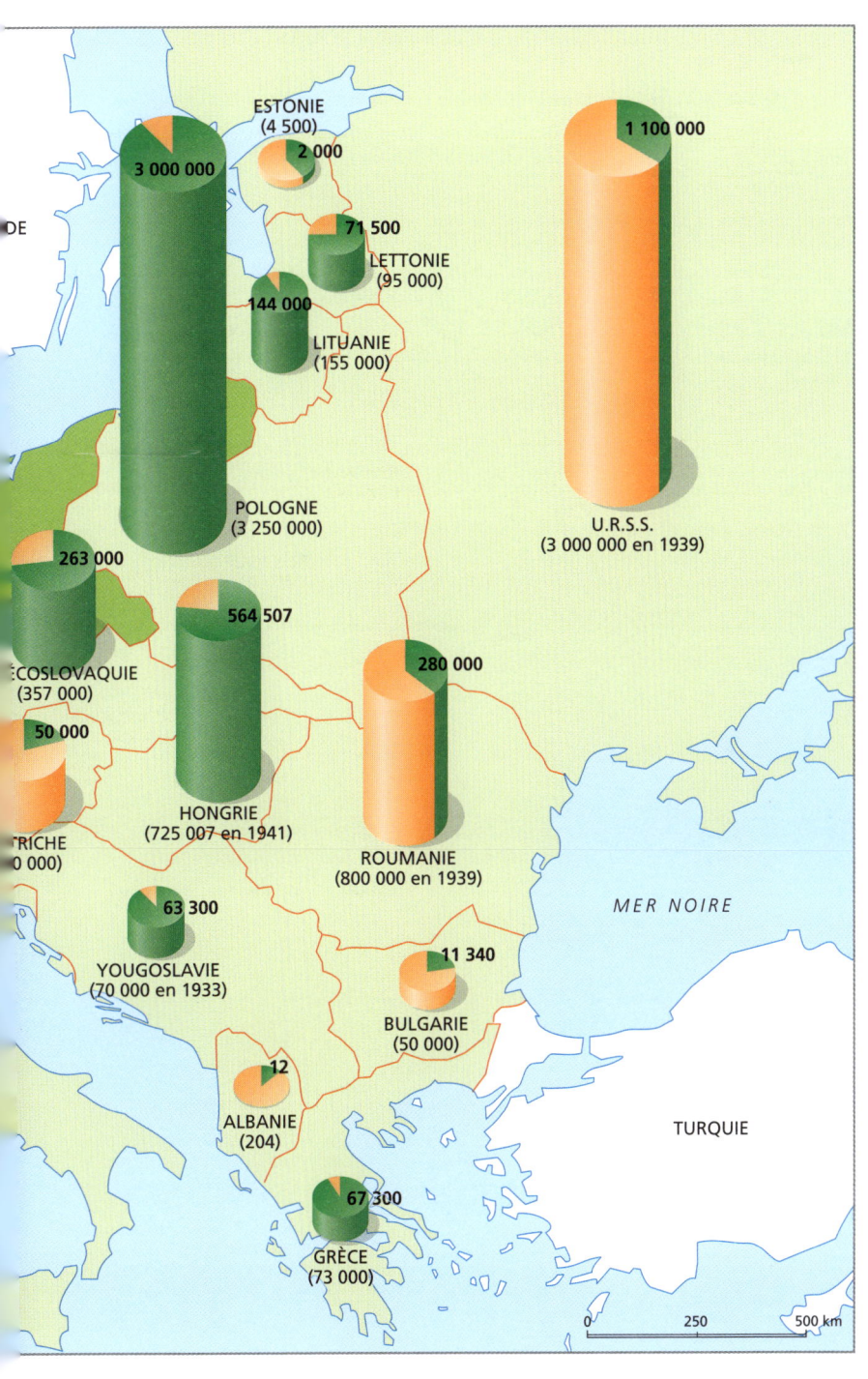

ESTONIE
(4 500)
2 000

3 000 000

71 500
LETTONIE
(95 000)

144 000
LITUANIE
(155 000)

POLOGNE
(3 250 000)

1 100 000

U.R.S.S.
(3 000 000 en 1939)

263 000

564 507

280 000

ÉCOSLOVAQUIE
(357 000)

50 000

RICHE
0 000)

HONGRIE
(725 007 en 1941)

ROUMANIE
(800 000 en 1939)

MER NOIRE

63 300

YOUGOSLAVIE
(70 000 en 1933)

11 340

BULGARIE
(50 000)

12
ALBANIE
(204)

TURQUIE

67 300

GRÈCE
(73 000)

0   250   500 km

DE

CRÉDITS PHOTOGRAPHIQUES

Toutes les photographies et les documents appartiennent à Ida Grinspan, Marceline Loridan-Ivens, Sarah Montard, Henri Borlant, Charles Palant et Victor Pérahia, sauf :

Imprimé en France par Pollina Fastline - L2156
Dépôt légal : mars 2015
315707/02– 11030979 – mars 2015